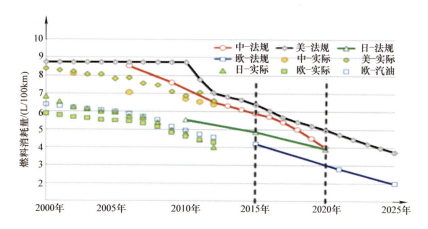

图 1-2 主要国家和地区燃料消耗量状态及标准对比

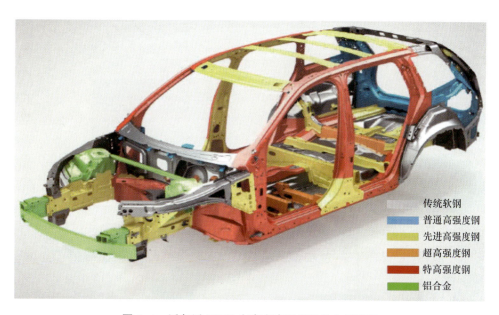

图 1-4 沃尔沃 XC90 白车身高强度钢分布示意图

图 1-5 特斯拉 Model S 铝合金车身分布示意图

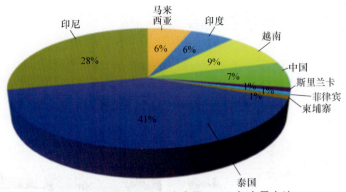

图 2-7 亚太地区 NR 生产国 2017 年产量占比

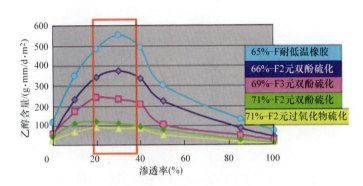

图 3-15 乙醇燃油对不同氟含量的 FKM 渗透性能影响

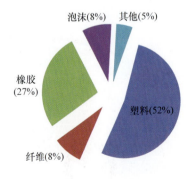

图 4-1 某款 A0 车型传统非金属材料应用比例

汽车轻量化技术与应用系列丛书

乘用车用橡胶与轻量化

中国汽车工程学会
汽车轻量化技术创新战略联盟　组　编

主　编　李志虎
参　编　贺丽丽　李书鹏　方基永　李祖彬
　　　　李国林　刘　婷　孟召辉　郑芳芳
　　　　付晓敏　郭　燕　张　娜　杨晓锋
　　　　崔永瑞

机械工业出版社

本书由多位主机厂材料界的资深专家编写，书中对橡胶在乘用车上的应用做了系统的介绍和分析，将橡胶的性能与汽车零部件的要求有机地结合起来。本书内容涉及较广，包括各种橡胶材料的性能、橡胶在汽车零部件及主要车型上的应用情况，以及橡胶材料相关的试验方法、标准、工艺等，本书重点对橡胶零部件的轻量化技术进行了系统的介绍。

本书在介绍橡胶的应用及轻量化技术过程中，引用了大量的行业标准、行业应用案例等，并通过大量的横向、纵向比对，总结出未来的发展趋势，不仅可让读者了解当前橡胶在乘用车上的应用情况，还可指导其未来的研究方向。

本书适合材料工程师、质保工程师、产品工程师、销售工程师以及对乘用车用橡胶零部件感兴趣的爱好者等人士阅读，包括来自主机厂、零部件供应商、原材料供应商以及研究院所、高校等的相关人员。

图书在版编目（CIP）数据

乘用车用橡胶与轻量化/中国汽车工程学会，汽车轻量化技术创新战略联盟组编；李志虎主编 . —北京：机械工业出版社，2019.8
（汽车轻量化技术与应用系列丛书）
ISBN 978-7-111-63167-5

Ⅰ.①乘… Ⅱ.①中… ②汽… ③李… Ⅲ.①汽车 - 零部件 - 橡胶制品 - 汽车轻量化 - 研究 Ⅳ.①U462.2 ②U463

中国版本图书馆 CIP 数据核字（2019）第 135600 号

机械工业出版社（北京市百万庄大街 22 号　邮政编码 100037）
策划编辑：赵海青　责任编辑：赵海青
责任校对：潘　蕊　责任印制：李　昂
唐山三艺印务有限公司印刷
2019 年 9 月第 1 版第 1 次印刷
184mm×260mm・14.25 印张・1 插页・353 千字
0 001—2 200 册
标准书号：ISBN 978-7-111-63167-5
定价：89.00 元

电话服务	网络服务
客服电话：010-88361066	机 工 官 网：www.cmpbook.com
010-88379833	机 工 官 博：weibo.com/cmp1952
010-68326294	金 书 网：www.golden-book.com
封底无防伪标均为盗版	机工教育服务网：www.cmpedu.com

汽车轻量化技术与应用系列丛书

编 委 会

主 任　张进华

副主任　侯福深　王登峰

委 员（按姓氏笔画排序）

马芳武　王 立　王 利　王智文　任 鹏
刘 波　刘永刚　刘宏亮　刘春太　汤 湧
孙凌玉　李占营　李光耀　李彦波　李菁华
邱国华　闵峻英　宋景良　张 海　陈云霞
易红亮　周 佳　赵丕植　夏 勇　徐成林
凌 静　高宪臣　郭爱民　康 明　董晓坤
蒋 斌　韩 聪　程志毅　鲁后国　熊 飞

秘 书　杨 洁　王利刚　项 坤

丛书序
Preface

经过20余年的快速发展，我国汽车产业正由产销量持续增长向结构调整和转型升级转变，自主品牌汽车的品牌价值和品质不断提升，新能源汽车的市场份额和总量不断扩大。从技术的发展趋势来看，受能源革命、信息革命和材料革命的影响，汽车产业正迎来百年未遇的大变革，汽车产品"电动化、智能化、共享化"的发展趋势明显。轻量化作为支撑汽车产业变革的重要技术手段，是推进汽车产品节能减排的一项关键共性技术。汽车轻量化是指在保证汽车综合性能指标的前提下，采用科学的方法降低汽车产品重量，以达到节能、减排的目标。目前，轻量化已成为国内外汽车企业应对能源、环境挑战的共同选择，也是汽车产业可持续发展的必经之路。它不仅是节能减排的需要，也是汽车产业结构调整的需要。

近10年来，我国汽车轻量化取得了快速的进步和发展，突破了汽车高强度钢、先进纤维增强复合材料、轻量化结构设计等一系列关键技术，积累了丰富的经验，轻量化产品开发体系基本形成，汽车产品轻量化水平也不断提高，与国际先进水平的差距逐渐缩小，同时，也培养出了一批年轻的、掌握核心技术的工程师。然而，随着轻量化工作不断深入，轻量化技术开发与产业化应用已进入了"深水区"，加快工程师的专业培养和基础技术、数据积累已迫在眉睫。

为此，中国汽车工程学会（以下简称"中汽学会"）和汽车轻量化技术创新战略联盟（以下简称"轻量化联盟"）共同策划了"汽车轻量化技术与应用系列丛书"，计划用3~5年时间，组织汽车企业、材料企业、汽车零部件企业等100多名一线技术专家，在分析大量轻量化案例的基础上，编写包括轻量化材料、结构设计和成形（型）工艺等不同技术领域的系列专著，如《汽车用钢板性能评价与轻量化》《乘用车内外饰材料与轻量化》《乘用车用橡胶与轻量化》等，以指导年轻工程师更好地从事汽车轻量化技术开发与应用工作。

书籍是知识传播的介质，也是人才培养及经验积累和传承的基础。本套丛书秉承中汽学会和轻量化联盟推动汽车产业快速进步和发展的理念，主要面向国内从事汽车轻量化工作的年轻工程师而编写，同时，也为从事汽车轻量化的研究的人员提供参考。

2019年7月23日于北京

前言

橡胶是一种具有可逆形变的高弹性聚合物材料。由于橡胶具有高弹性、低模量、黏弹性、多向形变等性能，因而得以在工业中大量使用，其中，汽车是橡胶零件重要的应用领域。

作为汽车材料的重要组成部分，一般来说，每辆汽车大约要使用 300~500 个橡胶件，重 50~80kg，占整车重量的 5% 左右。2018 年，中国汽车全年销量约 2800 万辆，按每辆车使用橡胶的重量为 70kg 计算，全年新车消耗橡胶约 200 万 t，这不包括大量的二手市场的汽车配件、专用车、微型电动车和出口零件等。

橡胶零部件的质量对整车性能有着举足轻重的作用。随着人们对汽车的需求越来越大，对汽车的性能要求也越来越高。舒适、节能、环保、耐久、可靠等汽车的内在品质，逐渐成为影响人们购车的重要因素。橡胶的使用能有效提升整车的舒适、安全、耐久、可靠等性能。

汽车的舒适性离不开橡胶零件的应用。由于橡胶具有极佳的弹性，可用于各种减振、缓冲等零部件，通过在两个碰撞物体之间放置缓冲橡胶，可有效降低碰撞时产生的冲击力、噪声等。汽车上常见的缓冲降噪橡胶件有轮胎、橡胶悬置、衬套、缓冲垫和密封件等。各种橡胶密封件，除了能减振降噪外，其主要作用是密封。如门窗密封条，能有效地对门窗缝隙进行密封，使车内免受外界恶劣环境的影响，确保车内环境的舒适性。

汽车的安全、耐久、可靠等性能也离不开橡胶零件的应用。减振缓冲橡胶件，避免了各种零件之间的硬碰撞、硬冲击，从而提高零件的使用寿命；橡胶的弹性，确保了零件的密封性，确保不会发生液体泄漏；橡胶防尘罩，能够保证在运动状态下的内部环境不受外部污染……

总之，橡胶零件的使用对提升整车性能具有重要的作用，但遗憾的是国内主机厂、橡胶零件厂家等并未对橡胶材料或零件给予应有的重视。很多主机厂和橡胶零件厂家，并没有建立完整的橡胶材料/零件开发体系，也没有专门的从事橡胶材料/零件方面工作的技术人员，缺乏相应的技术标准、专业技术文件等。特别是在新能源汽车进入快速发展的几年间，国内如雨后春笋般地成立了上百家新能源汽车企业。这些新成立的企业往往存在研发团队体系不够健全，研发实力比较薄弱等问题，在新能源汽车用材料开发方面，基本没有或仅有很少的专业材料工程师，更不用说配备橡胶材料的技术人员。但橡胶材料/零件对整车的性能极其重要，不建立橡胶材料/零件的开发体系，不控制橡胶材料/零件的质量，就难以造出真正高质量、高水平的汽车。

另外，国内汽车用橡胶研究方面的书籍比较匮乏。比较系统地介绍橡胶基础理论知识的书，主要都是20世纪80年代左右的书籍。近十几年，尽管国内也有一些系统介绍橡胶的书籍，但对于汽车用橡胶材料/零件开发来说，这些书籍缺乏针对性，或没有和汽车零部件有机地结合起来，难以有效地指导汽车橡胶材料/零件的开发。

本书作者一直从事汽车用橡胶方面的研发工作，根据汽车用橡胶材料的研发经验，曾在2017年出版了《汽车用橡胶零件失效分析及预防》，主要从橡胶零件失效分析的角度对汽车用橡胶零部件的材料选用、失效分析和预防等方面进行综合阐述。

考虑到轻量化是近几年汽车开发过程中最重要的技术之一，轻量化开发体系已经融入汽车开发之中。高强度钢替代传统钢材、镁铝合金替代黑色金属、塑料替代金属、碳纤维复合材料替代金属等，这些轻量化方案/方向的轻量化效果明显，技术相对成熟，也做出了成果。但真正的汽车轻量化，不能仅仅局限于一些大件或效果明显的零件上，而应该融入每一个零件的开发过程中，无论是钢铁、镁合金件，还是塑料、橡胶、皮革面料件，都有自己独特的轻量化设计技术，只有做到件件斟酌、"斤斤计较"，才能真正实现汽车的轻量化。橡胶零件由于尺寸相对较小，往往不受重视，橡胶的轻量化也往往被忽略，国内也几乎没有专门介绍车用橡胶轻量化的书籍，但实际上，橡胶零件的轻量化技术，很多都没有被挖掘出来，橡胶零件的轻量化应该在整车的轻量化中发挥更大的作用。正因为如此，本书还对橡胶的轻量化技术做了专门的系统分析，希望能给汽车或橡胶方面的技术人员提供一些帮助。

本书主要分为4章。

第1章为乘用车轻量化概述，由贺丽丽等人编写。该章主要介绍了乘用车的轻量化意义、轻量化材料及应用现状等。

第2章为乘用车用橡胶介绍，由李书鹏、方基永等人编写。该章主要从橡胶的特点与分类、常用橡胶介绍、橡胶材料的常用性能等方面，对橡胶的基本知识进行介绍。

第3章为乘用车用橡胶零件及选材，主要由李志虎等人编写。该章是本书的重点，对轮胎、管路、密封件、减振件、表皮护套等橡胶零件的材料性能要求、材料选用、标准和发展趋势等进行系统而全面的分析。

第4章为乘用车用橡胶零件的轻量化，主要由李志虎等人编写。该章从材料、结构、工艺等方面对橡胶零件的轻量化进行了分析。

最后，由于本书中材料相关的专业术语及简写代码比较多，为让读者更好地理解本书内容，附录部分对书中出现的与材料相关的专业术语及简写代码做了统一整理。

除本书作者及工作团队多年的成果外，本书还引用了国内外大量的参考文献和行业专家的研究成果，以及上下游企业的合作成果，在此一并表示感谢。参考文献如有遗漏之处，请批评指正。

在编写本书过程中，得到了中国汽车工程学会、汽车轻量化技术创新战略联盟、中国汽车材料网等的大力帮助，在此表示感谢。

前 言

本书主要读者对象为在汽车行业的产品工程师、材料工程师、质保工程师,以及橡胶零件企业的材料工程师、工艺工程师、质保工程师等。对于其他与橡胶相关的技术人员,本书亦有较大的参考作用。本书也可作为高校相关专业的教学辅导教材、专业培训教材等。

本书涉及多个领域的知识,如新能源汽车的发展现状及趋势、零件结构及性能、使用环境及标准要求,橡胶材料的基本性能、应用、标准要求等,以及轻量化方面的知识,由于作者水平有限,错漏之处在所难免,恳请读者批评指正。

谨以此书献给为汽车橡胶材料开发及应用的广大业内同行!

2019 年 2 月

目 录 Contents

丛书序

前言

第 1 章　乘用车轻量化概述

1.1　乘用车轻量化的意义 ……………………………………… 3
　1.1.1　轻量化是节能减排的重要手段 ………………………… 3
　1.1.2　轻量化可以提高续驶里程 ……………………………… 4
　1.1.3　轻量化可以提升车辆操控和安全性能 ………………… 5
　1.1.4　轻量化是提升汽车工业自主创新能力的重要手段 …… 5
　1.1.5　轻量化是提升自主品牌车企产品竞争力的重要手段 … 5
1.2　乘用车轻量化材料 …………………………………………… 6
　1.2.1　高强度钢 ………………………………………………… 6
　1.2.2　铝合金 …………………………………………………… 7
　1.2.3　镁合金 …………………………………………………… 8
　1.2.4　塑料 ……………………………………………………… 8
　1.2.5　复合材料 ………………………………………………… 10
　1.2.6　橡胶 ……………………………………………………… 11
参考文献 …………………………………………………………… 12

第 2 章　乘用车用橡胶材料

2.1　橡胶的特点 …………………………………………………… 13
　2.1.1　橡胶的分子结构及组成特征 …………………………… 13
　2.1.2　橡胶的性能特征 ………………………………………… 14
　2.1.3　橡胶的加工特性 ………………………………………… 15
　2.1.4　橡胶的老化 ……………………………………………… 17
2.2　橡胶的分类 …………………………………………………… 18
2.3　常用橡胶材料 ………………………………………………… 20
　2.3.1　天然橡胶 ………………………………………………… 20
　2.3.2　乙丙橡胶 ………………………………………………… 22
　2.3.3　氯丁橡胶 ………………………………………………… 23
　2.3.4　丁腈橡胶 ………………………………………………… 24

2.3.5 丙烯酸酯橡胶 ……………………………………………… 24
2.3.6 氟橡胶 …………………………………………………… 25
2.3.7 硅橡胶 …………………………………………………… 26
2.3.8 热塑性弹性体 …………………………………………… 28
2.4 橡胶材料的常用性能 …………………………………………… 30
2.4.1 硬度 ……………………………………………………… 30
2.4.2 拉伸强度 ………………………………………………… 31
2.4.3 撕裂强度 ………………………………………………… 31
2.4.4 压缩性能 ………………………………………………… 32
2.4.5 老化性能 ………………………………………………… 33
2.4.6 低温性能 ………………………………………………… 34
2.4.7 耐介质性能 ……………………………………………… 34
2.4.8 其他性能 ………………………………………………… 35
参考文献 ……………………………………………………………… 36

第3章 乘用车用橡胶零件及选材

3.1 轮胎 ……………………………………………………………… 37
3.1.1 轮胎的分类与结构 ……………………………………… 37
3.1.2 轮胎的材料选用 ………………………………………… 39
3.1.3 轮胎的标准 ……………………………………………… 42
3.1.4 轮胎的发展趋势 ………………………………………… 43
3.2 车用软管 ………………………………………………………… 43
3.2.1 空气管路 ………………………………………………… 44
3.2.2 燃油管路 ………………………………………………… 52
3.2.3 制动管路 ………………………………………………… 65
3.2.4 离合系统管路 …………………………………………… 70
3.2.5 助力转向管路 …………………………………………… 73
3.2.6 发动机冷却管路 ………………………………………… 78
3.2.7 电池冷却管路 …………………………………………… 85
3.2.8 变速器冷却管路 ………………………………………… 86
3.2.9 空调管路 ………………………………………………… 89
3.2.10 风窗洗涤/前照灯清洗管路 …………………………… 97
3.2.11 天窗排水管 ……………………………………………… 100
3.3 橡胶密封件 ……………………………………………………… 101
3.3.1 密封圈 …………………………………………………… 102
3.3.2 密封条 …………………………………………………… 126
3.3.3 防尘罩 …………………………………………………… 135
3.3.4 其他密封件 ……………………………………………… 142
3.4 减振橡胶件 ……………………………………………………… 151

- 3.4.1 橡胶悬置 …… 152
- 3.4.2 悬架缓冲块 …… 155
- 3.4.3 橡胶衬套 …… 157
- 3.4.4 橡胶阻尼块 …… 158
- 3.4.5 排气管吊耳 …… 162
- 3.4.6 橡胶空气弹簧 …… 163
- 3.4.7 其他减振橡胶件 …… 166
- 3.5 表皮/垫片及护套 …… 168
  - 3.5.1 仪表板表皮 …… 168
  - 3.5.2 车用电线电缆绝缘与线束护套 …… 170
  - 3.5.3 内饰垫片 …… 174
  - 3.5.4 钥匙护套 …… 175
- 3.6 刮片胶条/传动带/安全气囊盖板 …… 176
  - 3.6.1 刮片 …… 176
  - 3.6.2 传动带 …… 178
  - 3.6.3 安全气囊盖板 …… 181
- 参考文献 …… 183

第4章 乘用车用橡胶的轻量化

- 4.1 通过橡胶材料的配方优化实现轻量化 …… 188
- 4.2 通过低密度材料替代高密度材料实现轻量化 …… 191
  - 4.2.1 TPE替代传统橡胶 …… 191
  - 4.2.2 软质塑料替代传统橡胶 …… 200
  - 4.2.3 低密度橡胶替代高密度橡胶 …… 205
  - 4.2.4 发泡橡胶替代密实橡胶 …… 206
- 4.3 结构的轻量化 …… 207
  - 4.3.1 轮胎的轻量化 …… 207
  - 4.3.2 空气橡胶弹簧替代传统的金属弹簧 …… 207
  - 4.3.3 线束的薄壁化 …… 209
  - 4.3.4 橡胶制品的小型化 …… 209
  - 4.3.5 拓扑优化 …… 210
- 4.4 轻量化相关的工艺 …… 211
  - 4.4.1 发泡工艺 …… 211
  - 4.4.2 可变截面挤出技术 …… 212
  - 4.4.3 TPE密封条共挤等技术 …… 212
  - 4.4.4 TPE与其他材料的复合技术 …… 212
- 参考文献 …… 213

附录 主要专业术语中英文及简写对照表

第 1 章
乘用车轻量化概述

我国现如今已经是世界汽车大国,汽车产销量多年居世界第一。汽车产业是我国经济的重要支柱产业,在国民生活和社会发展中发挥着重要的作用。近年来,我国汽车销量保持了多年的平稳增长,2017 年达到了 2417 万辆。在科技发展日新月异的年代,汽车产业的发展不能再一味地追求数量,而是应该占领科技的最高点。因为庞大的汽车数量,固然能给经济发展做出巨大的贡献,但汽车保有量的持续增长,也会给社会能源供给、环境保护带来极大的影响。

汽车工业是耗油大户,我国的车用燃油消耗量约占石油消耗总量的 50%,高速增长的石油消耗量,给我国的能源安全和环境保护带来极大的挑战。图 1-1 所示为 2002—2017 年我国石油生产量、消耗量及对外依存度的变化趋势,由图 1-1 可知,我国的石油对外依存度在 2017 年达到了 65%,预计未来几年我国的石油对外依存度还会进一步提高。

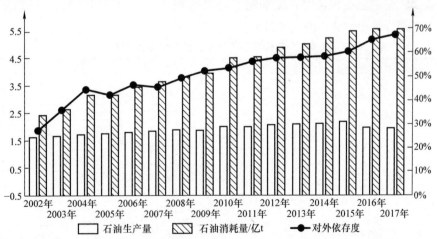

图 1-1 2002—2017 年我国石油生产量、消耗量及对外依存度变化趋势

为应对全球性的资源短缺、气候变暖、环境污染等问题,巩固和提高汽车工业的未来国际竞争力,欧、美、日等汽车工业发达国家和地区都在采取积极措施,推动和促进汽车节能技术的发展,提高汽车燃料经济性水平,并相继完成新一轮针对 2020 年甚至更长远的各年

度乘用车燃料消耗量（油耗）标准法规的制定，对乘用车燃料消耗量及对应的 CO_2 排放提出了更加严格的要求。图 1-2 为主要国家和地区燃料消耗量状态及标准对比。

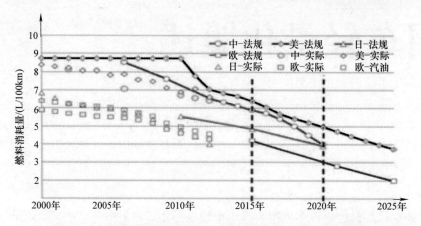

图 1-2　主要国家和地区燃料消耗量状态及标准对比（见彩插）

注：考虑到试验方法（特别是工况）差异，数据为转换为按我国试验方法测试后对应的数据。

尽管各国的乘用车保有的构成和技术特征存在一定差别，对乘用车节能指标的要求也不同，但从整体来看，各国都在通过技术标准和法规不断加严对乘用车燃料消耗量的要求，整体趋势是到 2020 年乘用车平均燃料消耗量达到 5L/100km 左右。

新能源汽车是未来的发展趋势，而纯电动汽车则是发展新能源汽车的首选，但目前纯电动汽车还有几大瓶颈亟待攻克。首先是续驶里程，传统的燃油车加一次油可以行驶 400～500km，而纯电动汽车在充满电的情况下，一般只能续驶 200～300km。其次是充电，包括充电桩的便捷性和充电时间，目前，充电桩主要布置在大城市或城市中心，比较偏远的地方往往难以普及。充电也比较耗时，充满电往往需要 6h 以上，即使是快充，一般也要 1h 左右。表 1-1 为部分车型的充电时间和续驶里程表。

表 1-1　部分车型的充电时间和续驶里程表

序号	车型	慢充时间	快充时间	续驶里程
1	北汽 E150EV 2016 款	8h	1h	150km
2	江淮和悦 IEV4 2017 款	10h	1h	260km
3	启辰 E30 2017 款	4h	30min	175km
4	知豆 D2 2018 款	6h	/	255km
5	众泰 E200 2018 款	10h	45min～1h	165km
6	荣威 ERX5 EV400 2017 款	7h	40min	320km
7	奇瑞 EQ1 小蚂蚁 400 2018 款	7h	30min	301km
8	蔚来 ES8 2018 款	11h	1.1h	355km
9	小鹏 G3 2019 款	8.4h	45min	351km
10	威马 EX5 2018 款	7.5h	30min	300km
11	比亚迪 E6 2017 款	8h	1.5h	400km

提示　无论是燃油车降油耗，还是电动汽车增加续驶里程，都与整车质量有极大的关系。整车的轻量化除对降油耗，增加续驶里程有极大的影响外，还与乘用车性能、安全等诸多因素有关。

1.1 乘用车轻量化的意义

1.1.1 轻量化是节能减排的重要手段

轻量化对于节能的贡献主要体现在两个方面：一是使用过程中能源消耗降低，即降低油耗；二是轻量化带来原材料使用量的降低，即降低原材料用量。

在降低油耗方面，对于汽车来说，整备质量消耗了约 70% 以上的动力系统的传输能量。研究表明，汽车在行驶过程中必须克服多种阻力，包括滚动阻力、爬坡阻力、加速阻力和空气阻力，除了空气阻力外，其他阻力都与整车质量成正比。因此，降低整车质量可以有效降低油耗。目前，关于轻量化对节能降耗贡献量的研究很多，也形成了诸多的结论。以下是各种文献中有关轻量化与降油耗之间关系的一些结论：

1) 汽车质量每减少 100kg，油耗可减少 0.2~0.8L/km。
2) 汽车质量每减少 330~440kg，可节省燃料 20% 左右。
3) 汽车质量每减少 50kg，则每升燃料行驶的距离可增加 1m。
4) 对于 16~20t 级的载货汽车，每减少质量 1000kg，则油耗可降低 6%~7%。
5) 汽车质量每减少 10%，油耗降低 6%~8%。
6) 汽车质量每减少 10%，油耗降低 5.5% 左右。
7) 汽车质量每减少 10%，油耗降低 8%~10%。

世界铝业协会、欧洲铝业协会、美国铝业协会联合委托美国海德堡责任有限公司能源与环境研究所所进行的研究，得出了轻量化与油耗之间的关系，如表 1-2 所示。

表 1-2 轻量化对各种车型降低油耗的效果

车型类别	减重 10% 对应的节油效果（%）
乘用车	5.7
轻型商用车	5.7
中型货车	5.7
汽车列车	4
城市客车	4.6
长途客车	2.4

李军等对国内近 4000 款乘用车进行数据分析得到，整车质量为 750~2500kg 时，质量降低 10% 时，油耗降低 7.5%~9%。虽然各种研究的结果不尽相同，但均大同小异，总体结论均是轻量化有助于降低整车的油耗。

在减少原材料使用量方面，轻量化可以使原材料生产的能耗相应地降低。据相关资料所述，整车减重 10%，可节省约 0.16t 原材料。假定减少的 0.16t 原材料均为钢材，则节省原材料生产所需的能耗为 0.1872t 标煤，单车寿命周期内节省能量为 3.99t 标煤。若按照单一车型销售 50 万辆计算，则可以节能 199.5 万 t 标煤。

轻量化对减排的贡献主要是指能源消耗减少所带来的废气和粉尘排放的减少。根据相关资料，减少 1t 标煤的消耗，可以减少 CO_2 排放约 2.3t，减少 SO_2 排放约 0.02t，减少 NO_x 排放约 0.009t，减少粉煤灰等固体废物排放约 0.275t。

1.1.2 轻量化可以提高续驶里程

对于电动汽车而言，续驶里程是其产业化和市场化需要克服的关键问题。电池技术是决定电动汽车续驶里程的决定性技术之一，相比传统汽车，新能源车电池性能水平有限，不仅是电池使整车重量增加了数百千克，而且也对续驶里程造成严重的影响。纯电动汽车每续驶 1km 需电池重量需增加 1kg，也就是说，满足汽车续驶里程 200km，仅电池重量就高达 200kg。

对于新能源汽车来说，需要通过轻量化技术来平衡使用动力电池带来的重量增加。图 1-3 所示为 2015 年国产燃油车和新能源汽车重量的对比情况。由图 1-3 中可以看出，新能源汽车产品的名义密度明显偏大，在短期内无法提升电池能量密度的前提下，更需通过整车轻量化来提高新能源汽车产品的竞争力。

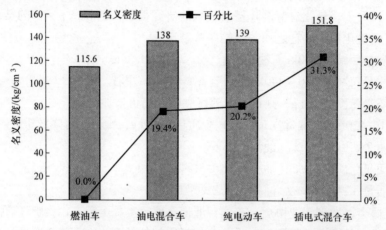

图 1-3　国内新能源汽车与燃油车的名义密度/重量对比（紧凑型车）

在工况不变的前提下，汽车的能量消耗与整车重量基本上呈线性关系，纯电动汽车在这方面的表现尤为明显。纯电动汽车整车重量的增加会明显缩短续驶里程，相关研究表明，电动汽车整车重量降低 10%，单次充电的续驶里程增加 5.5%。目前，国内电动车的续驶里程普遍在 100～300km，电动车的价格与燃油车相比没有竞争优势。随着国家"双积分"政策的正式推出，在短期内无法使电池技术取得突破的情况下，汽车轻量化就显得异常重要，国内车企纷纷积极开展轻量化工作，从材料、工艺、结构设计等方面的优化实现整车减重，表 1-3 为各车企的轻量化目标。

表 1-3　各车企轻量化目标

企业名称	轻量化目标
长安汽车	2020 年，在 2015 年的基础上整车实现减重 100～200kg，百公里油耗降至 4.9L
北汽集团	"585" 工程目标，即 5 款轻量化明星车型；整车减重 80kg 以上；2020 年在 2017 年基础上整车质量再下降 5%
长城汽车	从轻量化材料、结构设计和工艺三方面入手，加大高强度钢的开发与应用，运用集成化设计技术，实现新平台多车型的性能集成与整体轻量化设计
吉利汽车	轻量化率到 2021 年实现 8%～10%，2025 年实现 13%～17%
一汽集团	到 2020 年，形成轻量化技术研究及应用的体系化能力，建立轻量化工作常态推进机制，推进集团轻量化技术的横向应用，打造集团轻量化产品、工艺、材料专业技术开发队伍
东风汽车	"十三五"规划目标：通过掌握和应用 16 项关键技术，实现汽车降低重量 200kg

1.1.3 轻量化可以提升车辆操控和安全性能

安全性是乘用车轻量化后面临的主要问题之一。汽车的安全性分为主动安全和被动安全。主动安全是指通过提高汽车的行驶稳定性、操纵性和制动性能尽量防止事故发生。被动安全是指事故发生后如何对乘员进行保护，又分为安全车身结构和安全保护系统，安全车身结构是为了减少一次碰撞带来的危害，乘员保护系统则是为了减少二次碰撞造成的乘员损伤或避免二次碰撞。

轻量化对主动安全是有利的，不仅能够直接提高汽车的比功率，提升汽车反应速度、路感反馈、降低运动惯性，从而有效提升汽车的操控稳定性，而且随着车身重量减低，制动距离更短，为紧急情况下采取主动安全措施提供了更多时间，从而能在一定程度上规避事故的发生，可见，轻量化在规避事故的发生中起到不小的作用。国际铝业协会的研究结果表明：汽车减重10%，制动距离可减少5%，转向力减少6%。一台轻盈的车在意外状况下，更能借助汽车的制动系统和其他主动安全系统避免事故的发生。

在被动安全方面，轻量化对其的影响是负面的。据美国通用汽车安全研究员李奥纳德·伊凡斯（Leonard Evans）的研究表明：在两车发生碰撞时，整车质量大的汽车其安全性会占优势。整车质量小的汽车在碰撞时发生危险的概率会增加，但降低社会车辆的平均车重对于降低交通事故的整体伤亡率有重要意义。因为重车虽在保护自身乘员上有一定的优势，但会使整体道路伤亡数量增加，所以整车轻量化有利于整体交通安全性的提升。

1.1.4 轻量化是提升汽车工业自主创新能力的重要手段

从相关工业来讲，汽车轻量化技术引发了汽车产业链的延伸。以新材料为例，新材料的应用必将在产业链上产生强烈的联动效应，上下游企业的密切合作将产生巨大的经济效益和社会效益。据测算，2015年我国汽车轻量化新材料产业销售收入总额约为1500亿元，到2020年将达到3000亿元。目前，外国企业纷纷进入中国设厂，国内企业也在加大开发与建设力度。汽车轻量化可以提升我国汽车工业的自主创新能力。未来汽车技术的三个重要发展方向分别是电气化、轻量化和智能化，而轻量化是电气化和智能化的基础。汽车轻量化技术涉及汽车材料技术、设计开发技术和工艺制造技术等多个方面，在这些方面，我国的基础理论研究和关键技术的推广应用与外国存在很大差距，这就需要加大人力和财力投入来攻克所面临的技术难题，提高自身的核心竞争力。汽车轻量化产业链的形成和联合突破必将带动整个汽车相关零部件产业的提升和创新发展。

1.1.5 轻量化是提升自主品牌车企产品竞争力的重要手段

在传统燃油车行业，日本和欧美的汽车制造企业长期处于统治地位，我国的汽车工业虽然步履蹒跚地发展了60多年，但掌握的核心技术很少，仍然需要依赖国外的工程和技术人员以及技术援助。在新能源汽车领域，目前新能源汽车技术路线的发展方向有多种可能，知识产权的壁垒尚未形成，国际标准还有待完善，规模化生产正在酝酿，竞争格局尚未确定，所以新能源汽车的发展前景尚未明朗。这一切为拥有庞大消费市场的中国提供了技术追赶的机会。发展新能源汽车是促进我国汽车产业转型升级、抢占国际竞争制高点的紧迫任务，是我国由汽车大国迈向汽车强国的必由之路。

中国自主品牌汽车产品市场竞争力提升的关键因素是技术水平。与国外相比，我国汽车技术水平相对低下，尤其是汽车轻量化水平整体偏低。通过提升汽车轻量化水平增加新能源汽车的续驶里程和安全性，可以提高消费者对自主品牌汽车认可度和扩大品牌知名度。近年来我国消费者对汽车轻量化的认识在不断提高，越来越多的消费者已经意识到，乘用车轻量化可以降低燃油车油耗，增加电动汽车的续驶里程，还对安全性、操控性等有较大的帮助，这也形成了对我国汽车轻量化技术发展十分有利的局面。因此，大力发展汽车轻量化技术，尤其是自主品牌汽车的轻量化水平，是国家战略发展的需要，更是提高自主品牌车企国际竞争力的需要。

汽车轻量化是当前汽车行业的发展趋势和主流技术，是集设计、材料和先进的加工及成型技术于一身的复杂工程，涉及汽车产业链的各个环节，如冶金、设计、材料、装备、维修、回收再利用等多个相关产业。目前，我国的高强度钢、铝合金、工程塑料和碳纤维复合材料的发展和应用还相对比较滞后，不能完全满足汽车工业的需求。汽车轻量化产业的形成和发展，需要依托于汽车相关产业的大力发展，只有汽车相关产业得到发展，汽车轻量化产业才有发展的基础和根基。同时，汽车轻量化产业的发展也会形成和带动一批相关产业的快速发展。例如，在汽车轻量化技术的推动下，车用先进高强钢近年来得到了快速增长，进一步带动了先进高强度钢热成型生产线、汽车用液压成型生产线、汽车用锻造铝合金产品生产线的建设，带动了与之相配套的伺服压力机、气垫式加热炉、模具等装备工业的快速发展。总之，通过多产业的联合突破形成的汽车轻量化产业链将带动整个汽车相关的零部件产业的提升和创新发展。

> **提示** 轻量化不仅对解决能源短缺及环境问题具有重要意义，更能促进汽车综合性能的全面提升。无论从社会效益，还是经济效益来考虑，轻量化是提升汽车工业自主创新能力和自主品牌车企竞争力的重要技术，也是保证我国汽车产业可持续健康发展的迫切需要。

1.2 乘用车轻量化材料

实现汽车轻量化的途径主要有3种，即材料轻量化、结构轻量化和工艺轻量化，其中材料轻量化是实现轻量化的基础。乘用车材料轻量化离不开高强度钢、铝合金、镁合金、塑料和复合材料等轻量化材料的应用，以下对上述轻量化材料在乘用车上的应用进行简单介绍。

1.2.1 高强度钢

高强度钢主要用于车身外板和车身结构件，是与汽车轻量化关系最为密切的材料，同时也是汽车轻量化后保证碰撞安全的最主要材料，它的用量直接决定了汽车的轻量化水平。高强度钢不仅可以有效减轻车身重量，还可以提高车身结构的刚度、强度和被动安全性。高强度钢因性能和成本等方面的优势，目前仍是市场上最受欢迎的汽车轻量化材料，同时也是中低端乘用车轻量化的首选材料，国外入门级乘用车的车身材料也以高强度钢为主。

高强度钢的分类和定义，国内外尚无统一的标准，一般采取按照强度划分，通常将屈服强度小于210MPa，抗拉强度小于270MPa的钢称为低强度钢；屈服强度在210～510MPa，抗拉强度270～700MPa的钢称为高强度钢；屈服强度高于510MPa，抗拉强度高于700MPa的钢称为超高强度钢。欧洲车身会议对汽车用钢板的分类是按照冶金学的组织类型来分类的，将钢种分为传统软钢、高强度钢、先进高强度钢和超高强度钢等，见表1-4。

表1-4 欧洲车身会议钢种分类

钢种分类	缩写代号	包括的种类
传统软钢	MS 或 LSS	Mild、IF 钢
高强度钢	HSS	高强 IF-HS、IS 钢、BH 钢、HLSA 钢
先进高强度钢	AHSS	DP 钢、FB 钢、QP 钢、TRIP 钢、TWIP 钢
超高强度钢	UHSS	CP 钢、MS 钢

目前，为提升被动安全性，乘用车越来越多地在主要安全件中（A、B、C柱和前保险杠防撞梁、门防撞杆及保险杠防冲击柱等）采用超高强度钢，其抗拉强度和屈服强度分别可达到1500MPa和1200MPa。凯迪拉克的A/B柱内板、地板中通道、横梁等关键部件均采用先进高强度钢，通过结构优化设计，使钢制下车体结构比铝制下车体减重6kg。沃尔沃XC90白车身上高强度钢用量占白车身重量的70%以上，见图1-4。

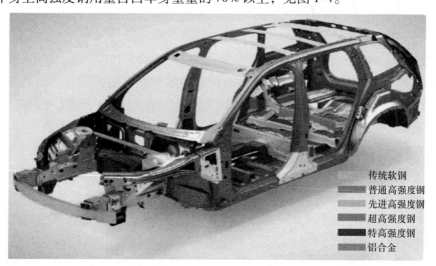

图1-4 沃尔沃XC90白车身高强度钢分布示意图（见彩插）

1.2.2 铝合金

铝合金是综合性能良好的轻量化材料之一。在汽车轻量化中，铝合金有着独特的优势：①密度低（2.7g/cm^3），只有钢材的三分之一，具有良好的导热性（仅次于铜），机械加工性能比铁好；②比刚度和比强度高，吸收冲击性能良好；③资源丰富，再生性能好，在使用过程中，铝几乎不会发生腐蚀或仅仅发生轻微腐蚀；④回收价值较高，在铝的回收再利用过程中，铝的损耗只有5%左右，其再生性能比任何一种常用金属都高。

铝合金在汽车上的应用已相当广泛，主要用于覆盖件（发动机舱盖、行李舱盖、车顶、翼子板和车门等）和结构件（前后防撞横梁、减振塔和仪表横梁等）。目前，铝合金在底盘和车身上均有成熟应用，例如：路虎揽胜、蔚来 ES8 和凯迪拉克 CT6 均采用了全铝底盘；福特 2015 款 F150 采用全铝车身，相比钢制车身减重 300kg；通用新一代克尔维特采用铝合金框架结构，刚度比原钢制车架提升 57%，减重 45kg；凯迪拉克全新 CT6 车身框架的 64% 都是由铝合金材料制造的，相比全钢车身重量减轻了 90kg；特斯拉的车身采用了大量铝合金挤压件、冲压件和铸件，铝合金应用比例达到了 97%。在新能源汽车的典型代表特斯拉 Model S 的白车身上，铝合金的用量占比达 90% 以上，仅前后防撞梁及 AB 柱使用了钢材，前减振塔、前纵梁后段、后纵梁采用铸铝，下车身所有横梁与纵梁采用铝型材，其余位置使用铝板冲压。特斯拉 Model S 铝合金车身见图 1-5。

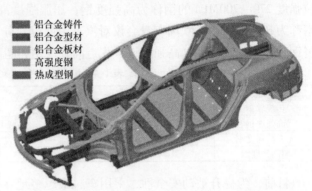

图 1-5　特斯拉 Model S 铝合金车身分布示意图（见彩插）

此外，在当前的汽车零件制造中，泡沫铝及铝基复合材料也在研究与探索中。

1.2.3　镁合金

镁的密度仅为铝的三分之二，是所有车身材料中最轻的，具有比强度和比刚度高、易于加工成型和抗振性能好等优点。采用镁合金制造的零件能在应用铝合金的基础上再减重 15%~20%，轻量化效果十分可观，但成本高于铝合金和钢。目前，北美和欧洲车企使用的镁合金较多。欧洲使用和研制的镁合金汽车零部件已超过 60 种，北美使用和研制的镁合金零部件已超过 100 种，但受成本和重量限制，我国车企的镁合金用量还十分有限。国内应用最成熟的是压铸镁合金转向盘骨架。个别车型已成功应用镁合金座椅骨架、仪表板横梁和轮毂等。

镁合金的电化学腐蚀趋势的重要参数自由焓和电极电位在车身常用金属中是最低的，因此它在汽车中应用时人们最担心的问题便是腐蚀问题以及腐蚀产生后对疲劳和寿命的影响，所以如何解决镁合金的腐蚀问题是镁合金扩大应用的重点课题。

1.2.4　塑料

日本在 2018 年推出首款 90% 零部件用各种塑料制成的汽车，虽然该塑料汽车目前还处于概念阶段，短期内车用塑料不会发生革命性的变化，但其代表着塑料在汽车轻量化方面的广阔前景，对国内车用塑料零部件的发展，有着重要的引领作用。

塑料在汽车上的轻量化应用主要从四个方面进行考虑：低密度、薄壁化、微发泡和以塑代钢，下面将逐一进行介绍。

1. 低密度材料

低密度材料在新能源汽车上的应用主要有 2 个途径：

(1) 同种材料通过调整配方降低零件密度　例如：低密度 PP 材料通过降低 PP 改性材料中滑石粉的用量来降低 PP 改性材料的密度，通过配方调整可以达到和高滑石粉填充改性 PP 材料相近的尺寸收缩率、物理性能及耐热性能，从而达到减重的目的。目前，该方案在门护板、立柱护板和保险杠中应用广泛。以众泰开发的某车型门护板方案为例，密度从 1.05g/m^3 降低至 0.95g/m^3，可减重 10%；另外，通过降低配方中填料的密度也是降低零件密度的一个方向，例如：玻璃微珠增强 PP 材料就是把配方中的部分滑石粉替换为玻璃微珠，同时通过调整配方达到替换材料相近的性能，通过采用门护板零件试模验证，该方案可减重 10%，但是材料价格较高，性价比不高。

(2) 通过异种塑料材料替换可以降低零件密度　例如：采用 PP-LGF40 代替 PA6-GF30 做换挡底座，减重可达 11%。该方案在吉利领克、凯翼 X3 中均有成功应用；另外，此替代方案在离合踏板或加速踏板中亦有成功应用；采用特殊 PP-GF35 代替 PA6-GF30 制作进气歧管，可以减重 15%，目前，该方案在福特 1.5L 发动机和大众 1.4L 与 1.6L 发动机上均有成功应用；采用特殊 PP-GF35 代替 PA66-GF30 做冷却风扇护罩，在本田雅阁和现代伊兰特车上已成功应用。

2. 薄壁化材料

薄壁化材料在汽车上的应用，最典型的案例就是薄壁保险杠。薄壁化材料是指通过提高 PP 材料的弯曲模量、冲击韧性和流动性来减小壁厚，从而达到减重的目的。以众泰开发的某薄壁保险杠为例，壁厚由 3.0mm 减重至 2.5mm，减重达 16.7%。

3. 微发泡材料

微发泡材料是指以塑料材料（如：PP+EPDM-T20、PP-LGF20、HDPE、ABS 和 PC+ABS 等）为基体，通过注塑工艺，在气体内压作用下，使制品中间分布从十几到几十微米的封闭微孔，而两侧有着致密的表皮结构，从而达到省料和减重的效果。该方案在汽车上应用的主要零部件有门护板、仪表板本体、杂物箱盖板、副仪表板延伸板、左右盖板及装饰板和空调风道等。例如：宝马 F35 IP 骨架采用 PP-LGF20 化学发泡，减重约 40%；大众 VW511 门护板采用 PP+EPDM-T20 材料发泡，减重 16.7%。

4. 以塑代钢

以塑代钢是塑料材料在汽车上最典型的轻量化应用方向。涉及的材料主要包括短玻纤增强尼龙材料、长玻纤增强尼龙材料、长玻纤增强 PP 材料以及 PPE+PA 材料等。

(1) 短玻纤增强尼龙材料　尼龙材料特别是短纤增强尼龙 6 和尼龙 66 材料是以塑代钢的重要材料。例如：本田思域的后视镜支架采用 PA66-GF55 代替金属材料、丰田凯美瑞的储物箱支架采用 PA66-GF55 代替金属材料等。

(2) 长玻纤增强尼龙材料　长玻纤增强尼龙材料是 DSM 公司和 EMS 公司研制出的一种高强塑料。该材料具有良好的冲击性能、耐蠕变性能和刚性，即使在高温下也能保持良好的抗蠕变性能。目前，该材料在塑料仪表横梁和塑料座椅骨架上均有成功应用。宝马 M4 GTS 车型上采用该材料方案将 72 个零件集成为 1 个，减重 1.6kg。别克君威 GS 的座椅骨架亦采用了该材料。

(3) 长玻纤增强 PP 材料　采用 PP – LGF40 材料代替金属做塑料前端模块是最典型的应用案例之一，该方案不仅可以减重，而且可以使产品拥有更高的尺寸精度、更好的安装性能、更低的产品价格和更高的集成程度，目前，众泰已经在平台化推广该材料。采用 PP – LGF20 或 PP – LFG30 代替金属做塑料门模块亦是该材料最典型的应用之一，红旗 HS7 和一汽 X80 的塑料门模块均是采用此方案。另外，采用 PP – LGF40 代替金属材料做塑料尾门内板亦是成熟的轻量化方案。该方案在长安 CS35、奇瑞小蚂蚁、东风 AX4、奇骏等塑料门护板上均有成熟应用。

(4) PPE + PA 材料　PPE 是五大工程塑料之一，它具有相对密度小、无毒、刚性大、耐热性高、难燃、强度高，电性能优良，抗蠕变性好，耐应力松弛，抗疲劳强度高，几乎不受温度、湿度的影响等优点，但是它存在一个致命的弱点，即熔融流动性差，加工成型困难。众所周知，PA 材料耐热性好，耐冲击性能优，成型时流动性好；缺点是吸湿性强，导致长期尺寸不稳定；PPE + PA 材料正好可以改善 PPE 的流动性和抗冲击性能以及 PA 的吸湿性和长期尺寸不稳定性。目前，该材料代替金属在塑料加油口盖、塑料翼子板上均已成功应用。塑料加油口盖在众泰车型上已平台化。以塑料翼子板为例，PPE + PA 材料密度为 $1.10g/cm^3$，材料厚度为 2.5mm，钢材翼子板密度为 $7.85g/cm^3$，材料厚度为 0.7 mm，这样可以得出同一个翼子板塑料材质的重量比钢材质的翼子板减轻 40% ~ 50%。

1.2.5　复合材料

1. SMC 材料

SMC（Sheet Molding Compound）是指经过树脂浸渍短切纤维或毡等增强材料，内含固化剂、脱模剂、填料、低收缩剂、增稠剂等赋予此混合物不同性能的片状模塑料，可用于模压成型，在高温、高压下交联、固化成三维网状结构。SMC 材料具有以下特点：①优异的机械性能，在高温和低温环境下强度基本不变。②与金属相似的热膨胀系数，可以实现和铝、钢的混合安装和粘接。③材料收缩率极低，可以达到零收缩，产品尺寸易控制，有利于外观匹配。④可以实现零部件功能的集成化，减少模具投入及后加工费用。⑤SMC 的内阻尼比铝或钢大约高 10 倍，具有优异的降噪能力。⑥设计自由，可实现产品的内着色，可在线涂装。⑦可实现高的阻燃性，满足最严格的防火要求（BS6853）。⑧较好的透波性，可实现天线一体化设计（GPS、GSM、FM/AM），降低安装成本。⑨优异的电绝缘性能。SMC 材料在新能源汽车上可应用的部位很多，如：吉利英伦出租车的四门、后背门、翼子板、侧围和车顶等都是 SMC 材料。另外，SMC 材料做电动车电池的壳体已是很成熟的应用。

2. GMT 材料

GMT（Glass Mat Reinforced Thermoplastic）即玻纤毡增强热塑性材料，它是一种以热塑性树脂为基体，以玻璃纤维毡为增强体的复合材料。它通常是以 2 层玻璃纤维针刺毡与 3 层热塑性树脂（如 PP、PA、PET 和 PBT 等）复合而成的一种复合材料片材。纤维可以是短切玻璃纤维或连续玻璃纤维毡，热塑性树脂可以是通用塑料、工程塑料和高性能塑料，其中热塑性树脂为 PP 的 GMT 材料（GMT – PP）产品发展最早，应用最广。GMT 材料采用模压成型工艺,密度约为 1.1~1.2g/cm³,具有高抗冲击韧性、比强度高、设计自由度高以及易于功能整合等优点。GMT 材料在国内外车型车底护板上的应用实例较多,如一汽奥迪 A4、丰田威乐、上海大众帕萨特 B5 和桑塔纳 2000 等。另外,在新能源汽车上,GMT 材料还可用来生产汽车备胎舱、前端模块、塑料后防撞横梁等零件。

3. LWRT 材料

LWRT (Light Weight Reinforced Thermoplastic) 是轻质热塑性复合材料的简称。它是一种多孔新型复合材料,由树脂、玻纤和大量空隙形成,其中,面密度为 300~2000g/m²,体积密度为 0.2~0.8g/cm³,可以根据需要调节,具有良好的可设计性。在制备过程中,预先分散在纤维间的树脂经熔融、流动、固化,与玻纤形成了具有一定结构的多孔复合材料,经加热成型后,其膨化高度可达到原来的 5~6 倍。LWRT 材料的特殊结构使其不仅可以吸声降噪,其热膨胀系数还低于铝板而接近钢板,比强度也较高。目前,该材料在车身底护板上已经成熟应用,在顶篷上的应用正在研究中。

4. 碳纤维增强复合材料(CFRP)

碳纤维增强复合材料(Carbon Fiber Reinforced Polymer/Plastic,CFRP)的重量仅相当于钢材的 20%~30%,硬度却是钢材的 10 倍以上。因密度小和比强度、比模量、集成度高等特点,CFRP 在汽车领域掀起了一股应用热潮。例如:CFRP 在宝马 i3 "Life"乘员舱(图 1-6)以及宝马

图 1-6　宝马 i3 碳纤维车身框架

新 7 系的"carbon core"车身上均有成功应用。另外,沃尔沃 XC90 的板簧也是采用 CFRP 制作而成,与传统板簧相比减重 65%(减重 4.5kg)。

1.2.6 橡胶

除轮胎、门窗密封条、胶管外,其他橡胶零件均较小,如大部分密封圈、重量不超过 10g。由于橡胶使用比例较小,在整车轻量化的研究中,之前一直不受重视。近几年来,由于能源危机、环境污染等问题,人们对轻量化的需求越来越剧烈,基本达到了斤斤计较的地步。

特别是随着热塑性弹性体(Thermoplastic Elastomer,TPE)应用技术的发展,橡胶零件在结构设计、材料选择、工艺等方面进入了一个新的阶段,其在整车轻量化中的作用也逐渐凸显。

TPE 也叫热塑性橡胶(TPR),是继 NR、合成橡胶后的第三代橡胶。汽车用 TPE 主要有热塑性聚烯烃弹性体(TPO)、热塑性聚酯弹性体(TPC)、热塑性聚氨酯弹性体(TPU)、苯乙烯类热塑性弹性体(TPS)等。另外,汽车上也用到一些其他类弹性体,如聚酰胺类热塑性弹性体(TPA)、氟硅类弹性体、NBR+PVC 等。

TPE 性能和橡胶类似,成型工艺多样化,是目前替代传统橡胶的理想材料。由于 TPE 密度较传统橡胶低,因此,TPE 替代橡胶是轻量化的重要路径之一。

除 TPE 替代传统橡胶外，还有零件结构的优化、橡胶配方的优化、软质塑料替代橡胶、新工艺应用等方面，可实现橡胶零件的轻量化。本书第二章到第四章，对乘用车用橡胶的性能、应用及其轻量化进行重点介绍。

参考文献

[1] 本刊. 乘用车燃料消耗量第四阶段标准解读[J]. 机械工业标准化与质量, 2015 (08): 16-22.

[2] 倪晋尚. 我国汽车节能途径分析[J]. 科技信息, 2010 (35): 364-365.

[3] 李军, 路洪洲, 易红亮, 等. 乘用车轻量化及微合金化钢板的应用[M]. 北京: 北京理工大学出版社, 2015.

[4] 程一卿, 莫凡, 彭亚南. 新能源汽车发展态势及其轻量化[J]. 科技创新导报, 2016, 13 (12): 41-45.

[5] 王登峰. 中国汽车轻量化发展——战略与路径[M]. 北京: 北京理工大学出版社, 2015.

[6] 唐见茂. 新能源汽车轻量化材料[J]. 新型工业化, 2016, 6 (1): 1-14.

[7] 张尚生, 刘敏, 苑忠国. 纯电动汽车续驶里程提升措施分析[J]. 汽车实用技术, 2016 (05): 144-145+148.

[8] 周路菡. 汽车轻量化: 助新能源汽车极致表现[J]. 新经济导刊, 2016 (04): 55-59.

[9] 慕温州, 杨人杰, 朱珍厚, 等. 车身轻量化实现的思路及途径[J]. 重型汽车, 2017 (5): 17-19.

[10] 崔人志. 刍议新能源汽车的现状与发展趋势[J]. 当代教育实践与教学意义, 2018 (3): 200-201.

[11] 中国汽车工程学会. 中国汽车轻量化发展: 战略与路径[M]. 北京: 北京理工大学出版社, 2015.

[12] 李军, 孙希庆, 陈云霞, 等. 国内乘用车轻量化现状与高强度钢板的应用进展[J]. 新材料产业, 2015 (11): 47-53.

[13] 中国汽车工程学会, 中国汽车轻量化技术创新战略联盟, 中国第一汽车股份有限公司技术中心. 中国汽车轻量化发展战略与路径[M]. 北京: 北京理工大学出版社, 2015.

[14] 武万斌, 年雪山. 汽车轻量化技术发展趋势[J]. 汽车工程师, 2017 (1): 15-17.

[15] 赵宇龙. 汽车轻量化材料技术综述[J]. 汽车工艺师, 2018 (2): 28-33.

[16] 李智聪. 汽车轻量化材料及制造工艺研究现状的分析[J]. 汽车与驾驶维修 (维修版), 2017 (7): 102-102.

[17] 高阳. 汽车轻量化技术方案及应用实例[J]. 汽车工程学报, 2018 (1): 1-9.

[18] 唐见茂. 新能源汽车轻量化材料[J]. 新型工业化, 2016, 6 (1): 1-14.

[19] 廖宏辉. 塑料翼子板的可行性应用及前景[J]. 时代汽车, 2017 (24): 106-107.

[20] 金良, 刘世强, 茆凌峰. SMC 树脂在汽车轻量化中的应用[J]. 玻璃钢, 2017 (4): 16-22.

[21] 施辉忠. GMT 材料及其应用[J]. 国外塑料, 2014, 32 (3): 42-45.

[22] 刘晓波, 杨颖. 轻量化高性能碳纤维复合材料车体研发关键技术[J]. 合成纤维, 2013, 42 (10): 29-34.

[23] 刘万双, 魏毅, 余木火. 汽车轻量化用碳纤维复合材料国内外应用现状[J]. 纺织导报, 2016 (5): 48-52.

[24] 冯永忠, 康永禄. 宝马新 7 系车身概览[J]. 汽车维修与保养, 2016 (3): 75-77.

[25] WANG H T, WU G, DAI Y T, et al. Determination of the Bond-slip Behavior of CFRP-to-steel Bonded Interfaces Using Digital Image Correlation [J]. Journal of Reinforced Plastics and Composites, 2016 (35): 1353-1367.

第 2 章
乘用车用橡胶材料

橡胶是一种具有可逆形变的高弹性聚合物材料。由于其具有高弹性、低模量、黏弹性、多向形变等性能而大量在工业上使用，其中，乘用车是橡胶零件的重要应用市场。橡胶的使用能在密封、隔声降噪、缓冲减振等方面有效地提升整车性能。

乘用车用橡胶零件种类繁多，基本各种常用的橡胶种类都有使用，如轮胎上大量使用NR及其并用胶，密封条上大量使用三元乙丙橡胶、热塑性弹性体，管路上大量使用氯丁橡胶、丁腈橡胶、硅橡胶、氟橡胶等，密封圈上基本上应用了各种橡胶。

本章主要对橡胶的结构、分类、基本特性及常用使用性能等方面进行详细的介绍。

2.1 橡胶的特点

从广义上来讲，橡胶是具有可逆形变的高弹性聚合物材料的总称。从微观角度来分析，橡胶一般具有较大的分子量，分子主链一般为线型结构，含有丰富的可旋转单键，分子链呈无规卷曲状。在室温下，橡胶材料具有相对较高的弹性。但是，未交联的橡胶材料还存在种种不足：受热时容易变软；遇冷时又很容易变硬、变脆；材料的耐磨性能差；耐化学试剂性能差；多数橡胶的分子链中含有不饱和化学键（碳－碳双键），化学性质不稳定，易发生加成反应，容易老化。为了改善橡胶材料的性能，在实际的生产和使用过程中一方面需要在一定的条件下让胶料（生胶/未硫化橡胶）与硫化试剂发生化学交联反应，使橡胶由线型结构变成交联网状结构，从而在提高材料弹性的同时极大地改善橡胶材料的耐热、耐磨、耐化学试剂等特性；另一方面需要在橡胶中加入一定量的防老剂、加工助剂等橡胶配合剂，延长橡胶制品的使用寿命、改善橡胶的加工与使用性能。因此，橡胶材料的物理性能与其分子结构、组成密切相关，而橡胶的物理性能又进一步影响其加工过程。

2.1.1 橡胶的分子结构及组成特征

塑料、橡胶、纤维是日常生产生活中最为常见的三种非金属材料。塑料、橡胶、纤维三种高分子材料的分子结构与组成如图2-1所示。

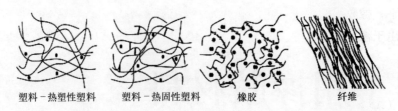

图 2-1 热塑性塑料、热固性塑料、橡胶、纤维的分子结构与组成示意图

在分子主链结构方面，塑料、橡胶和纤维的分子链主链均为线性的高分子链段。因此，若未形成交联网状结构，塑料、橡胶、纤维往往可以表现出可溶可熔的特性，加工性能相对较好。

在主链之间的键接方面，不同于热塑性塑料分子主链间无键接和纤维分子主链间氢键作用等非化学键链接方式，橡胶分子主链之间存在化学键接。同时，与热固性塑料的非柔性化学键接相比，橡胶的链段间的化学键接是可以旋转的，属于柔性键接。因此，具有交联立体网状结构的橡胶具有较高的弹性，在常温下保持高弹态，而热塑性塑料、热固性塑料和纤维则表现为玻璃态，弹性相对较差。

在材料组成方面，由于橡胶本身性能较差，难以满足实际使用需求，所以在使用的过程中往往需要将橡胶与其他配合体系相互配合并经历硫化等工艺改善橡胶的使用性能，得到最终的橡胶制品。因此，相比于塑料与纤维，橡胶材料中添加剂相对较多，其中包括硫化剂与硫化助剂（促进剂、活性剂、防焦剂）、防护助剂（防老剂、光稳定剂、抑燃剂、抗静电剂、防霉剂等）、补强填充剂（炭黑、碳酸盐类、硫酸盐类、树脂类、含硅化合物类等）、增塑剂（石油系、煤焦油系、松油系、脂肪油系、合成类物理增塑剂、化学增塑剂）、着色剂及其他助剂等。

2.1.2 橡胶的性能特征

橡胶作为具有可逆形变的高弹性聚合物材料，是最重要的高分子材料之一。塑料、橡胶和纤维三种材料分子结构与组成的不同，造成其性能上存在较大的差异。一般而言，橡胶类材料往往都是非极性非晶态的聚合物，分子量大，并且其分子链的柔性也较大，玻璃化转变温度（T_g）相对较低（-120 ~ -55℃），处于高弹态的力学状态；纤维类聚合物材料中往往含有大量的极性官能团，分子间作用力较强，不易变形，伸长率较小（<10% ~ 50%），其具有较高的结晶能力，且拉伸可以进一步提高其结晶度；塑料材料的结晶度、力学性能等则介于纤维与橡胶之间，具有相对较为广泛的范围。不同于纤维类与塑料类聚合物材料，橡胶在相对较小的外力下能够产生较大的形变（500% ~ 1000%），如图 2-2 所示。

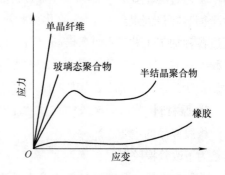

图 2-2 聚合物材料的应力-应变曲线

在室温下，橡胶材料的分子主链常常处于无规卷曲的状态，链段的有序程度相对较低，熵值较大。由于橡胶处于高弹态的力学状态，因此橡胶分子可以通过分子内旋转实现链段的运动。如图2-3所示，在外力的作用下发生拉伸的过程中，其分子链段能够受力发生伸展变长，有序程度增加，熵值降低。在此过程中，橡胶产生较大的变形。当移除外力时，橡胶又会因熵增加（$\Delta S > 0$）驱动链段运动而发生回弹，重新达到热力学稳定状态，迅速恢复到原来的形状。此外，在拉伸的过程中，橡胶的起始弹性模量相对小（$<70\text{N}\cdot\text{cm}^{-2}$），拉伸后诱导其结晶，其模量和强度均大幅增加，当伸长率达到400%时，强度可增加至$1500\text{N}\cdot\text{cm}^{-2}$，但是仍然远低于纤维和塑料的模量（纤维模量$>35000\text{N}\cdot\text{cm}^{-2}$，塑料模量$>15000\text{N}\cdot\text{cm}^{-2}$）。因此，橡胶材料的高弹性、低模量特性与其特殊的分子结构密切相关。

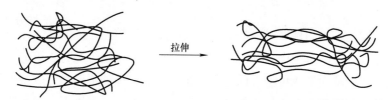

图2-3 橡胶在外力作用下拉伸时橡胶分子微观结构变化示意图

高分子材料的应变行为一般同时兼具弹性材料和黏性材料的特征（黏弹性），橡胶就是一种典型的黏弹性体。由于其分子间作用力的存在，使得橡胶在受外力作用时产生形变也受时间、温度等条件的影响，表现出明显的应力松弛与蠕变现象，而在振动或交变应力等周期性作用下，会产生滞后损失。但是在实际的使用过程中，不同于对纤维和塑料材料的要求，对于橡胶材料而言，往往既要求其有很大的变形性又要求其有形变的快速恢复能力，因而需要选用链柔性好的分子主链并使之交联，以防止其发生不可逆形变，并且保证其在适宜的温度等外部环境下使用。

2.1.3 橡胶的加工特性

伴随化学工业的迅猛发展，橡胶制品的种类繁多，但各类橡胶的生产工艺过程却基本相同。如图2-4所示，以一般固体橡胶（生胶）为原料的橡胶制品，原材料准备完成后，其生产工艺过程主要包括塑炼、混炼、压延、压出、成型、硫化6个基本工序，并经历修整和检验等步骤得到最终的成品。橡胶的加工工艺过程主要是解决塑性和弹性之间矛盾的过程。通过各种加工工艺手段，使得原本具有弹性的橡胶变成具有一定塑性的塑炼胶，再通过加入各种配合剂等制成半成品橡胶，然后通过硫化处理使具有塑性的半成品橡胶最终又变成高弹性、力学性能好的橡胶制品。

1. 原材料

橡胶制品的主要材料有生胶、配合剂、纤维材料和金属材料，其中生胶为基本材料，配合剂是为了改善橡胶制品的某些性能而加入的辅助材料，纤维材料（棉、麻、毛及各种人造纤维、合成纤维等）和金属材料（钢丝、铜丝等）一般是作为橡胶制品的骨架材料，可以有效增强橡胶制品的机械强度，同时可以有效地限制橡胶制品变形，从而改善橡胶的使用性能。

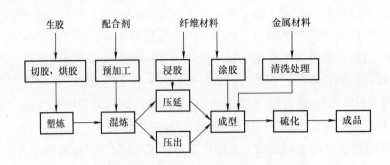

图 2-4 橡胶的生产工艺流程示意图

2. 塑炼

生胶因黏度较高、均匀性差等缘故，加工时的可塑性较差，因而往往不便于加工。为了提高其可塑性，在加工的过程中往往需要对生胶进行塑炼。塑炼是将生胶的长链分子降解变成相对较短的分子链从而形成可塑性的过程。按照塑炼原理的不同，生胶塑炼的方法主要包含两种，机械塑炼和热塑炼。机械塑炼一般是在相对不太高的温度下，在塑炼机的机械挤压和摩擦力等作用下，使生胶的长分子链发生降解变短，从而将其从高弹性状态转变为可塑状态；热塑炼则是向生胶中通入灼热的压缩空气，使得生胶在热和氧的作用下发生长链分子降解变成短链分子而获得可塑性。经历塑炼过程，有利于配合剂在后续的混炼过程中能够均匀分散在生胶胶料中，同时也有利于在压延、成型过程中提高胶料的渗透性和成型流动性。

3. 混炼

由于生胶本身性能往往都较差，为了获得各种不同的使用性能、适应各种不同的使用条件，同时为了提高橡胶制品的性能、降低成本，在实际生产的过程中必须在生胶中加入不同的配合剂。将塑炼后的生胶与各种配合剂混合置于炼胶机中，通过机械搅拌将配合剂完全均匀地分散在生胶中的过程称为混炼。混炼后得到的混炼胶，是制造各种橡胶制品的半成品材料，可作为商品出售，用于后续的加工成型、硫化，最终制得各种橡胶制品。因此，混炼胶的质量对胶料进一步加工及成品性能都有决定性的影响。

4. 压延、压出、成型

压延是将混炼胶在压延机上制成胶片、胶布或与骨架材料制成胶布半成品的工艺过程，它包括压片、贴合、压型和纺织物挂胶等四种作业形式。压出又称挤出，是通过压出机筒壁和螺杆件的作用，使胶料达到挤压和初步造型的目的。压延和压出是橡胶工业中两个精致加工工艺，直接影响成品质量，是橡胶工业重要的基本工艺。模压法是橡胶工业最重要、最常用的一种成型方法，许多橡胶制品如密封垫、减振制品（如胶圈、胶板）等都是使用模压法制备的。在模压成型法中，首先将胶料通过剪裁或冲切等方式制备成简单的形状，然后将其添加到加热模具内，在成型的同时硫化，最后趁热脱模得到相应的橡胶制品。另外，橡胶还有注塑成型等成型加工方式。注塑成型是将胶料直接从机筒注入模具并进行硫化的生产方法，包含喂料、塑化、注射、保压、硫化、出模等几个过程。利用该法成型，硫化速度快，也可以用于加工多数模压制品。

5. 硫化

硫化又称交联、熟化。在橡胶中加入硫化剂和促进剂等交联助剂，在一定的温度、压力条件下，使线型大分子转变为三维网状结构的过程。由于最早是采用硫黄实现 NR 的交联，故称硫化。常见的硫化剂有六大类，分别是以硫黄/有机二硫化物/多硫化物/噻唑类等为主的硫化体系（通用硫化体系）、烷基酚醛树脂硫化体系、多卤化物硫化体系、双官能试剂硫化体系（醌类、二胺类、偶氮等）、双马来酰亚胺及双丙烯酸酯硫化体系与有机过氧化物硫化体系（用于饱和橡胶硫化）。如图 2-5 所示，经历硫化交联反应以后，橡胶分子由常规的线型结构转变为立体网状结构。

硫化处理后，生胶分子化学交联形成网状结构，与此同时得到的硫化橡胶（熟胶）的性能也发生了巨大的改变。如图 2-6 所示，通过合理地控制橡胶的硫化程度，能够极大地改善橡胶材料的拉伸强度、弹性等方面的性能，从而制备出具备高强度、高弹性、耐热、高耐磨、抗腐蚀等特性的橡胶材料。

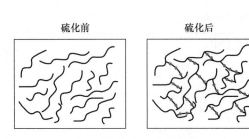

图 2-5 橡胶硫化前后橡胶结构变化

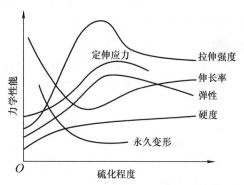

图 2-6 橡胶的力学性能与硫化程度的关系

2.1.4 橡胶的老化

与大多数高分子材料相同，橡胶及其制品在加工、存储和长期的使用过程中，往往也会受到来自材料自身、自然环境和人工环境等内外多重因素的综合作用而引起其自身的物理、化学性质以及机械性能的退变，表现为胶面龟裂、发黏、表面硬化、粗糙、粉末化、变色、斑点、发霉、软化等现象，最终逐渐丧失功能而失效。橡胶制品的功能失效，在影响制件正常使用的同时往往还有可能诱发严重的事故。

一般而言，橡胶老化的外部因素主要包括以下 6 个方面：

（1）氧（氧气、臭氧） 氧与橡胶分子发生游离基连锁反应，引起橡胶的分子链发生断裂或过度交联，引起橡胶性能的改变，氧化老化也是橡胶老化的最重要的原因之一。

（2）热 在氧气的作用下，较高的环境温度、使用温度能够加快橡胶分子链的裂解或交联，引起橡胶性能的变化。

（3）光 光的波长越短，其能量越高，对橡胶的破坏作用也越大，因此，紫外光能够引起橡胶分子链的断裂与交联并且能够诱发橡胶产生自由基而加速氧化链反应过程。

（4）力　外力的反复作用会导致橡胶分子链的断裂生成自由基，引发氧化链反应。

（5）水　水分会使得橡胶中水溶性及亲水物质发生溶解并可能诱发橡胶水解，长期的湿热、水浸泡与大气暴露交替作用会加快橡胶的老化。

（6）化学试剂、辐射等其他因素　这也能够一定程度地造成橡胶材料的破坏。以上因素在橡胶的老化过程中，往往都不是单独起作用的，而是相互影响、共同导致橡胶的老化与性能退变。因此，在实际使用过程中，为阻止或延缓橡胶老化倾向必须要注意防护，尽力减免上述因素影响，并在配制胶料时加入一定量的化学防老剂和物理防老剂，如抗氧剂、抗臭氧剂、金属钝化剂以延缓橡胶老化，延长橡胶制品的使用寿命。

2.2　橡胶的分类

橡胶材料的使用距今已有近千年历史。时至今日，橡胶材料种类繁多，按照不同的分类方法可以形成不同的橡胶类别，目前主要按照来源及用途（表2-1）、化学结构（表2-2）及交联方式（表2-3）进行分类。

表2-1　常用橡胶按来源与用途分类

按来源与用途分类		天然橡胶（NR）	
	合成橡胶	通用合成橡胶	丁苯橡胶（SBR）
			顺丁橡胶（BR）
			异戊橡胶（IR）
			丁腈橡胶（NBR）
			氯丁橡胶（CR）
		乙丙橡胶	二元乙丙橡胶（EPM）
			三元乙丙橡胶（EPDM）
			丁基橡胶（IIR）
		特种合成橡胶	氟橡胶（FKM）
		硅橡胶	甲基硅胶（MQ）
			甲基乙烯基硅胶（VMQ）
			甲基乙烯基苯基硅胶（PVMQ）
			甲基乙烯基氟硅胶（FVMQ）
		聚氨酯橡胶	聚酯型聚氨酯（AU）
			聚醚性聚氨酯（EU）
		丙烯酸酯橡胶	丙烯酸酯类橡胶（ACM）
			乙烯丙烯酸酯橡胶（AEM）
		氯醚橡胶	均聚氯醚橡胶（CO）
			共聚氯醚橡胶（ECO）
		氯磺化聚乙烯（CSM）	

表 2-2 常用橡胶按化学结构分类

按化学结构分类	碳链橡胶	不饱和非极性橡胶		天然橡胶（NR）
				丁苯橡胶（SBR）
				顺丁橡胶（BR）
				异戊橡胶（IR）
		不饱和极性橡胶		丁腈橡胶（NBR）
				氯丁橡胶（CR）
		饱和非极性橡胶	乙丙橡胶	二元乙丙橡胶（EPM）
				三元乙丙橡胶（EPDM）
				丁基橡胶（IIR）
		饱和极性橡胶		氟橡胶（FKM）
				氯磺化聚乙烯（CSM）
			丙烯酸酯橡胶	丙烯酸酯类橡胶（ACM）
				乙烯 丙烯酸酯橡胶（AEM）
	杂链橡胶	硅橡胶		甲基硅胶（MQ）
				甲基乙烯基硅胶（VMQ）
				甲基乙烯基苯硅胶（PVMQ）
				甲基乙烯基氟硅胶（FVMQ）
		聚氨酯橡胶		聚酯型聚氨酯（AU）
				聚醚性聚氨酯（EU）
		氯醚橡胶		均聚氯醚橡胶（CO）
				共聚氯醚橡胶（ECO）

表 2-3 常用橡胶按交联方式分类

按交联方式分类	化学交联的传统橡胶	天然橡胶（NR）
		丁苯橡胶（SBR）
		顺丁橡胶（BR）
		异戊橡胶（IR）
		丁腈橡胶（NBR）
		氯丁橡胶（CR）
		乙丙橡胶（EPM/EPDM）
		丁基橡胶（IIR）
		氟橡胶（FKM）
		氯磺化聚乙烯（CSM）
		丙烯酸酯类橡胶（ACM）
		硅橡胶（MQ/VMQ）
		聚氨酯（AU/EU）
		氯醚橡胶（CO/ECO）
	热塑性弹性体橡胶	苯乙烯类热塑性弹性体（TPS）
		烯烃类热塑性弹性体（TPO）
		动态硫化热塑性弹性体（TPV）
		聚氨酯类热塑性弹性体（TPU）
		聚酯类热塑性弹性体（TPC）
		聚酰胺类热塑性弹性体（TPA）

2.3 常用橡胶材料

乘用车常用传统橡胶材料有 NR、EPDM、CR、NBR、ACM/AEM、FKM、VMQ 等。另外，TPE 近几年增长迅速，很多传统的橡胶零部件逐渐被其替代。本节主要对常用的传统橡胶和 TPE 的性能进行简单介绍。

2.3.1 天然橡胶

天然橡胶（Nature Rubber，NR）早在公元 1492 年以前就已经被美洲居民广泛使用，如用于投石环游戏的实心胶球、胶鞋、胶瓶等。这些胶制品，都是通过从特殊的树木的树皮中割取得到的乳胶经过干燥处理制成的，这些树的学名叫作巴西橡胶树。目前，巴西橡胶树广泛分布于亚洲、非洲和拉丁美洲的 40 多个国家和地区。

根据国际橡胶研究组织（IRSG）数据显示数据截至 2018 年 5 月 8 日），2017 年前三季度全球 NR 的产量 975.7 万 t，较 2016 年同期增长 8.9%，2017 年全年产量预计为 1331 万 t，较 2016 年预计增长约 6.9%。表 2-4 列出了近三年全球 NR 的产量与消耗量数据。

表 2-4 2015 – 2017 年全球 NR 产量、消耗量统计数据（单位：万 t）

全球 NR 产量、消耗量		亚太地区		欧洲、中东、非洲		美洲		全球	
		产量	消耗量	产量	消耗量	产量	消耗量	产量	消耗量
2015 年	全年	1134	883.5	59.7	159.7	33.4	170.9	1227.1	1214
2016 年	一季度	257.1	218.2	15.9	42	8.9	41.2	281.9	301.3
	二季度	250.6	235	13.7	43.2	9.9	46.3	274.2	324.5
	三季度	315.2	234.4	17.4	41.4	6.9	41.2	339.6	317
	四季度	324.1	233.9	17.5	39.8	7.9	42.1	349.4	315.8
	全年	1147	921.5	64.5	166.3	33.6	170.9	1245.1	1258.7
2017 年	一季度	290.8	228.7	19.5	43.4	10	42.9	320.3	315.1
	二季度	266.2	239.6	16.8	44.3	10.4	46.6	293.5	330.4
	三季度	332.8	247.9	21.9	44.4	7.2	42.6	361.9	334.9

注：数据来自 IRSG。

NR 的产量受种植面积、割胶经济性、天气等多个因素影响，从全球的范围来看，如图 2-7 所示，NR 主要产区为泰国、印度尼西亚、马来西亚、印度、越南、中国等亚太国家与地区。从应用领域来看，对橡胶材料的需求主要集中在轮胎、橡胶制品、乳胶制品等领域，其中，轮胎约占需求总量的 70%。由于中国、日本、韩国、印度、泰国、澳大利亚等国家的轮胎生产量占据全球轮胎生产总量的大约 50%，同时以上地区也是全球人口密集区域，对乳胶制品的需求量大，因此亚太地区也是 NR 的主要消费区域。

NR 产业是国民经济的基础产业，其需求非常广泛，与宏观经济密切相关，特别是随着

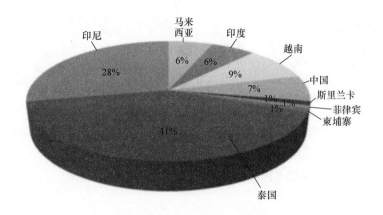

图 2-7 亚太地区 NR 生产国 2017 年产量占比（见彩插）

新兴市场汽车工业的迅速发展，为 NR 的需求创造了广泛的空间。受益于中国汽车行业的快速发展和欧洲汽车市场的逐步回暖，据美国权威汽车杂志 *Wards Auto* 统计结果显示，2017 年全球乘用车和载货汽车销量首次超过 9000 万辆，相比 2016 年增长 2.7%。由于汽车的主要生产国为中国、美国、日本、德国和韩国，而中国的汽车产量持续高速增长、欧美市场相对稳定、日本和韩国市场呈现高位回落后趋稳走势，所以汽车产业的发展将持续为橡胶领域的稳定发展提供更多的机遇。

NR 的化学成分主要是异戊二烯，生胶密度为 0.9 ~ 0.95g/cm³，其化学结构式为：

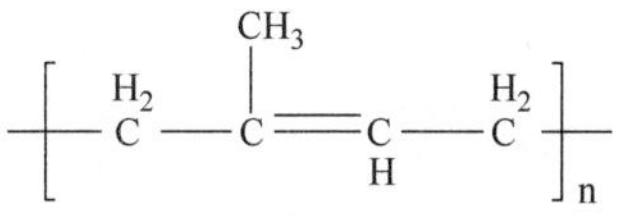

图 2-8 NR 结构示意图

NR 的主要性能如下：

（1）力学性能　NR 分子链在常温下呈无定形状态、分子链柔顺性好，因此，NR 在常温下具有良好的弹性，弹性伸长率可达 1000%。由于分子结构规整性好，NR 在受外力作用时，大分子链沿应力方向取向形成结晶，具有自补强性，硫化后拉伸强度可达 15 ~ 20MPa，经炭黑补强后可达 25 ~ 30MPa。同时，NR 也有很好的抗撕裂性，撕裂强度可达 98kN/m。

（2）老化性能　NR 分子链中存在碳碳双键，是典型的不饱和橡胶。由于不饱和键的存在，NR 易于空气中的氧、臭氧发生氧化、裂解反应，这也是 NR 老化的原因之一。

（3）耐高、低温性能　NR 的玻璃化温度（T_g）约为 -72℃，在低温时仍可保持良好的弹性，具有良好的耐寒性。受热后开始软化，在 200℃ 左右开始分解，270℃ 时发生激烈分解。

（4）耐介质性能　NR 是非极性物质，根据相似相溶原理，它易溶于非极性溶剂和非极性油中，因此，NR 不耐汽油、苯等介质。

（5）电性能　NR 是非极性物质，具有良好的绝缘性，体积电阻率在 1015 ~ 1017Ω·cm。硫化后的 NR 由于引用极性物质，如硫黄、促进剂等，会导致绝缘性下降。

（6）其他性能　除上述性能外，NR 还具有很好的耐磨性及耐疲劳性，广泛应用于汽车轮胎、悬置系统及各种缓冲块等零件。

2.3.2 乙丙橡胶

乙丙橡胶以乙烯和丙烯为主要合成单体共聚制备得到的合成橡胶,是在齐格勒-纳塔立体有规催化体系(即有机金属化合物和过渡金属卤化物)成功开发后逐步发展起来的一种介于通用橡胶与特种橡胶之间的一种合成橡胶。乙丙橡胶依据其分子链中的单体的不同,可以分为二元乙丙橡胶(EPM,单体为乙烯与丙烯)和三元乙丙橡胶(EPDM,单体为乙烯、丙烯和少量非共轭二烯烃)。其中,EPDM 的非共轭二烯烃可以为 1,4-己二烯、双环戊二烯、乙叉降冰片烯,对应得到的 EPDM 分别为 1,4-己二烯 EPDM、双环戊二烯 EPDM 和乙叉降冰片烯 EPDM。

EPDM 是以乙烯、丙烯和少量第三单体合成的共聚物,生胶密度为 $0.85 \sim 0.87 \text{g/cm}^3$。除轮胎橡胶外,EPDM 是汽车上使用量最大的橡胶材料,其化学结构式见图 2-9。

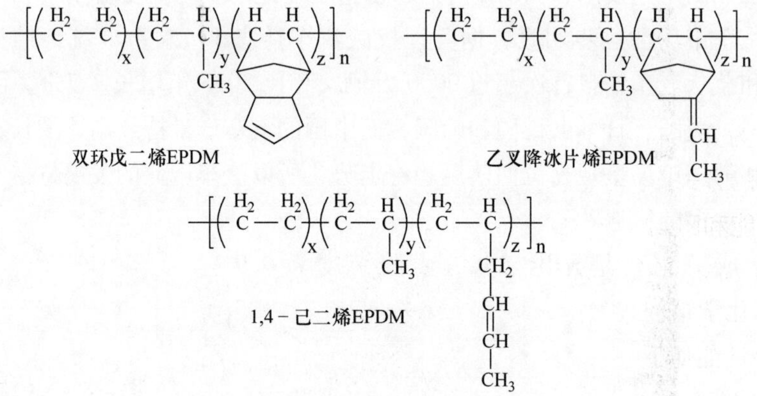

图 2-9 常见 EPDM 结构示意图

EPDM 的主要性能如下:

(1)力学性能 EPDM 分子主链上无双键,仅侧链中含少量双键,活性较小,属于饱和橡胶。由于分子结构内无极性取代基,分子链可在较宽的温度范围保持柔顺性,具有很好的弹性,在通用橡胶中仅次于 NR。

(2)老化性能 EPDM 属于饱和橡胶,具有极高的化学稳定性,在通用橡胶中,耐老化性能最好。尤其是抗臭氧性能极其优异,对于一些密封条用材,臭氧体积浓度为 200×10^{-8},试验 72h 后无龟裂现象。

(3)耐高、低温性能 EPDM 的玻璃化温度约为 $-60 \sim -50$℃,低温状态下仍可保持较好的弹性。在耐高温方面,EPDM 制品在 120℃下长期使用,在 150~200℃下可短暂或间歇使用。

(4)耐介质性能 EPDM 是典型的非极性橡胶,因此对各种极性溶剂(如醇、酸、强碱和某些酯类)均有较大的抗耐性,长时间接触后性能变化不大。除此之外,EPDM 还有优异的耐水(或水蒸气)性,广泛应用于水管制件,对于新能源汽车,采用水冷方式的电池包,也可采用 EPDM。

(5) 电性能　同 NR 一样，分子极性决定了它具有较好的电绝缘性，体积电阻率在 $1012 \sim 1015\Omega \cdot cm$，又因吸水性小，所以浸水后也能保持良好的抗电性。

(6) 其他性能　除上述性能外，EPDM 还具有优异的可发泡性及良好的压缩回弹性，发泡后多用于密封件（如车窗密封条、电池包密封圈）等制品。但三元乙丙生胶的强度较低，需要通过补强才有使用价值，本身自黏性和互黏性都很差，成型加工难度大。

2.3.3 氯丁橡胶

氯丁橡胶（Chloroprene Rubber，CR）是利用 2 - 氯 - 1，3 - 丁二烯单体聚合制备得到的一种主要的人工合成橡胶品种，外观为乳白色、米黄色或浅棕色，也是较早发展的一种合成橡胶，生胶密度较大，为 $1.11 \sim 1.13 g/cm^3$。其化学结构式见图 2-10。早在 1906 年，Niewland 就进行了氯丁橡胶的相关研究工作，并于 1931 年由 Carothers 等研究人员实现工业化。

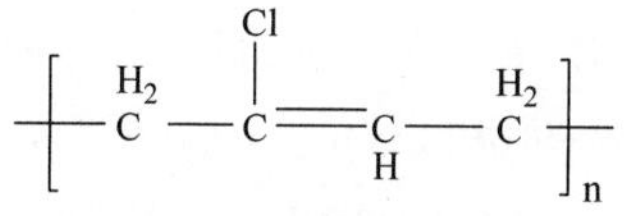

CR 最早采用本体聚合法生产，但用此法生产 CR，工艺复杂且性能欠佳、加工困难，所以未被推广应用。目前，CR 主要采用以水为介质、松香酸皂为乳化剂、过硫酸钾为引发剂的乳液聚合的方式生产。作为一种通用橡胶品种，CR 具有良好的力学性能和耐候性、耐燃、耐油、耐日光、耐臭氧、耐化学腐蚀等特性，目前被广泛用于各种胶质鞋底、抗风化产品以及涂料等领域。

图 2-10　氯丁橡胶结构示意图

CR 的主要性能如下：

(1) 力学性能　CR 是自补强性较好的橡胶，并且由于分子中含有电负性较大的氯原子，使其成为极性橡胶，分子间的作用力增加。此外，CR 的结构规整性高、易结晶，因此，CR 有着与 NR 接近的力学性能，拉伸强度可达 20～25MPa。

(2) 老化性能　CR 虽然主链上含有碳碳双键，属于不饱和橡胶，但由于侧链中氯原子的诱导作用，降低了双键的活性，从而提高了分子结构的稳定性，因此，它具有很好的耐臭氧和耐老化性能。

(3) 耐高、低温性能　CR 的玻璃化温度约为 -40℃，但由于分子结构的高规整性和极性，限制了分子的运动，低温下受外力作用时，变形后难于恢复，甚至发生脆性断裂，耐寒性差，一般使用温度不低于 -30℃。CR 耐热性优于 NR，但比三元乙丙橡胶（EPDM）差，一般可在 100℃下长期使用，间歇或短期使用温度不超过 150℃。

(4) 耐介质性能　CR 具有较强的极性，因此 CR 的耐油、耐非极性溶剂性好，常用于油管内胶、防尘罩等制件。

(5) 电性能　由于分子中极性氯原子的存在，导致绝缘性较差，体积电阻为 $1010 \sim 1012\Omega \cdot cm$，因此对电绝缘性要求较高的制件，不宜使用 CR。

(6) 其他性能　除上述性能外，CR 由于卤素的存在，本身具有优异的阻燃性。新能源汽车电池包周边橡胶制件，尤其是对阻燃性要求较高，选材时可优选考虑 CR。

2.3.4 丁腈橡胶

丁腈橡胶（Nitrile Butadiene Rubber，NBR）是由丁二烯和丙烯腈两种单体通过低温乳液聚合的方法共聚生产得到的，其丙烯腈的百分含量一般有 18～24、25～30、31～35、36～41、42～46 五种，生胶密度为 $0.96～1.20g/cm^3$。其化学结构式见图 2-11。

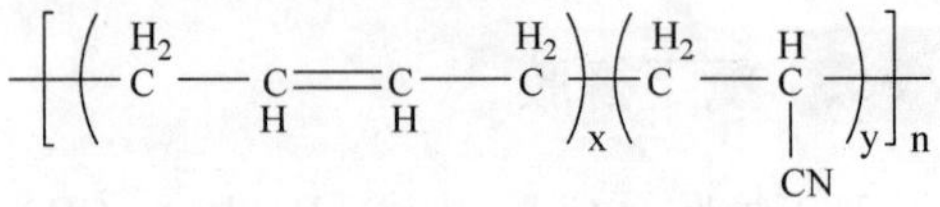

NBR 由于具有优异的耐油性能，广泛用于传统汽车的燃油系统，如燃油软管、燃油箱内衬胶及油封等橡胶制件。对于新能源汽车而言，由于电池包取代了传统汽车的发动机及燃油系统，NBR 的应用较传统车有所降低。本文重点介绍 NBR 的优缺点，以便于在车用橡胶制件选材时作为参考。

图 2-11 丁腈橡胶结构示意图

NBR 分子结构中含有强极性的氰基，为极性橡胶，因此对非极性和弱极性油类和溶剂（如汽油、脂肪族油、植物油等）有优秀的抗耐性；同时由于极性的原因，其体积电阻只有 $10^8～10^9 Ω·cm$，为电绝缘性最差的橡胶。

NBR 的玻璃化温度为 $-20～-10℃$，耐寒性比一般通用橡胶都差，由于极性基团较强的吸电子能力，提升了分子结构中不饱和键的稳定性，故耐热性稍优于 NR，长期使用温度为 100℃，最高使用温度不超过 125℃。此外，由于分子结构中存在不饱和键，使得 NBR 的耐臭氧性很差。

2.3.5 丙烯酸酯橡胶

丙烯酸酯橡胶（ACM）是以丙烯酸酯为单体经共聚而成的弹性体，其主链为饱和碳链，侧基为极性酯基。由于其具有优异的性价比（耐油和耐老化优于 NBR，力学性能优于氟、硅橡胶，同时材料价格也低于氟、硅橡胶），因此被广泛应用于各种高温、耐油环境中。但其加工性能差，易粘模、污染模具，且耐低温性也较差，一定程度上也限制了 ACM 的应用推广。杜邦公司 1975 年推出了 ACM 的改进版，聚乙烯/丙烯酸酯橡胶（AEM），弥补了这些缺陷。AEM 的加工性能和耐低温性较 ACM 都有所提高，同时材料价格也高于 ACM。ACM 和 AEM 的化学结构式如图 2-12 所示：

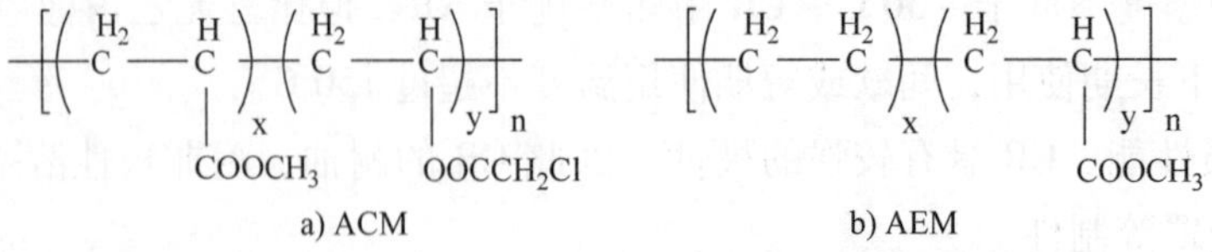

a) ACM   b) AEM

图 2-12 ACM、AEM 结构示意图

由于聚乙烯/丙烯酸酯橡胶是在丙烯酸酯橡胶基础上的改进版，在不严格区分的情况下，本书后面所提"丙烯酸酯橡胶"也包括聚乙烯/丙烯酸酯橡胶，但 ACM 专指丙烯酸酯橡胶，AEM 专指聚乙烯/丙烯酸酯橡胶。

丙烯酸酯橡胶的主要性能如下：

（1）力学性能　丙烯酸酯橡胶具有优良的机械性能，拉伸强度达 10~15MPa，但弹性较差，伸长率在 100%~300% 之间。

（2）老化性能　丙烯酸酯橡胶具有极好的耐老化性、耐臭氧性能，基本上性能可与氟、硅橡胶媲美。

（3）耐高低温性能　丙烯酸酯橡胶具有较好的耐高温性能，优于 EPDM，可在 200℃ 以下短期使用；丙烯酸酯橡胶最大的缺点是耐低温性能较差，一般脆性温度为在 -20~-10℃ 之间，丙烯酸酯的低温性能限制了丙烯酸酯橡胶的应用。

（4）耐介质性能　由于极性基团的存在，丙烯酸酯橡胶具有很好的耐油性，尤其是耐热油性能。如在标准 1 号油、2 号油和 3 号油中，150℃/70h 浸泡后性能变化都很小，但由于结构中酯基的存在，由于酯基具有易水解的特点，导致它不耐水（水蒸气）及含水类的介质。

（5）电性能　由于极性基团的存在，丙烯酸酯橡胶的电绝缘性能一般，因此对于电性能有要求的零件也会限制它的应用。

（6）其他性能　除了上述性能外，丙烯酸酯橡胶还具有较好的耐透气性、抗撕裂性和耐磨性，但目前在车用橡胶制品中，更多的还是应用其优异的耐油和耐高温性能，故广泛应用于轴封、油封、O 形密封圈和密封垫等制件。

AEM 作为 ACM 的改进版，继承了 ACM 的优异性能，同时改善了 ACM 的部分缺点，两者的性能对比如表 2-5 中所示。

表 2-5　ACM 和 AEM 性能对比

项目	ACM	AEM
耐高温	长期可使用最高温度：180℃ 左右	长期可使用最高温度：180℃ 左右
耐低温	低温脆性温度：-20~-10℃	低温脆性温度：-30~-20℃
耐油性	两者性能相当	
加工性	加工性差，易粘模	加工性优良

2.3.6　氟橡胶

氟橡胶（欧洲简称 FKM，美国简称 FPM，本文后面均简称 FKM）是指主链或侧链的碳原子上含有氟原子的一种合成高分子弹性体。按其单体结构不同，氟橡胶有许多品种，主要品种有偏氟乙烯类橡胶、全氟乙烯橡胶、四丙氟橡胶和全氟醚橡胶等。目前，最常用的为偏氟乙烯类橡胶，其结构式见图 2-13。

国际上，从 1886 年起便开始了对含氟有机化合物的研究工作。但是，直到 20 世纪 30 年代晚期，氟材料仍然局限于在制冷剂领域的应用。第二次世界大战期间，基于军事部门的需要，氟橡胶的开发工作逐步开始。1948 年，美国 DuPont 试制了一种氟橡胶（聚 -2- 氟代 -1,3- 丁二烯及其与苯乙烯、丙烯腈的共聚体），但由于性能并不是特别优异，而且价格昂贵，并没有实际的工业生产价值。随后，美国的 Kellog 及 DuPont 又相继开发了一些含氟橡胶，如含氟聚酯类氟橡胶、偏氟乙烯和三氟氯乙烯共聚体等，但是由于耐寒性能差且价格昂贵，也没有得到实际的应用。我国从1958年开始逐步发展了几种FKM，主要为聚烯烃类，如23型、26型、246型及亚硝基类，氟橡胶才开始真正得到实际的工业生产与广泛应用。近些年，FKM也不断地发展，品种繁多，但是从其工业化生产和试验的规模的品种来讲，主要分为含氟烯烃类、亚硝基类、全氟醚类、氟化磷腈类等四大类FKM。同时，FKM的应用领域也从起初的航空、航天等国防军事领域逐步拓展推广到民用领域，有效地助力国防事业与国民经济的发展。

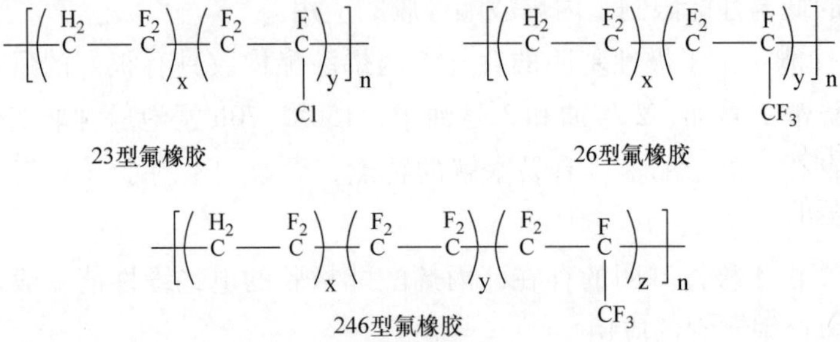

图 2-13 偏氟乙烯橡胶结构示意图

在所有合成橡胶中，FKM因其综合性能优异，被称为"橡胶王"。其主要性能如下：

（1）力学性能　FKM具有优良的机械性能，拉伸强度达10～20MPa，但弹性较差，伸长率在150%～350%之间。

（2）老化性能　FKM具有极好的耐老化性、耐臭氧性能。据报道，DuPont开发的Viton型FKM在自然条件下存放十年之后，仍能保持较好的性能。

（3）耐高、低温性能　FKM是目前弹性体中耐高温性能最好的，长期使用温度最高达250℃，可在300℃以下短期使用；FKM最大的缺点是耐寒性差，能保持弹性的极限温度为-25～-15℃，低于-25℃后材料变脆失去弹性。

（4）耐介质性能　FKM具有高度的化学稳定性，也是目前弹性体中耐介质性能最好的。它对有机介质（燃油、溶剂等）、无机酸以及具有强氧化性的试剂（如过氧化氢）等均有很好的耐受性。

（5）电性能　FKM的电性能受其分子结构影响较大，如23型FKM的电性能较好，26型的电性能就不是太好；除此之外，温度对其电性能的影响也较大，温度升高，绝缘性下降。因此，FKM不能作为高温下的绝缘材料。

（6）其他性能　由于分子结构中存在卤素，FKM本身具有很好的阻燃性，卤素含量越高，阻燃性越好。FKM与火焰接触能够燃烧，但离火后能够自熄，属于典型的自熄型橡胶。根据其性能特点，FKM主要应用于耐高温、耐油及耐特种介质场合，如燃油管、发动机密封件等。

2.3.7 硅橡胶

硅橡胶（简称Q）发展于20世纪40年代，研究最早的为二甲基硅橡胶，于1944年前后投产。随着研究的不断深入，目前硅橡胶的产品不断更新，品种牌号已经超过千种。不同于前述其他的人工合成橡胶，硅橡胶是一种分子链兼具无机和有机特性的合成橡胶，分子式见图 2-14。其分子主链

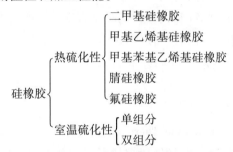

R、R′、R″可以为甲基、苯基、乙烯基、三氟丙基等基团

图 2-14　硅橡胶结构示意图

中硅原子与氧原子交替键接，由于硅-氧化学键的键能明显高于碳-碳化学键的键能（Si-O，键能为 370kJ/mol；C-C，键能为 240kJ/mol），所以其具有比一般合成橡胶更加优异的热稳定性能。

根据硫化方式不同，分为热硫化型（HTV）和室温硫化型（RTV）两大类，前者主要是相对分子质量高的固体胶，与普通橡胶类似。后者主要是相对分子质量低的液体胶，如常见的单组分或双组分硅橡胶。

根据引入侧基的不同，分为二甲基硅橡胶、甲基乙烯基硅橡胶、甲基苯基乙烯基硅橡胶和氟硅橡胶等。由于硅橡胶主链的特殊性（主链仅含 -Si-O- 结构），所以不同的侧基可显著地影响其力学性能、耐温性能和加工性能。

硅橡胶
- 热硫化性
  - 二甲基硅橡胶
  - 甲基乙烯基硅橡胶
  - 甲基苯基乙烯基硅橡胶
  - 腈硅橡胶
  - 氟硅橡胶
- 室温硫化性
  - 单组分
  - 双组分

不同取代基的硅橡胶性能各有差异，但基本性能特点相似，主要性能如下：

（1）力学性能　硅橡胶的拉伸性能在常用橡胶中相对较差，拉伸强度为 4~7MPa，但其具有很好的耐压缩性能（高温和低温下），因此，硅橡胶在应用的时候需要重点考虑部件的受力情况，在满足各项性能的前提下，部件应尽量避免受到拉向的力，以保证部件的使用寿命。

（2）老化性能　硅橡胶主链结构为 -Si-O-，分子链不含不饱和键，并且硅氧键的键能大于碳碳键，因此其具有优异的耐臭氧老化、耐氧老化和耐天候老化性。

（3）耐高、低温性能　硅橡胶有很好的耐高、低温性能。工作温度范围为 -100~350℃，在车用橡胶中具有最宽的使用温度范围。

（4）耐介质性能　硅橡胶由于其结构的特殊性，本身具有优良的惰性，因此，其耐液体介质的性能，主要取决于取代基的类型，如腈硅橡胶就具有良好的耐油、耐极性溶剂性能。

（5）电性能　硅橡胶的主链具有类似于石英的 Si-O 结构，硅橡胶的电绝缘性优异。

（6）其他性能　除上述性能外，硅橡胶还具有良好的阻燃性、高透气性及可发泡性能。在众多的合成橡胶中，硅橡胶无毒无味，同时具备生理惰性、抗高温和低温性能优异，因此硅橡胶可以称作是合成橡胶中的佼佼者。目前，硅橡胶在生物医疗领域发挥着极为重要的作

用，如用于制造防噪声耳塞、人造血管、人造肺等，具有十分理想的效果。此外，硅橡胶在密封胶、黏接剂等领域也有广泛的应用。目前，硅橡胶逐渐成为消费量最大的橡胶品种之一。

2.3.8 热塑性弹性体

热塑性弹性体（Thermoplastic Elastomer，TPE）是一种兼具橡胶和热塑性塑料特性的高分子材料。它既具有常温下类似橡胶的弹性和韧性，又具有高温时的类似塑料的流动性，能塑化成型，如注射、挤出、吹塑、发泡等，是继NR、合成橡胶之后的所谓第三代橡胶。

从1960年杜邦公司推出第一代热塑性弹性体以来，到现在已经发展到第四代，产品多达上百个品种。TPE的品种繁多，按其构成方式可分为两大类，即嵌段共聚物类（苯乙烯系、共聚酯、聚氨酯、聚酰胺）和热塑性塑料/弹性体共混物合金类（热塑性聚烯烃和热塑性硫化物）。这两类TPE均为两相体系，其中热塑性塑料硬相通过化学或力学的方式与弹性体软相锁接在一起，因此，TPE具有两相的综合性能。

TPE由于具有橡胶相的高弹性和韧性，同时又有良好的加工成型性，因此在汽车上的应用越来越广泛，现主要应用于保险杠、仪表板、挡泥板、软管、密封条、防护罩等零部件。

由于TPE的种类繁多，受篇幅限制，本书不逐一介绍，以下主要介绍汽车上几种常用的TPE材料性能及其应用案例。

1. 聚烯烃类热塑性弹性体

聚烯烃类热塑性弹性体（Olefinic Thermoplastic Elastomer，TPO）是由软链段合成橡胶（主要有EPM、EPDM、POE等）与硬链段聚烯烃（主要有PP或PE）共混而成。TPO具有优异的耐候、耐臭氧、耐紫外线及良好的耐高温、耐冲击性能，主要用于保险杠、仪表板表皮、挡泥板等零部件。

TPO是通过添加橡胶改进聚烯烃塑料的弹性，主要通过橡胶和塑料简单的共混加工而成，一般来说，橡胶之间基本或很少有交联。如果橡胶和塑料在共混过程中同步发生硫化，那么这类热塑性弹性体被称为动态硫化热塑性弹性体。

2. 动态硫化热塑性弹性体

动态硫化热塑性弹性体（Thermoplastic Valcanizate Elastomer，TPV）。动态硫化后的橡胶受共混时密炼机、螺杆等机械产生的剪切外力，使其能充分分散在塑料树脂中，因此，TPV较未动态硫化的TPO而言，压缩性能、耐热老化及耐油性等都得到明显改善。

总体来说，TPV具有极好的耐热老化、耐候、耐水等性能，常用于密封条、防尘罩、进气管等零部件。在各种热塑性弹性体在汽车的应用中，TPV应用零件最多，用量最大。

根据ISO 18064分类，TPV主要分为TPV-(EPDM+PP)、TPV-(NBR+PP)、TPV-(NR+PP)、TPV-(ENR+PP)、TPV-(IIR+PP)。目前使用最多的是TPV-(EPDM+PP)，日常所说的TPV，一般情况下均特指TPV-(EPDM+PP)。

3. 苯乙烯类热塑性弹性体

苯乙烯类热塑性弹性体（Styrenic Thermoplastic Elastomer，TPS）

TPS 是热塑性弹性体的鼻祖，其硬段由苯乙烯组成，软段由聚丁二烯等组成，是目前世界上产量最大、发展最快的一种热塑性弹性体。

TPS 价格便宜，具有良好的拉伸强度和弹性、耐磨性和疲劳性能等。在所有的热塑性弹性体中，其性能最接近于传统的橡胶，但与其他类热塑性弹性体相比，耐热、耐候、耐油等性能比较差，所以在汽车上应用相对较少，目前主要应用于民用、化工产品、改性剂、鞋等。

根据 ISO 18064 分类，TPS 主要分为 TPS – SBS、TPS – SEBS、TPS – SEPS、TPS – SIS，不过行业内通常直接简称 SBS（苯乙烯 – 丁二烯 – 苯乙烯嵌段共聚物）、SEBS（苯乙烯 – 乙烯/丁烯 – 苯乙烯嵌段共聚物）、SEPS（氢化苯乙烯 – 丁二烯嵌段共聚物）、SIS（苯乙烯一异戊二烯一苯乙烯嵌段共聚物）。

SEBS 是在 SBS 的基础上经氢化得到的饱和共聚物，因此，SEBS 的耐候性、耐热性、耐化学性能等均优于 SBS。在汽车上，使用的 TPS 主要的种类也是 SEBS，如密封条、软垫、换挡手球表皮等。

4. 聚氨酯类热塑性弹性体

聚氨酯类热塑性弹性体（Urethane Thermoplastic Elastomer，TPU）是由软链段聚酯或聚醚与硬链段氨基甲酸酯嵌段共聚而成，根据软链段的类型分为聚酯型和聚醚型两类。TPU 具有很宽的硬度范围，从邵尔 A 硬度 60 到邵尔 D 硬度 80，且在整个硬度范围内具有高弹性。此外，TPU 还具有优异的机械强度、耐磨性和耐油性，其弹性模量在 10~1000MPa，介于橡胶(1~10MPa) 和塑料（1000~10000MPa）之间；缺点是耐热性、耐热水性、耐压缩性差，外观易变黄（主要为聚酯类），加工中易粘模具，现主要用于仪表板表皮，换挡球头、软管等零部件。

根据 ISO 18064 分类，TPU 主要分为 TPU – ARES、TPU – ARET、TPU – AREE、TPU – ARCE、TPU – ARCL、TPU – ALES、TPU – ALET。不过，由于 TPU 用量本身就比较少，所以汽车行业一般直接采用 TPU 统称。

5. 聚酯类热塑性弹性体

聚酯类热塑性弹性体（Copolyester Thermoplastic Elastomer，TPC）是由软链段脂肪族聚酯或聚醚与硬链段聚对苯二甲酸丁二醇酯（PBT）嵌段共聚而成。1972 年，美国 DuPont 公司和日本 Toyobo 公司率先开发出 TPEE。TPEE 具有优异的机械性能、耐高低温性、耐油性和耐久性（抗蠕变和疲劳性能），易于加工成型，现广泛应用于汽车行业，主要应用于发动机进气管、安全气囊、传动轴防尘罩、缓冲块等。

根据 ISO 18064 分类，TPC 分为 TPC – EE、TPC – ES、TPC – ET，其中最常用的是 TPC – EE，由于 TPC – EE 经常简写为 TPEE 或 TEEE，所以在很多情况下，习惯直接把 TPC 叫作 TPEE、TEEE。

另外，还有聚酰胺类热塑性弹性体（TPA）、NBR + PVC 类热塑性弹性体等，本书不作详细介绍。

2.4 橡胶材料的常用性能

乘用车上选用橡胶材料时,首先要考虑零件的使用环境(温度、介质)和工作条件(应力、振动),这是选择橡胶材料类型的基本原则;其次,橡胶类型定义后,就需要考察材料的性能是否满足要求。以下介绍橡胶材料的主要性能评价项目。

2.4.1 硬度

硬度是表征橡胶材料刚性的重要指标,即测定橡胶试样在外力作用下橡胶对压针的抵抗能力。橡胶硬度试验方法和仪器很多,通常按照施加负荷原理的不同,仪器结构分为二大类型,一是弹簧式硬度,如邵氏硬度;二是定负荷硬度,如国际硬度、赵氏硬度等。目前,车用橡胶材料硬度通常采用邵氏硬度和国际硬度两种方法表征。

1. 邵氏硬度

邵氏硬度是目前应用比较广泛的一种硬度,一般分为 A、C、D 等几种型号。A 型适用于测量软质橡胶,C 型是测半硬质橡胶,D 型是测硬质橡胶硬度,当邵尔 A 硬度值高于 90 时应选择邵尔 D 硬度。邵氏硬度测试参考标准为 GB/T 531.1 或 ISO 7619-1,测试时要注意以下几点:

1)硬度计的测量范围,一般在 20~90 之间,如超过范围应更换表头。

2)试样厚度不小于 6mm,如果试样厚度不够,可以多层叠加,但不能超过 3 层。

3)不同测试位置间距不小于 6mm,与试样边缘的距离不小于 12mm,以保证压足能和试样在足够面积内进行接触。

2. 国际硬度

国际硬度计分为常规型、微型和袖珍型三种,可满足不同规格零件的需求。常规型试验方法多用于规范试验、仲裁试验等,微型试验方法多用于薄型制品、O 形圈等样品检测,袖珍型一般用于生产现场等。国际硬度测试参考标准为 GB/T 6031 或 ISO 48、ISO 7619-2(袖珍型),测试时要注意以下几点:

1)压头的直径 不同类型的硬度测试选取的压头也不同,不同类型硬度压头直径见表 2-6。

2)接触力 常规型接触力规定为 (0.30 ± 0.02) N,微型接触力规定为 (8.3 ± 0.5) N,袖珍型没有明确规定接触力,规定了测试时弹簧压入力为 (2.65 ± 0.15) N。

3)试样厚度 常规型测试采用厚度为 8~10mm(低硬度硫化橡胶为 10~15mm)的标准试样,微型测试采用厚度为 (2 ± 0.5) mm,袖珍型测试厚度至少 6mm。一般,硬度值随试样厚度增加而减少,且硬度值随试样厚度变化明显,因此对不同类型的硬度测试,应严格按标准中要求进行。

4)测试仪器 三种类型的国际硬度计的主要部件尺寸和作用力见表 2-6。

表 2-6　三种类型国际硬度计的主要部件尺寸和作用力对比

类型		直径/mm			球上的作用力/N			压足上的作用力/N
		球	压足	孔	接触力	压入力	总压力	
常规型	方法 N	2.50 ± 0.01	20 ± 1	6 ± 1	0.30 ± 0.02	5.40 ± 0.01	5.70 ± 0.03	8.3 ± 1.5
	方法 H	1.00 ± 0.01	20 ± 1	6 ± 1	0.30 ± 0.02	5.40 ± 0.01	5.70 ± 0.03	8.3 ± 1.5
	方法 L	5.00 ± 0.01	22 ± 1	10 ± 1	0.30 ± 0.02	5.40 ± 0.01	5.70 ± 0.03	8.3 ± 1.5
微型[①]	方法 M	0.395 ± 0.005	3.35 ± 0.15	1.00 ± 0.15	8.3 ± 0.5	145 ± 0.5	153.3 ± 1.0	235 ± 30
袖珍型		1.575 ± 0.025	22.5 ± 2.5	2.5 ± 0.5	在 30～100IRHD 范围内，硬度计弹簧施加试验力 2.65 ± 0.15			

① 表中微型硬度计作用力单位为 mN。

邵氏硬度及国际硬度是两种长期并存的两种测试方法，各有优缺点。邵氏硬度的优点是仪器携带方便，方法简单，缺点是测试过程中由于设备原因（如弹簧力校正不准确或压针磨损）或操作原因（如读数时间差异）等可能造成较大的试验误差。与邵氏硬度相比，国际硬度测试误差较小，因此，在规范试验或仲裁试验时，推荐采用国际硬度。

2.4.2 拉伸强度

拉伸强度是表征橡胶材料能够抵抗拉伸破坏的能力，是衡量和评价橡胶材料力学性能的主要指标之一，在硫化橡胶力学性能中占有重要地位。对于车用橡胶件来说，使用过程中承受的力主要为压缩力，因此，多数场合下拉伸强度并非是关键的使用性能指标。拉伸强度测试参考标准为 GB/T 528 或 ISO 37，测试时要注意以下 2 点：

1）拉伸试样一般采用哑铃型，由于橡胶材料本身有较大的伸长率，考虑到试验的操作性，建议选用 2 型试样。

2）试验速度一般采用 500mm/min。

2.4.3 撕裂强度

撕裂是由于材料中存在的裂纹或裂口受外力作用时缺陷迅速扩大而导致破坏的现象，撕裂强度是衡量橡胶材料抵抗裂纹或裂口等缺陷能力的指标。撕裂强度测试与试样形状、拉伸速度、试验温度和硫化橡胶的压延效应有关。撕裂强度测试参考标准为 GB/T 529 或 ISO 34，测试时要注意以下 2 点：

1）撕裂强度测试试样主要有三种类型：裤形试样、直角形试样（割口或无割口）和新月形试样。应根据产品的不同特点选择试样类型，如车用胶管多采用裤形试样，考虑模拟缺陷情况采用带割口试样，一般产品多采用直角形试样。

2）割口要在试样的内角顶点，深度为 (1.0 ± 0.2)mm，试验速度一般采用 500mm/min。

2.4.4 压缩性能

压缩性能是衡量橡胶材料回弹性和密封性的指标,也是车用橡胶材料最重要的性能指标之一。目前,常用来表征压缩性能的测试项目是压缩永久变形和压缩应力松弛。压缩永久变形是指橡胶材料在受不同压缩量的时候抵抗永久变形的能力,压缩应力松弛是指橡胶材料在受恒定应变作用时,保持该应变所需的力不是恒定不变的,而是随着时间的增加而降低。前者重点考察压缩量的变化,后者侧重考察应力的变化,也更接近零件的实际使用工况,应用也越来越广泛。

压缩永久变形测试标准参考 GB/T 7759 或 ISO 815,测试时要注意以下 3 点:

(1) 压缩量的选取　标准推荐了 25%、15% 和 10% 三种压缩量,应根据产品硬度不同进行选取。通常情况多选用 25% 的压缩量,也可以根据实际的使用工况定义测试需要的压缩量,一般最大不超过 50%。

(2) 试样的选取　标准中有 A 型和 B 型两种规格,不同尺寸的试样压缩的难易程度不同,通常情况多选用 A 型试样,如采用零件取样的方式,考虑取样的难易程度,可选用 B 型试样,不同规格的试样结果不具对比性。

(3) 根据零件的实际使用环境　应分别对应考察材料的高温、低温和常温不同环境条件下的压缩永久变形。

压缩应力松弛测试标准参考 GB/T 1685 或 ISO 3384,测试时要注意以下 3 点:

(1) 压缩量的选取　不同于压缩永久变形,压缩应力松弛测试多以实际工况时零件的压缩量为准,选取初始压缩量时的作用力起始值,记录不同时间点时的作用力,绘制应力松弛曲线,通过曲线可以直观地看出,随着时长增加应力松弛衰减情况趋于稳定。如图 2-15 所示,某材料的应力松弛曲线图。

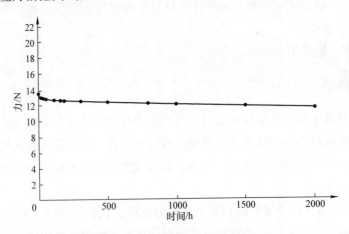

图 2-15　某材料的应力松弛曲线

(2) 试样的选取　标准中有圆柱形和环形试样两种,测试时,试样类型的选取应参考零件的形状,如 O 形密封圈可选用环形试样,缓冲块类可选用圆柱形试样。

(3) 根据零件的实际使用环境 应考虑不同温度（高、低温）和不同介质条件下的应力松弛。

2.4.5 老化性能

橡胶材料或制品在储存和使用过程中，由于受热、光、氧等外界因素的影响使其发生物理或化学变化并导致性能下降的现象，统称为橡胶的老化。老化是制约橡胶材料或制品正常使用的重要因素，也是橡胶材料或制品长期使用过程中不可避免的。因此，对橡胶老化性能的评价、老化机理及老化防护等方面的研究也一直是橡胶工业的重点方向。

橡胶老化的表现形式主要有：表面变色、喷霜、发黏、龟裂或微裂纹、发脆变硬等，不同种类橡胶的老化现象不同，常见橡胶老化表现形式如表 2-7 所示。

表 2-7 常见橡胶老化表现形式

名称	主要表现形式
NR	变软、发黏、喷霜、龟裂
IIR	变软、发黏、喷霜、龟裂
NBR	变硬、变脆、微裂纹
SBR	变硬、变脆、微裂纹
CR	变硬、变脆、微裂纹
EPDM	变硬、变脆、微裂纹
Q	喷霜
FKM	变硬、变脆、微裂纹

目前，评价橡胶老化性能的方法主要有热空气老化和臭氧老化，前者侧重考察老化对橡胶性能的影响，后者侧重考察老化对橡胶制品表面的破坏情况。

热空气老化测试标准参考 GB/T 3512 或 ISO 188，测试时要注意以下 2 点：

1）要求测试设备 有换气功能，保证设备内部循环空气质量。

2）不建议不同种类的橡胶材料放在同一个老化箱里进行试验，并且各试样间应保持足够的空间，不可互相接触。

臭氧老化试验包括静态拉伸和动态拉伸两种试验方法，静态拉伸标准参考 GB/T 7762 或 ISO 1431-1，动态拉伸标准参考 GB/T 13642 或 ISO 1431-2，测试时要注意以下 3 点：

1）臭氧浓度的选取。标准中推荐的浓度有 $(25\pm5)\times10^{-8}$、$(50\pm5)\times10^{-8}$、$(100\pm5)\times10^{-8}$、$(200\pm5)\times10^{-8}$；如有需要，也可选用其他更高的浓度。对于车用橡胶材料，通常选取 $(50\pm5)\times10^{-8}$ 的浓度来考察材料，部分零件所处环境实际臭氧浓度较高的，选取 $(200\pm5)\times10^{-8}$。

2）伸长率的选取。标准中推荐的伸长率从 5% ~ 80%，结合车用橡胶实际应用工况，伸长率通常选取 20%，对于动态拉伸方法，动态拉伸循环时的最大伸长率一般选取 10%。

3）试样的选取。推荐试样尺寸 100mm×10mm×2mm，两种试验方法均适用。

2.4.6 低温性能

橡胶材料的老化通常用来衡量其耐高温性能,在实际使用工况环境中,还需重点关注橡胶材料在低温环境下性能的变化。高温环境下,橡胶材料可能发生分子链断裂、发白和老化等不可逆变化,对橡胶的破坏是永久性的,而低温环境对橡胶材料性能的影响多数是可逆的,即随着温度的升高,材料的性能会逐渐恢复。因此,对于橡胶材料而言,低温环境条件下更多的是关注其硬度、弹性和脆性等方面的性能,以评估橡胶材料的最低极限使用温度。

目前,考察橡胶的低温性能常用的试验项目有脆性温度和温度回缩法(TR 试验),脆性温度测试有单试样法和多试样法,单试样法参考 GB/T 1682,多试样法参考 GB/T 15256 或 ISO 812;温度回缩法(TR 试验)参考 GB/T 7758 或 ISO 2921。

脆性温度测试时要注意以下 3 点:

1)单试样法和多试样法所规定的脆性温度不同,单试样法中规定试样受到冲击产生破坏时的最高温度,多试样法中规定试样不产生破坏的最低温度,两种测试结果不等同。

2)试样的选取,推荐试样尺寸 25mm×6mm×2mm,两种方法均适用。

3)冷却介质,所选冷却介质不应对橡胶材料性能产生影响。

温度回缩法(TR 试验)测试时要注意以下 2 点:

1)伸长率的选取,无特殊要求,通常选用 50%;不同的伸长率,其试验结果不一定相同。

2)冷却介质。所选冷却介质不应对橡胶材料性能产生影响。

弹性是橡胶材料重要的性能之一,随着温度的降低,橡胶材料中可移动链段逐渐被冻结变脆,达到玻璃化温度后,橡胶由高弹态转变到玻璃态,橡胶变脆、失去弹性,导致其失去使用价值。因此对于橡胶材料而言,玻璃化转变温度(T_g)通常作为衡量橡胶材料最低使用温度主要参考指标,常用橡胶材料的玻璃化转变温度见表 2-8。

表 2-8 常用橡胶材料的玻璃化转变温度

序号	材料种类	玻璃化转变温度/℃
1	NR	-70 ~ -60
2	EPDM	-60 ~ -50
3	CR	-40 ~ -35
4	NBR	-20 ~ -10
5	FKM	-25 ~ -20
6	Q	-100 以下

2.4.7 耐介质性能

汽车橡胶零部件在使用过程中,经常会接触各种介质(主要指液体介质和油脂类介质)。在长期与介质接触的情况下,会导致橡胶件硬化、软化及膨胀等现象。造成这种现象的主要原因是橡胶件内部出现抽出和溶胀,抽出是指橡胶中的各种软化剂、增塑剂和防老剂等小分子物质转移到介质中，溶胀是指介质分子渗透到橡胶分子结构中并逐渐扩散。正常使用情况下，抽出和溶胀应达到一个相对平衡的状态，若抽出多于溶胀，橡胶件则表现出硬化和体积变小，溶胀多于抽出，橡胶件则表现出软化、膨胀及体积增大。此外，有些介质还会和橡胶分子链发生反应，导致分子链断裂等，进一步恶化橡胶性能，因此对于橡胶耐介质性能的考察尤其重要。

目前，考察橡胶材料的耐介质性能常用的试验方法有 GB/T 1690 或 ISO 1817，测试时应注意以下 2 点：

（1）介质的选取　主要应选取被测橡胶件实际使用工况时接触的介质，如制动液、冷却液或润滑脂等，如无法提供实际工况时的接触介质，应选取物性较接近的标准介质（如 IRM 901 油等），油类介质选取可参考苯胺点指标。

（2）性能评价项目　主要有质量变化、体积变化、硬度变化及拉伸性能的变化，根据橡胶件的实际情况确定评价项目。以油封件为例，需要重点评价硬度和体积的变化，若变化过大则会影响到密封性。

由于汽车整个系统涉及液体介质或油脂类介质较多，在测试橡胶材料耐介质性能时，很难完全做到使用实际工况接触的介质，为了统一测试标准，现在各国形成了很多标准油品，进行模拟实际使用时的油品，目前比较通用的标准油及其特点见表 2-9。

表 2-9　试验常用标准油

序号	标准油	特点
1	IRM901 油	苯胺点最高，是一种低膨胀油
2	IRM902 油	苯胺点居中，是一种中膨胀油
3	IRM903 油	苯胺点最低，是一种高膨胀油
4	燃油 A	主要成分是异辛烷
5	燃油 B	主要成分是 70% 异辛烷和 30% 甲苯
6	燃油 C	主要成分是 50% 异辛烷和 50% 甲苯

2.4.8　其他性能

除了上述介绍的橡胶材料通用性能评价项目外，还需要结合橡胶零部件的具体使用工况进行有针对性、差异性的性能测试评价。如缓冲块，需要重点考虑蠕变性能；如发动机悬置，需要重点考虑疲劳性能；如胶条，需要考虑耐磨性等。

蠕变是材料在保持应力不变的条件下，应变随时间增加而延长的现象。与塑性变形不同，塑性变形通常在应力超过弹性极限后才出现，而蠕变只要作用应力时间够长，即使应力小于弹性极限也会出现，蠕变是测定材料尺寸稳定性的常用方法，测量时间比较长，更接近使用条件，因此对于长时间承受应力的零件，考察材料的蠕变性能具有很大的实际意义。

蠕变测试有多种方法，根据材料实际使用工况，现比较常用的方法有拉伸蠕变、压缩蠕变、剪切蠕变、扭转蠕变和弯曲蠕变等，后两种在橡胶材料测试中应用较小。

疲劳是材料在周期性应力或应变的作用下，其结构和性能发生变化的现象。零件的使用寿命是从零件开始使用到丧失使用功能所经历的时间，悬置、减振等橡胶零件多是在动态变形情况下使用的，所以，橡胶的疲劳断裂往往决定着这些零件的使用寿命。因此，为了保证橡胶零件的使用安全性和可靠性，预测材料的动态疲劳破坏性能，具有重要的意义。

橡胶疲劳的试验方法目前有压缩屈挠试验、屈挠疲劳试验、伸长疲劳试验和回转屈挠疲劳试验。

参 考 文 献

[1] 李志虎. 汽车用橡胶零件失效分析与预防［M］. 长春：吉林大学出版社，2017.

[2] 刘凤岐，汤心颐. 高分子物理［M］. 2版. 北京：高等教育出版社，2004.

[3] 潘祖仁. 高分子化学［M］. 4版. 北京：化学工业出版社，2007.

[4] 陆刚. 橡胶制品加工中常用助剂的主要类型及其特性［J］. 现代橡胶技术，2013，39（3）：1-7.

[5] 聂恒凯. 橡胶材料与配方［M］. 北京：化学工业出版社，2009.

[6] 邓本诚、纪奎江. 橡胶工艺原理［M］. 北京：化学工业出版社，1984.

[7] 谢遂志，刘登祥，周鸣峦. 橡胶工业手册：第一分册 生胶与骨架材料［M］. 北京：化学工业出版社，1989.

[8] 王梦蛟，龚怀耀，薛广智. 橡胶工业手册：第二分册 配合剂［M］. 北京：化学工业出版社，1989.

[9] 梁星宇，周木英. 橡胶工业手册：第三分册 配方与基本工艺［M］. 北京：化学工业出版社，1992.

[10] 刘植榕，汤华远，郑亚丽. 橡胶工业手册：第八分册 试验方法［M］. 北京：化学工业出版社，1992.

[11] 于清溪. 热塑性弹性体的发展［J］. 橡胶科技市场，2006（8）：1-3.

第 3 章
乘用车用橡胶零件及选材

橡胶零部件是汽车重要的组成部分，据不完全统计，每辆汽车上的橡胶零件数量超过 400~500 个，从重量上统计，一般 A0 级轿车使用橡胶 50~100kg，约占整车重量的 5%。

目前，橡胶制品还没有统一的分类，根据用途，习惯上常将乘用车用橡胶零件分为轮胎、橡胶软管、橡胶密封制品、减振橡胶制品、传动胶带、刮水器胶条、垫片等。

轮胎是汽车上最大的使用零部件，约占整车橡胶使用量的 50%，其主要用材为 NR 及其并用胶。另外，各种橡胶衬套、悬置软垫等对综合力学性能要求较高的橡胶件也主要采用 NR 类橡胶。

乘用车用橡胶软管种类繁多，总体来说，其用量是仅次于轮胎的最大的一类橡胶零件。橡胶软管的主要作用是输送油液或空气等介质，其材料的选用主要根据介质、压力、结构等多种因素决定，由于输送的介质种类繁多、内部压力及结构各异，因此管路材料也种类繁多。

整车密封条用橡胶大约为 10kg，主要为各种门窗密封条，目前主要采用耐候性较好的 EPDM 橡胶，未来 TPE 是重要的发展趋势。

各种密封圈虽然单个重量一般较小，但种类繁多，数量巨大。一般整车密封圈多达几百个，其作用主要有密封、减振、缓冲等。密封圈也是乘用车用橡胶零件的重要组成部分。

本章主要根据橡胶零件的种类，对橡胶零件的性能要求、材料选用、标准、发展趋势等方面进行全面分析。

本书所涉及的橡胶概念，不仅包括传统的硫化橡胶（NR 及合成橡胶），还包括 TPE 材料。另外，软质塑料材料，如 PVC、橡胶改性 PP、PE 等，其性能与 TPE 相当，使用场合也基本相同，故在本书中也多有涉及软质塑料材料的性能、应用等。

3.1 轮胎

3.1.1 轮胎的分类与结构

轮胎是汽车上最大的橡胶零件，约占整车橡胶用量的 50%。在橡胶行业，轮胎企业也是橡胶制品大户，世界耗用橡胶量的一半被用于轮胎制造。

自 2006 年以来，我国轮胎产量稳居世界第一，同时我国的橡胶消费量也稳居世界第一，2010—2017 年我国汽车轮胎产量如图 3-1 所示。根据中国橡胶工业协会数据显示，2016 年全国汽车轮胎总产量约 6.1 亿条，同比增长 7.9%。其中，子午胎 5.65 亿条，增长 9.7%；斜交胎 0.45 亿条，下降 10%。子午胎产量中，全钢胎 1.21 亿条，增长 10%；半钢胎 4.44 亿条，增长 9.6%。

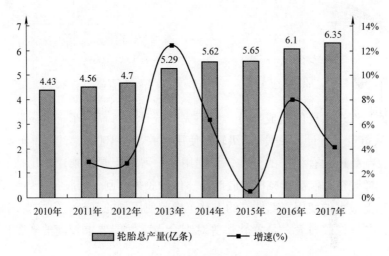

图 3-1　2010—2017 年中国汽车轮胎产量

轮胎是汽车最重要的零件之一，其性能对整车 NVH 性能、安全性能、稳定性、操纵性等有很大的影响。轮胎的基本功能主要表现在以下 4 个方面：

1）支撑负荷，即负荷载重性能。

2）将驱动和制动两种力传递到路面，即驱动 - 制动性能。

3）转换和保持行驶方向，即操纵性能、稳定性能。

4）缓和来自路面上的冲击，即舒适性能、减振性能和降噪性能。

近年来，随着汽车技术的发展，轮胎又被赋予了更多的性能和功能要求，如轮胎的操控性/抓着性、舒适性/安静性、耐久性/可靠性、轻量化、美观性等。尤其是最近几年欧美、日本等国家/地区逐渐推行实施了轮胎的环保节能法规，对滚动阻力、抗湿滑、噪声、禁限用物质等提出了种种限制，并且对轮胎的磨耗、安全等性能也提出了一系列要求，使轮胎进一步步入高性能、超高性能、智能安全和绿色环保的时代，出现了全天候、抗湿滑、低噪声、省油、抗老化、安全等多种多样的乘用轮胎。

按照使用习惯，乘用轮胎通常可分为夏用轮胎、冬用轮胎和四季轮胎，近年来新发展起来的绿色轮胎又成为新的一类。在乘用车中，夏用轮胎占据一半以上的主导地位，但其他轮胎发展也非常迅速。

轮胎按照结构可分为子午线轮胎、斜交轮胎。子午线轮胎主要优点有：①耐磨性好；②滚动阻力小；③牵引力和制动性能好；④转弯能力大；⑤噪声小；⑥舒适性好；⑦生热少；⑧高速性能好；⑨耐机械损伤性能好。正是以上优点，目前乘用车基本以子午线轮胎为主，斜交轮胎主要用于轿车备胎、摩托车、赛车、农用车辆轮胎等。

另外，还有按照轮胎花纹、尺寸、承压情况等进行各种分类。

轮胎整体上分为胎面、胎肩、胎侧和胎圈四部分，轮胎具体结构如图 3-2 所示。

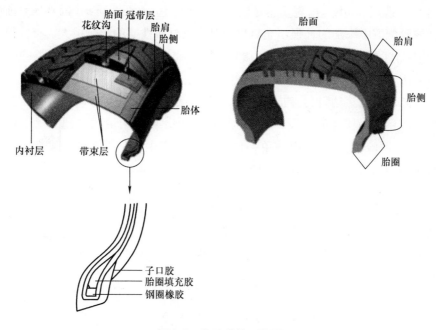

图 3-2　橡胶结构示意图

3.1.2　轮胎的材料选用

轮胎是以橡胶材料为主、金属钢丝和纤维增强的高弹性零件。橡胶材料不仅构成了柔性部分的胎面、胎侧和内衬层，对轮胎的性能及寿命起着决定性的作用。

轮胎各部分由于作用性能的不同，不仅要采用不同的配合，还要使用不同的橡胶，才能满足轮胎的各种性能要求。由图 3-2 可以看出，轮胎橡胶大部分可以分为胎面、胎肩、胎侧和胎圈四部分，而进一步细分，大约共有十几种，因此，每种轮胎大约需要 10 种以上的不同种类的橡胶配方，才能满足不同部位的性能要求。

1. 胎面胶

胎面胶位于轮胎与地面接触的部分，其作用为将施加到轮胎上的驱动力、制动力、转向力等各种作用力传递至路面上。胎面胶必须有良好的耐磨性，还需有一定的弹性、耐光、耐热老化、耐裂口增长和抗湿滑性，另外，还要具备良好的低生热和高散热性等，以及近年来提出的节能环保的低滚动阻力性和无噪声性要求。这些性能中，部分项目要求相互矛盾，为此，最终要求的是综合性能的平衡。

目前尚无一个满足所有性能要求的万能橡胶配方，而是根据轮胎的定位、性能要求等设计各种不同的胎面胶。如抗磨耐久性型的、高速低生热型的、节能环保型的，以及兼顾各方面的通用型等。为了达到良好的综合性能，一般轮胎胎面胶是由二方三块复合挤出而成。对于大型豪华型的轮胎而言，还有由更多的不同胶料复合形成多功能胎面胶，如以胎冠胶+胎基胶+胎肩胶组成的三方四块或四方五块胎面胶。

胎面胶的橡胶主要以 ESBR（乳聚丁苯橡胶）和充油 ESBR 为主，少量并用 BR、NR、IR 等。近年来，改用 SSBR（溶聚丁苯橡胶）、充油 SSBR 和乙烯基 BR 的现象逐渐增多。

在胎面橡胶配方中添加的补强填充材料，对橡胶材料性能的影响极大。补强填充材料通常为 HAF（高耐磨炭黑）、ISAF（中超耐磨炭黑）、SAF（超耐磨炭黑）一类的耐磨耗型炭黑，大多数采用 2~3 种并用的方式以平衡各种性能。

近年来，随着集低滚动阻力、抗湿滑抓地力和低噪声于一体的绿色节能环保轮胎的发展，白炭黑的应用取得快速的发展，用量也直线上升，目前用量约占到炭黑用量的一半以上。白炭黑的应用能成功地解决以前单一使用炭黑而产生的长期难以克服的"魔鬼三角"关系，达到了三者的兼顾平衡。轮胎性能的"魔鬼三角"如图 3-3 所示。

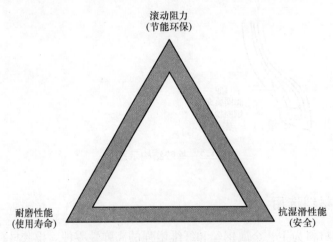

图 3-3　轮胎性能的"魔鬼三角"

现在还出现了一种炭黑与白炭黑物理和化学复合的复合填料，它是一种低滚动阻力及低滞后损失的新型炭黑，使胎面胶性能获得前所未有的改善。

2. 胎侧橡胶

胎侧橡胶是位于轮胎侧面、包覆在轮胎外表面的橡胶部分。胎侧的主要作用是从外部保护轮胎免遭外来物的刮碰损伤，以及抑制外伤的扩大发展。另外，它还要具有经受多次反复弯曲变形的抗疲劳性能和耐久性。

胎侧厚度相对较薄，且处于完全外露的状态，经常遭受极端恶劣气候环境、阳光暴晒等，因此需要有极佳的耐天候老化、耐臭氧老化和耐氧化性能等。此外，还要抵御雨水、酸碱化学药品以及脂肪等油类的侵蚀。因此，高拉伸性、耐弯曲疲劳性和耐天候老化是其性能要求的重点。

胎侧橡胶在配合上的特点是以并用的形式增强效果，通常采用 SBR 与 BR 各 50 份并用，以防止胎侧产生机械疲劳裂口。炭黑采用补强与半补强型各 30 份并用，在增强柔软度的基础上提高胎侧的力学强度（拉伸强度、定伸应力和撕裂强度）。硫化助剂采用低硫化及两种以上具有迟效性的促进剂高量配合的方式，延长硫化平坦曲线的宽度，保持胎侧平滑美观，字体标识清楚并防止外观产生缺陷。

3. 带束层橡胶

带束层由钢丝帘线组成，带束层橡胶的制作是把多根帘线均匀地固定在一起。带束层橡胶主要有黏接性和耐热性两方面的要求。

黏接性主要是指橡胶与钢丝帘线之间的黏接性。随着轮胎轻量化技术的发展，也有采用芳纶带束层替代钢丝带束层，以及用单根缠绕芳纶代替钢丝圈等。这就要求带束层橡胶与芳纶线之间有良好的黏接性。

带束层位于轮胎最内部的中心位置，承受应力较大，其两端会反复受到剪切变形，内部温度可达 $90 \sim 110\,^{\circ}\!C$，因此，带束层橡胶还要具有很好的耐热性和抗疲劳变形性，尤其是两端的断层阶梯部位，是最薄弱的环节，最容易产生应力集中现象。另外，钢丝帘线断裂处裸露着未镀铜的切断面，往往在使用过程中会出现由热和变形产生的脱层，为此，还应贴合黏接性和缓冲性更好的带束缓冲胶。

带束层橡胶最好采用 NR，也可少量并用 SBR、BR 等。为保持较好的黏接性，除要求钢丝帘线必须有良好的黄铜镀层之外，橡胶配方应采用高硫黄与迟效促进剂的配合体系，必要时需补充足量的有机钴盐类胶黏剂。为提高胶料的定伸应力和弹性模量，需选用高定伸、低生热的硬质炭黑，并与一定量白炭黑并用。与胎面橡胶中的白炭黑一样，需添加适量的硅烷偶联剂，以促使其在混炼中均匀分散。白炭黑应以 HDS（高分散白炭黑）、EDS（易分散性白炭黑）为主。

4. 胎体橡胶

胎体由纤维帘线、钢丝、橡胶等组成，胎体橡胶的作用主要是与帘线粘合，要求在反复弯曲变形的情况下保持良好的黏接性，使橡胶与帘线形成一个牢固的结构。除黏接性外，耐热性、耐热、耐剪切及抗疲劳性也是胎体橡胶的重要性能。

胎体橡胶主要有 NR、SBR 以及并用的 BR 等。由于要求其具有一定的定伸应力，补强材料多采用 MAF（中超耐磨炉法炭黑）、HMF（高定伸炉法炭黑）与 GPF（通用炉黑）、SRF（半补强炉法炭黑）等并用。另外，为控制胶料硬度的增长和成品尺寸稳定性的提高，常添加适量的惰性填料，一般以陶土为佳，也可配入少量的反式 NR 或反式 IR。为提高胶料与帘线的黏接性，有时也可加入白炭黑和增黏剂，并适当调整硫化促进剂体系。

5. 内衬层橡胶

内衬层也称为密封层，其作用除了保护胎体的帘线免遭损失之外，主要是防止内腔充入的气体逸出。内衬层对轮胎气压的保持起着关键性作用，合理的气压有助于提高轮胎的耐磨性并延长其使用寿命。

内衬层橡胶要求有卓越的耐空气透过性，并保持多次弯曲变形的耐久性。目前最理想的橡胶是 IIR，其制成的轮胎可保持半年不用重新充气，而普通的内衬橡胶，一周就需要重新充气。

图 3-4 为 IIR、NR、BR、SBR、NBR、EPDM 六种橡胶的气密性比较，图中渗透率 Q 表征气密性，渗透率低则气密性高。由图中可见，在 30~80℃范围内，IIR 的渗透性远优于其他橡胶。除轮胎内衬层橡胶外，对气密性要求较高的球胆、药用瓶塞等，也多用 IIR 橡胶。

普通的 IIR 橡胶硫化速度非常慢，与其他橡胶不能共硫化，而且无法直接粘合。因此，现今的密封层多由两层组成，一层为 IIR，另一层为中间过渡层。过渡层为能与密封层 IIR 及胎体橡胶粘合在一起的改性 IIR，通常有 BIIR（溴化丁基橡胶）、CIIR（氯化丁基橡胶）。它们的硫化体系与 NR、SBR、BR 不同，前者为 TMTD/M（DM）+硫黄为主，后者是以金属氧化物为主。两者完全不同的硫化体系，需注意协调。

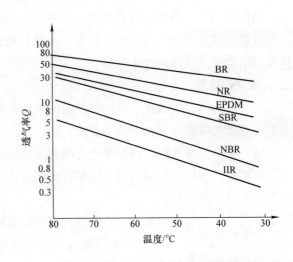

图 3-4 6 种常用橡胶在 30~80℃范围内的透气率对比

为简化结构，通常采用一层的 CIIR 代替 IIR，但一层 CIIR 的气密性有所下降，为此在填料上除注意柔软性外，还要选择气密性较好的半补强炭黑和陶土等填充剂加以弥补。

6. 胎圈橡胶

胎圈橡胶主要由钢圈橡胶、胎圈橡胶与子口橡胶三部分组成。钢圈橡胶应与钢丝有良好的粘合力和较大的刚性，一般选用 SBR，选择高硫黄量与高填充剂的配合体系，与钢圈的刚性程度相匹配。胎圈填充橡胶一般分为上胶芯和下胶芯两段。与钢圈橡胶接触的一段刚性大于非接触的另一段。胎圈填充胶的硬度介于钢圈橡胶、胎侧橡胶和帘线橡胶之间，从而达到均匀的过渡。

子口橡胶要求具有高耐磨性、良好的定形性和密封保持性。胶料邵尔 A 硬度在 80~85 之间。主要采用 SBR/BR 或 NR/BR（两者比例 70:30）并用。填料与胎面橡胶类似，并以大量硫化胶粉填充，橡胶含量在 50% 左右，处于胎侧和胎圈之间。

3.1.3 轮胎的标准

轮胎属于国家 3C 法规认证产品，由于其结构复杂配方较多，一般主机厂对轮胎的材料性能不进行具体要求，而是通过整车路试及匹配对轮胎材料及性能进行管控。

轮胎橡胶的材料技术要求，主要由轮胎零件供应商进行控制。

与轮胎材料相关的国家/行业标准主要有绿色轮胎技术要求和天然生胶-子午线轮胎橡胶，见表 3-1。

表 3-1 与轮胎材料相关的标准

序号	标准名称	标准号	主要内容
1	绿色轮胎技术规范	DB37/T 3098—2018	禁用及限用物质方面的要求
2	天然生胶－子午线轮胎橡胶	NY/T 459—2011	橡胶理化性能方面的要求

3.1.4 轮胎的发展趋势

1. 绿色轮胎

绿色轮胎就是安全、环保、节能的子午线轮胎。与普通子午线轮胎相比，绿色轮胎由于先进的胎面结构设计和自带胎压监测系统，安全性能更高，行驶里程更长，具有出色的操纵稳定性和更短的制动距离；滚动阻力可降低 20%～30%，节油 5% 左右，二氧化碳排放量更少；能满足低噪声和翻新加工的要求。

近年来，国际上绿色轮胎的生产技术取得了不少新进展。意大利倍耐力公司开发的一种绿色轮胎技术，可以通过轮胎内置传感器，收集轮胎压力、温度和身份识别等一系列数据，做到及时诊断问题并维护，从而保证车辆行驶安全。美国固特异公司生产了一种漏气保护轮胎，强化了轮胎结构材料等技术，当轮胎突然漏气时，仍可以继续控制车辆行驶。

绿色轮胎近几年已成为关注重点，不过国内企业在绿色轮胎发展中尚有一定差距。国内企业绿色轮胎发展主要存在以下 4 个问题：①国内绿色轮胎大部分处于起步状态，产品处于实验室测试阶段，尚未产业化、规模化。②绿色轮胎各领域开发方向比较离散，规划不清晰，大部分属于拿来主义，原创技术较少。③绿色轮胎产业化能力比较弱，创新能力不足。④国内整个轮胎行业配套能力较弱、服务水平较弱，与国外的绿色轮胎全套服务方案相比，差距较大。

2. 轮胎的智能化

随着市场竞争的日益激烈，技术升级的不断应用以及人们对环境保护的重视，轮胎行业将逐步趋向智能化。2016 年 7 月 1 日，工信部批准的轮胎用射频识别（RFID）电子标签四项行业标准正式开始实施，RFID 电子标签标准得到统一，标志着我国智能轮胎正在从概念走向现实。

3.2 车用软管

车用橡胶管路种类繁多，主要有空气管路、燃油软管、制动软管、转向管路、发动机冷却软管、电池冷却管路、变速器冷却管路、空调管路、天窗导水管、风窗洗涤管路等等。

对于纯电动车而言，已没有空气管路、燃油软管、发动机冷却软管等，但对于混动、生物燃油车等，这些管路是必不可少的。

车用软管是橡胶在汽车上应用的最重要的零件之一，其主要作用除了输送液体或气体介质外，还有减振的作用，因此，汽车用软管须兼具一定的强度和柔性。为确保软管的长期使用，还需要有一定的耐候、耐热、耐介质、耐臭氧、耐低温等性能要求。另外，随着汽车工业的技术进步和环保法规的执行，对胶管产品的要求也越来越高，特别是在禁用物质、渗透性、环保性等方面。

除软管的一些共性要求外，不同的系统软管又有各自特有的性能要求。

3.2.1 空气管路

1. 空气管路的分类与结构

本节介绍的空气管路系统包括进气部分、中冷部分和排气部分。

进气部分包括引气管、空气滤清器（以下简称空滤）、进气软管等，如图3-5中的A、B段。

中冷部分包括涡轮增压器与中冷器之间的部分、中冷器与发动机之间的部分，如图3-5中的C、D段。为提高发动机的功率，有些车型配备了涡轮增压器。经过涡轮增压后，空气的温度迅速增加。中冷部分的主要作用是降低进入发动机内空气的温度。

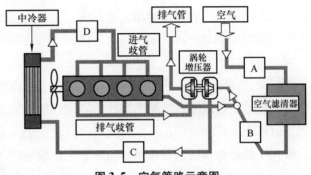

图3-5 空气管路示意图

排气管主要是金属管路，如图3-5中的红色部分。

典型的橡胶空气管路主要是三部分：进气软管、中冷软管（也叫涡轮增压软管，又分为进气部分和出气部分）。

进气软管，以单层异型管（纯胶管、热塑性树脂管、塑料管等）为主，且包含波纹管部分，EPDM进气软管与TPV进气软管见图3-6。

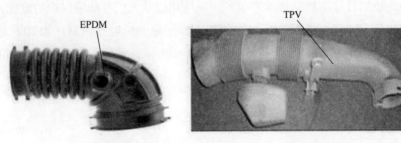

a) 哈弗H2进气管路　　　　　　　　b) 宝马X5进气软管

图3-6 EPDM进气软管与TPV进气软管

中冷软管可为直管或异型管，其中以异型管为主，外表面可为平滑的或带波纹的。

中冷软管一般均是三层结构，即柔性高分子弹性体内胶层、用适当方法铺放的合成织物或其他材质增强层、柔性高分子弹性体外覆层构成。也有较少车型采用四层结构，即内胶层表面还有一阻隔层。中冷软管结构示意图见图3-7。

图 3-7 中冷软管结构示意图

2. 空气管路的材料选用

(1) 进气部分管路 进气管路主要包括空滤之前的引气管和连接空滤与发动机进气歧管的进气管路。

引气管对材料的耐热性能、力学性能要求都较低,一般采用塑料,常用的是 PP-T20、PP+EPDM、PP/PE、HDPE、TPV 等。

进气管路包括进气硬管和进气软管。连接发动机的一段一般采用硬管,该部分对材料的力学性能、耐热性能等有较高的要求,常采用 PA66-GF30 等。连接空滤的部分一般采用软管。进气软管除了输送气体外,还有减振、吸收声波等作用,一般做成波纹段和直管段。进气软管内有较大的负压,对材料的力学性能、耐热性能要高于引气管部分,常用的材料有 NBR+PVC、EPDM、PP+EPDM、TPV 等。进气部分的橡胶软管常用材料及高低温性能见表 3-2。

表 3-2 进气部分的橡胶软管常用材料及高低温性能

材料	低温/℃	高温/℃(长时间)	高温/℃(短时间)
NBR+PVC	-40	100	125
AEM	-40	160	175
ECO	-40	125	150
EPDM	-40	110	130

(2) 中冷管路 中冷管路一般重量较大。哈弗 H2 的中冷管路中,橡胶软管重约 2kg,金属管路重约 1.6kg。在汽车软管零件中,中冷管路用量占比是最大的。

中冷软管是汽车发动机中要求最为苛刻的橡胶零件之一。在材料耐高温、耐油、强度、压缩永久变形等方面,要求都比较高。

在耐高温方面,经过涡轮增压器后,压缩的空气温度急剧上升,一般超过 100℃,部分车型超过 200℃。因此,连接涡轮增压器与中冷器的管路就需要耐高温高热。普通的 NR、SBR、IR、BR 等,基本无法满足高温条件下的使用要求。

根据 ISO 17324—2014 中的分类,根据温度等工作环境,中冷软管分为三类,见表 3-3。

表 3-3 中冷软管分类

类型	工作温度	使用描述	最大工作压力[1]
A 型	-40~100℃	用于连接空滤和涡轮增压器,输送过滤后的常压空气	/

(续)

类型	工作温度	使用描述	最大工作压力[1]
B 型	$-40 \sim 250$℃[2]	用于连接涡轮增压器和中冷器,输送压缩的热空气	根据工作温度,压力分为 B1、B2、B3 三级
C 型	$-40 \sim 140$℃	用于连接中冷器和内燃机,输送压缩的冷空气	0.3MPa

[1] A 型软管位于空滤和涡轮增压器之间,工作时会产生负压。
[2] B 型软管根据最大工作温度,可分为 B1、B2、B3 三类。
注:B1:$-40 \sim 180$℃;B2:$-40 \sim 220$℃;B3:$-40 \sim 250$℃。

目前,国内的 B 型软管,基本是 B1、B2 型,欧洲车型由于和涡轮增压器系统的结构等有关,部分车型的压缩空气温度高于美、日及国内车型,所以 B3 型主要适用于欧洲车型。

除高温的要求外,经过中冷管路中还可能带入一些油气(包括燃油、机油等),因此,中冷管路还需有耐油的要求。

中冷管路的内层胶直接暴露在压缩的高温气体、油和酸的冷凝物中,通常中冷进气端的软管材料包括 ACM、AEM、FVMQ 和 FKM。由于内层的传热,或者软管回路靠近排气歧管或其他热的发动机部件,虽然软管中间层和覆盖层不直接与进气接触,但也还会受到影响。

涡轮增压系统不仅温度高,内部还有较大的压力,尤其是高温段管路承受的压力较高。虽然中冷软管一般都采用纤维增强的胶管,力学性能主要依靠增强纤维提供,但对橡胶本身的强度(撕裂强度、拉伸强度等)也有一定的要求。

一般情况下,中冷软管通过卡箍与金属件连接在一起。卡箍处橡胶应有较好的抗压缩永久变形能力,否则压缩永久变形过大,会导致卡箍松脱、胶管脱落等问题。

在低温方面,中冷胶管也有较高的要求,虽然中冷软管主要在高温环境下使用,但是在寒冷的北方,冬天起动时一般温度较低,如果橡胶的耐寒性能较差,胶管容易因低温变硬、变脆而出现撕裂、脱落、丧失减振功能等问题。

内外胶之间、内外胶与增强线之间的黏接性能也极其重要,该黏接性能与橡胶本身特性和橡胶配方有关,同时也与增强层的浸渍预处理方式、黏接剂的选用和黏接工艺过程等密切相关。

另外,橡胶软管应具有合适的硬度。硬度过高,胶管的刚度过大,无法起到减振的作用,而且装配困难、容易脱落;硬度过低,强度难以保证。

典型的中冷软管结构包括 ACM/ACM、AEM/AEM、FVMQ/VMQ 和 FKM/VMQ。AEM 和 ACM 是中冷软管最具性价比的材料,但仅限于长期耐热温度低于 180℃,短暂耐热温度不高于 200℃的使用环境。FKM(包括 FVMQ、FKM 等)属于性能成本的高端选择。FVMQ 在耐热性能方面稍低于 FKM,但 FVMQ 和 VMQ 之间的黏接性能优于 FKM。各层橡胶在高温下的黏接性能相当重要,FKM/VMQ 结构在高温下就容易丧失附着力。图 3-8 是中冷软管材料的选择与温度和成本之间的关系。

理论上讲,软管结构内层采用双酚 AF(BpAF)硫化的 FKM,中间层和覆盖层采用高

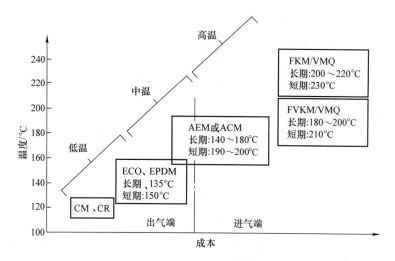

图 3-8 中冷软管材料的选择与温度和成本之间的关系

温 AEM 或 ACM 应该是有效的。对于选择 FKM/ACM 还是 FKM/AEM,需要考虑两个重要因素,即内层和中间层之间是否有足够的黏接力和 FKM 内层能否给予中间层足够的热保护。

GB/T 33381—2016 中不同类型的软管的典型材料规范如表 3-4 所示。

表 3-4 GB/T 33381—2016 中不同类型的软管的典型材料规范

序号	软管类型	内衬层	增强层	外覆层
1	A 型 C 型	EPDM	PET 线[1] PA 线[2] 钢丝	EPDM
		CM		CM
		CR		CR
		ECO		ECO
		AEM		AEM
		ACM		ACM
		VMQ		VMQ
2	B1 型	AEM	PET 线[1] AR 线[3]	AEM
		ACM		ACM
		VMQ		VMQ
3	B2 型 B3 型	FKM	AR 线	VMQ
		FVMQ		VMQ

[1] PET 线指聚酯纤维线。
[2] PA 线指尼龙纤维。
[3] AR 线芳纶纤维。

除橡胶材料外,TPC 也常用于 A 型和 C 型软管。

TPC 具有优良的加工性能、韧性和回弹性,另外,强度、耐溶剂、耐热性能均较好,不仅可以替代橡胶管路,还可以替代部分金属管。在保证性能的同时,还能降低零件重量,但它的减振降噪性能低于橡胶材料。

中冷管路软管常用软管结构、材料及高低温性能见表3-5。

表3-5 中冷管路常用软管结构、材料及高低温性能

类别	第1层	第2层	第3层	第4层	低温/℃	高温/℃（长时间）	高温/℃（短时间）
中冷软管	NBR	AR线	CR	—	-40	100	125
	CM	AR线	CM	—	-35	100	125
	ECO	AR线	ECO	—	-40	125	150
	ACM	AR线	ACM	—	-40	160	175
	AEM	AR线	AEM	—	-40	160	175
	HT-ACM[①]	AR线	HT-ACM	—	-40	175	190
	HT-AEM[②]	AR线	HT-AEM	—	-40	175	190
	VMQ	AR线	VMQ	—	-40	200	230
	FKM	VMQ	AR线	VMQ	-40	200	230
	ACM	网格布	ACM	—	-40	160	175
	VMQ	网格布	VMQ	—	-40	200	230
	FMVQ	网格布	VMQ	—	-40	200	230
	TPC	—	—	—	-40	125	150
进气软管	EPDM	—	—	—	-40	100	125
	TPV	—	—	—	-40	100	125
	TPC	—	—	—	-40	100	125

① HT-ACM 指高耐热性的 ACM。
② HT-AEM 指高耐热的 AEM。

3. 空气管路的标准

国内及国际上还没有专门的进气软管行业标准，国标 GB/T 24140—2009《内燃机空气和真空系统用橡胶软管和纯胶管规范》中的 B 型 3 级胶管，要求可适合 EPDM 进气软管。GB/T 24140—2009 等同采用 ISO 11424：1996（ISO 11424 最新标准是 2017 版）。

中冷软管行业标准有 GB/T 33381—2016 和 ISO 17324：2014《汽车涡轮增压器橡胶软管规范》。ISO 17324：2014 是我国橡胶行业主导制定的第一项国际标准，国标 GB/T 33381—2016 与 ISO 17324：2014 主要内容基本相同，表3-6 和表3-7 为 GB/T 33381—2016 中冷软管的材料和性能要求。

表3-6 GB/T 33381—2016 中冷软管的材料要求

	项目	性能要求	备注
热老化性能[①] GB/T 3512 168h	硬度变化（邵尔A硬度）	±10	试验温度： A型100℃； B1型180℃ B2型220℃ B3型250℃ C型140℃
	拉伸强度变化率（%）	±30	
	拉断伸长率变化率（%）	±40	

(续)

项目		性能要求	备注
耐油性能② GB/T 1690 1号油 70h	硬度变化（邵尔 A 硬度）	±10	试验温度： A 型 100℃ B 型 150℃ C 型 100℃
	拉伸强度变化率（%）	±30	
	拉断伸长率变化率（%）	±40	
	体积变化率（%）	±10	
脆性温度 GB/T 15256，-40℃		不破坏	
耐臭氧性能 GB/T 7762 $100×10^{-8}$，40℃，70h，拉伸20%		无龟裂	

① 样条规格为 GB/T 528 1 型。
② 耐油性能 A 型、C 型不适用于 EPDM；B2 型、B3 型内衬层采用 ASTM 3 号油。

表 3-7　GB/T 33381—2016 中冷软管的性能要求

项目		性能要求	备注
外观		无打折、气孔、杂物、损伤及划痕等缺陷	
耐真空性能 GB/T 5567—2013 方法 C	软管长度变化	0~5%	仅适用于 A 型
	软管外径变化	-8%~0%	
验证压力 GB/T 5563（最大工作压力的 2 倍时）		无泄漏、急剧扭曲或其他失效迹象	仅适用于 B 型、C 型
爆破压力 GB/T 5563		≥最大工作压力的 4 倍	仅适用于 B 型、C 型
粘合强度 GB/T 14905		≥1.0kN/m	
耐疲劳性能	试验后管路要求	无泄漏、龟裂和其他缺陷	
	试验后爆破压力	供需方商定	
	试验后粘合强度	供需方商定	
低温压扁性能 -40℃ ISO 28702		无龟裂、破裂或离层等异常	

目前，国内外部分主机厂主要的空气管路标准见表3-8。

表 3-8　国内外部分主机厂空气管路标准

序号	主机厂	标准号	标准名称
1	通用	GMW 14726	Hoses for Charge – Air cooler、Turbo Charger
2	大众	TL 52600	Charge Air Hoses for High – Performance TDI Engines Material Requirements
		TL 52486	增压空气软管用 AEM 材料
3	福特	WSD – M96D30 – A	Hose, AEM Rubber Reinforced, Low Pressure, Engine Oil
4	标致	B22 7110	增压进气管路
5	奇瑞	Q/SQR S3 – 4	进气软管性能要求
6	广汽	QJ/GAC 1210.85	中冷器 涡轮增压器连接软管技术要求

4. 部分车型空气管路用材

图3-9是哈弗H2车型空气管路示意图。

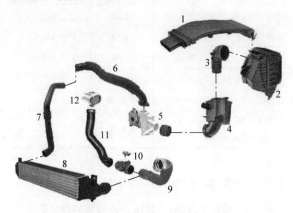

图3-9 哈弗H2空气管路示意图

零件1~4—进气　6~11—中冷部分　5—涡轮增压器　12—发动机系统

空气管路中各部分零件用材及重量如表3-9。

表3-9 哈弗H2空气管路用材

序号	零件	材料	重量	备注
1	引气管	PP-T20，EPDM	370g	主体材料是PP-T20
2	空滤	—	—	—
3	进气软管	NBR+PVC，PA6-GF30，AEM	300g	主体材料是 NBR+PVC
4	进气硬管	PA66-GF30	310g	—
5	涡轮增压器	—	—	—
6	中冷进气管1	金属	1650g	—
7	中冷进气管2	ACM	860g	—
8	中冷器	—	—	—
9	中冷出气管1	AEM	500g	—
10	中冷出气管2	PA66-GF30	160g	—
11	中冷出气管3	AEM	600g	—
12	发动机系统	—	—	—

几款典型车型进气管路和中冷管路的软管用材见表3-10。

表3-10 部分车型空气管路软管材料

管路 车型	引气管	进气软管	中冷进气软管	中冷出气软管
奥迪Q5	PP-T20，TPV	AEM	EPDM，AEM；AEM	EPDM，AEM；AEM
宝马3	PP-T20	PP-T20，TPV；TPC	ACM	TPC

(续)

管路\车型	引气管	进气软管	中冷进气软管	中冷出气软管
吉利博越	PP，PP-T20	NBR+PVC；AEM	—	一段：— 二段：FKM/VMQ
长城 H5	PP 类	ECO	AEM	AEM
长城 H6	PP；PP-T20；PP/PE	AEM	ACM	AEM
江淮 S5	PP-T20	ECO	—	—
起亚 K2	PP-T20；PP	—	ACM	ACM
观致 3	PP-T20	NBR+PVC	ACM	ACM
大众 CC	TPV	TPV	ACM	CM
大众途观	TPV	TPV	ACM	CM
沃尔沃 XC60	TPO/PP-T20	ECO	AEM	CR
别克 Encore	PP-T20	AEM	AEM	CR
凯迪拉克 ATS	PP-T20	EPDM	ACM	EPCM（零件标识上为 EPCM）
菲亚特菲翔	PP+EPDM	TPV	FVMQ/VMQ	CM，EPR
福特蒙迪欧	PP-T20，TPO	PP-T20，TPO	AEM	CR；CM；PP，PP-T20
奔驰 E 级	PP	PA6	AEM	CR

注：—指用材种类暂未知。

5. 空气管路的发展趋势

（1）TPE 替代金属或传统的橡胶　在进气软管、中冷出气软管段，采用 TPE 替代金属或传统的橡胶，可减少产品的重量，提高产品的生产效率。

目前，已经成熟应用的有 TPV、TPC 应用在进气软管，替代传统的橡胶管路；TPC 应用在中冷出气管，替代传统的橡胶及金属管路。

（2）涡轮增压器的普及将带动中冷管路的快速发展　目前并非所有的车型都有涡轮增压器，因此并不是所有的车型都有中冷管路。2017 年，各国家/地区涡轮增压器用量占比如图 3-10 所示。中国作为全球涡轮增压市场的领头羊，涡轮增压器在中国新销售车辆的渗透率将极大地提升，预计将从 2016 年的 31% 上升至 2021 年的 48% 左右。

据统计，2017 年全世界涡轮增压器产量在 350 万台左右，按每台所用的中冷软管 1.5kg 计算，则新车大约消耗橡胶 500t 左右。

（3）氟硅橡胶在中冷软管上的应用

随着涡轮增压发动机的发展，涡轮增压胶管承受的压力和温度越来越高。另外，前舱的布置越来越精致，空间越来越小，也会导致中冷软管环境温度的增高。在相当长的一段时间里，中冷进气管还将以耐高温的氟硅橡胶复合胶管为主（FKM 内层、芳纶增强层、硅橡胶外层），硅橡胶复合胶管在材料选择、结构设计、成型工艺、计算机模拟和试验研究等方面都将有新的进展。

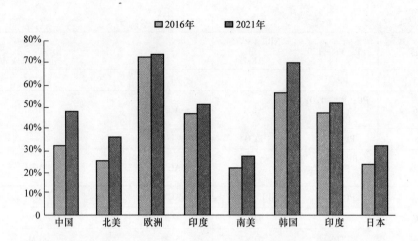

图3-10 2016年及2021年全球主要汽车市场车用涡轮增压器配置率情况

（4）电动车的发展对空气管路的影响　短期内随着涡轮增压器越来越普及，中冷管路需求量将快速上升，但随着车电动车的快速崛起，其用量将快速下降。

3.2.2 燃油管路

1. 燃油管路的分类与结构

燃油管路包括加油管路、发动机燃油输送管路（进油和回油）、燃油蒸发管路等。燃油管路示意图如图3-11所示。

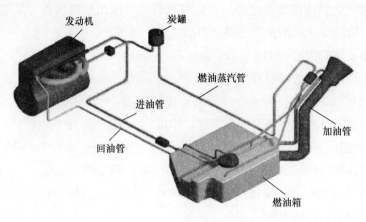

图3-11 燃油管路示意图

加油管路包括加油管和通气管。

进油管路：连接燃油箱出油口与发动机进油口之间的燃油管路；通常包括以下零件：进油软管、进油硬管（或PA管）、燃油滤清器总成、油水分离器总成（柴油机专用件，有时与燃油滤清器组合成一个零件）、紧固部件等。

回油管路：连接燃油箱回油口与发动机回油口之间的燃油管路；通常包括以下零件：回油软管、回油硬管（或 PA 管）、紧固部件等。

燃油蒸发管路：连接燃油箱蒸发管口与发动机炭罐电磁阀进口之间的管路；通常包括以下零件：油气软管、油气硬管（或 PA 管）、炭罐带软管总成、炭罐支架等。

燃油管路按材质可以分为金属管、塑料管和橡胶管。车用金属油管主要材料是钢管或铝管。塑料油管主要采用尼龙材料，如 PA6、PA11、PA12。

单层的尼龙管逐渐被淘汰，因为蒸发排放要求越来越严格，单层尼龙燃油管满足不了排放要求。数据显示，普通燃油试验单层管的蒸发污染是多层管的 27 倍，而针对 CE10（乙醇含量为 10% 的燃油）燃油单层管的蒸发污染是多层管的 850 倍。图 3-12 为常见的多层尼龙燃油管。

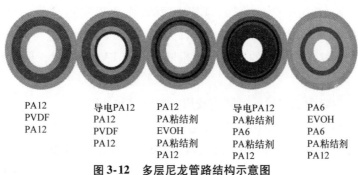

图 3-12　多层尼龙管路结构示意图

注：PVDF—偏氟乙烯，EVOH—乙烯醇，二者均为阻隔层材料。

橡胶燃油管主要由三层组成：内层、增强层和外覆层。在某些场合，这三层材料中的某一种可以省略或重复出现。

常见的 4 种橡胶燃油管结构见表 3-11。

表 3-11　常见的 4 种橡胶燃油管结构

序号	结构示意图	结构说明	备注
1		外胶 + 内胶	没有增强层
2		外胶 + 增强层 + 阻隔层 + 内胶	内层由两种胶层构成
3		外胶 + 内胶 + 阻隔层 + 内胶	没有增强层；内层由三种胶层构成

(续)

序号	结构示意图	结构说明	备注
4		外胶＋增强层＋内胶＋阻隔层＋内胶	内层由三种胶层构成

2. 燃油软管材料选用

对于尼龙燃油管而言，常用尼龙材料为 PA6、PA12，阻隔层材料主要为 EVOH。

PA6 材料和 EVOH 之间有极好的黏性，因此之间不需要单独的黏接层。PA12 耐燃油性能极佳，但和 EVOH 黏接性能较差，因此需要一层单独的黏接剂。

EVOH 的化学全称是乙烯－乙烯醇共聚物，其分子结构的一端是乙烯，另一端是乙烯醇。早在 20 世纪 90 年代中期的美国，EVOH 就被作为阻隔用在塑料油箱上。近年来，EVOH 被视为针对 CE10 的性价比最好的阻隔材料。乙烯醇的含量越高，EVOH 对含有乙烯醇燃料的阻隔性能越好，但较高的乙烯醇含量同时会使 EVOH 变脆，导致其对湿气的阻隔性变差。

橡胶燃油管，主要为三层软管，即内胶层，增强层和外覆层。

（1）内胶层 内胶层常用 NBR。NBR 是强极性橡胶，在通用橡胶中，具有最好的耐油腐蚀、阻隔等性能。NBR 的耐油性能可以通过调节丙烯腈的含量来实现。柴油、汽油、乙醇汽油对 NBR 的腐蚀性依次增加，此时，NBR 中的丙烯腈含量也需依次增加。对汽油来说，NBR 中的丙烯腈含量 40% 足够，而对乙醇汽油，丙烯腈的含量就要达到 45% 左右才能保持较好的耐腐蚀性能。

HNBR 也可用于燃油软管内层，相对于 NBR 来说，HNBR 在耐腐蚀、耐老化、耐高温等方面有很大的改善，但阻隔性能并无明显的提升。HNBR 价格较贵，性价比低，这是制约其使用的最重要原因。

ECO 也是燃油管内胶的常用材料，与 NBR 相比，ECO 耐老化性能更出色，其耐油性能和 NBR 相当，但价格贵，性价比低。汽车采用电喷发动机后，燃料系统压力比通常的发动机提高了 10 倍左右，不仅是发动机本身温度升高，也使其周围的环境温度升高。此外，燃油成分中添加了氧化化合物，就使燃油系统表现出高温化、酸化（酸性汽油）和高压化，另外，燃油蒸发排放的法规要求越来越严，也对橡胶软管的耐渗透性能提出了更高的要求。NBR 和 ECO 在耐高温、耐酸性汽油、低渗透性等方面与 KFM 还有较大的差异。ECO 最突出的优点是耐臭氧和耐渗透性好，一般在燃油管中绝大部分是作为中胶层和外覆层，极少作为内层胶来使用。特别是在国五排放标准全面执行国六也即将执行的情况下，NBR 和 ECO 都极少作为内胶层使用了，除非在加油口软管等长期与燃油接触较少的管路。

NBR+PVC（NBR 与 PVC 的共混胶料）也有用于燃油软管内胶，但其耐燃油性能相对较差，主要用于蒸汽软管。

FKM 是目前耐燃油性能最好的橡胶材料之一，因此常用于燃油软管内衬。FKM 中氟含量越高，耐燃油性能越好，如要满足国六排放标准要求，胶管内衬层使用的 FKM 的氟含量必须要达到 70% 以上，且胶层厚度也要适当增加。

（2）增强层　不同的燃油软管，工作过程中需要承受的内部压力不同，为了提高纯胶管的耐压、拉伸、弯曲、扭转等机械应力，同时也为了获得更好的冲击性能，往往会采用增强层。为了提高层与层之间的结合力，编织层需通过浸渍的方法进行化学处理。

（3）外覆层　为了保护内部的增强层，胶管一般都加有外覆层。这类橡胶层能抵抗外界的物理冲击及化学物质的侵蚀，要具备耐候性、耐臭氧性、耐磨、耐冲击、阻燃及抵抗燃油侵蚀等能力。目前燃油软管外覆层常用 CR、CSM、CM、ECO、AEM 等耐老化性能较好的橡胶。

常用燃油管路结构、材料及高低温性能见表 3-12。

表 3-12　常用燃油管路结构、材料及高低温性能

第1层	第2层	第3层	第4层	第5层	低温/℃	高温/℃（长时间）	高温/℃（短时间）
NBR + PVC	—	—	—	—	-40	100	125
ECO	—	—	—	—	-40	125	150
FKM	ECO	—	—	—	-40	125	150
FKM	AEM	—	—	—	-40	160	175
NBR	AR 线	CR	—	—	-40	100	125
FKM	ECO	AR 线	ECO	—	-40	125	150
F - TPV(THV)	ECO	AR 线	ECO	—	-40	125	150
FKM	ECO	AR 线	AEM	—	-40	160	175
FKM	AEM	AR 线	AEM	—	-40	160	175
FKM	F - TPV(THV)	ECO	AR 线	AEM（ECO）	-40	160	175
PA11	—	—	—	—	-40	125	150
PA12	—	—	—	—	-40	125	150
PA612	—	—	—	—	-40	150	170
ETFE	PA12	—	—	—	-40	125	150
PA6	PVDF	PA12	—	—	-40	125	150
PA6	EVOH	TIE	PA12	—	-40	125	150
PA6	EVOH	PA6	TIE	PA12	-40	125	150
PA12	TIE	EVOH	TIE	PA12	-40	125	150

3. 燃油软管的标准

目前，国内燃油管的标准比较多，其中胶管标准主要有 GB/T 24141、HG/T 3042、HG/T 3665，塑料尼龙管标准有 GB/T 20462、QC/T 798、QC/T 1043。

国内燃油管标准与对应的国际燃油管标准关系见表 3-13。

表 3-13　国内燃油管标准与对应的国际燃油管标准关系

序号	国内主要标准	对应/参考的国外行业标准	国内标准与国际标准关系	适用软管类型
1	GB/T 24141.1—2009	ISO 19013—1：2005	等同	橡胶软管
2	GB/T 24141.2—2009	ISO 19013—2：2005	等同	橡胶软管
3	HG/T 3042—1989	ISO 4639—1：1987	等同	橡胶软管
4	HG/T 3665—2000	ISO 4639—2：1995 ISO 4639—2：1995	等同	橡胶软管

(续)

序号	国内主要标准	对应/参考的国外行业标准	国内标准与国际标准关系	适用软管类型
5	GB/T 20462.2—2006	ISO 13775—2：2000	等同	塑料管
6	QC/T 798—2008	SAE J2260—2004	参考	塑料管
7	QC/T 1043—2016	DIN 73378—1996 SAE J2045—2012	参考，非等效	尼龙管

QC/T 798—2008 规定了单层或多层塑料尼龙管的技术要求试验方法等，具体要求见表3-14。

表3-14 QC/T 798—2008 中规定的尼龙管技术要求比较

序号	试验项目		技术要求
1	爆破压力	室温	≥系统内最大压力的8倍
		暴露后	—
		高温	≥系统内最大压力的3倍
2	弯曲性能	最小弯曲半径	符合 QC/T 798—2008 表2 的要求
		抗弯曲变形	钢球自由通过
		弯曲后爆破压力	≥系统内设计工作压力的8倍
3	耐氧化锌	外观	无裂纹
		爆破压力	≥室温爆破压力的75%
4	低温冲击	外观	无裂纹
		爆破压力	≥室温爆破压力的75%
5	耐渗透性	渗透率	OD[①] ≤10mm 时，≤0.05g/(m²·d) OD 为 10~18mm 时，≤0.05g/(m²·d)
		长度变化率	±1%
		爆破压力	≥系统内最大压力的8倍
6	屈服应力	挤出方向	≥24N/mm²
		垂直方向	≥25N/mm²
	断裂伸长率	挤出方向	≥170%
		垂直方向	≥170%
7	耐燃油性能	外观	表面无裂纹
		低温冲击	表面无裂纹
		爆破压力	≥室温爆破压力的75%
		屈服强度	≥20N/mm²（挤出方向）
		拉断伸长率	≥150%（挤出方向）
8	层间粘附	初始粘附力	层与层之间无明显分层
		耐燃油试验后	剪切区域层与层之间无明显分层

① OD 指管路的公称直径。

GB/T 24141.2—2009 规定了橡胶软管和纯胶管的性能要求，具体要求见表3-15。

表 3-15　GB/T 24141.2—2009 中橡胶软管和纯胶管的性能要求

序号	试验项目		要求
1	爆破压力 GB/T 5633	1 级	A 型：≥3.0MPa
		2 级	B 型：≥1.2MPa
		3 级	
		4 级	≥0.5MPa
		耐燃油后	≥室温爆破压力的 75%
2	低温曲挠性 GB/T 5564	外观	无龟裂
		爆破压力	满足序号 1 中的爆破压力
3	清洁度		不溶性杂质≤5g/g/m²；燃油可溶物≤3g/g/m²
4	蜡状萃取物		≤2.5g/m²
5	抗撕裂强度（纯胶管）		≤4.5kN/m
6	耐臭氧 GB/T 24134 50mPa，70h，40℃，20%		无龟裂
7	热氧老化后性能 ISO 188	粘合强度	≥1.5kN/m
		低温曲挠性能	外观无龟裂，满足序号 1 中爆破压力
		耐臭氧	无龟裂
8	耐机油表面污染 GB/T 1690	粘合强度	≥1.5kN/m
		低温曲挠性能	外观无龟裂，满足序号 1 中爆破压力
		耐臭氧	无龟裂
9	耐非石油液压流体表面污染	粘合强度	≥1.5kN/m
		低温曲挠性能	外观无龟裂，满足序号 1 中爆破压力
		耐臭氧	无龟裂
10	耐折曲性能 GB/T 5565		最大变形系数≤0.7（公称直径≤16mm）
11	耐负压性能 GB/T 5567		钢球自由通过
12	耐燃油性能 SAE J2260	粘合强度	≥1.5kN/m
		低温曲挠性能	外观无龟裂，满足序号 1 中爆破压力
		耐臭氧	无龟裂
		耐折曲性能	最大变形系数≤0.7（公称直径≤16mm）
		耐折曲性能	钢球自由通过
13	耐烧穿性能 SAE J2027		60s 火焰燃烧而无压力损失
14	循环燃油渗透速率 SAE J1737		≤60g/(m²·d)
15	电阻率 GB/T 9572		≤10MΩ
16	铜腐蚀和结晶盐形成		≤1 级；铜条、内衬材料或试管底部不应形成结晶物质
17	寿命周期试验	粘合强度	≥1.5kN/m
		低温曲挠性能	外观无龟裂，满足序号 1 中爆破压力
		耐臭氧	无龟裂
18	层间粘附 GB/T 14905		1.5kN/m

国内部分主机厂的燃油软管标准见表3-16。

表3-16 国内部分主机厂的燃油软管标准

序号	主机厂	标准号	标准名称
1	通用	GM 213M	Low Permeation Fuel Lines: Multilayered Construction
2	大众	TL 52435	燃油管 多层管材料要求
3	丰田	TSE 3750G	燃油软管标准（橡胶材料、软管总成性能）
4	福特	FORD ESA－M2D50－A	HOSE, REINFORCED RUBBER－FUEL LINE
		FORD ESE－M2D286－A	HOSE, REINFORCED RUBBER－FUEL LINE
		FORD ESL－M2D291－A1	HOSE, REINFORCED RUBBER－FUEL LINE
		FORD ESL－M2D291－A2	HOSE, REINFORCED RUBBER－FUEL LINE
		FORD ESA－M96D19－A	HOSE, REINFORCED RUBBER－FUEL RESISTANT
5	标致	B22 0210	汽油或柴油燃油管路
6	长城	Q/CC JT095	汽车用燃油软管技术条件
7	奇瑞	Q/SQR S3－10	多点电控燃油喷射系统燃油软管 Q/SQR
		Q/SQR S3－32	普通燃油橡胶软管技术条件
		Q/SQR S3－26	多层燃油输送系统管路总成
		Q/SQR S3－23	甲醇燃油喷射系统燃油软管

4. 部分车型燃油管路用材

图3-13为奇瑞艾瑞泽5燃油系统管路结构示意图。

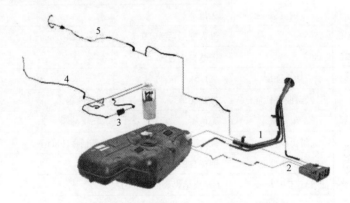

图3-13 奇瑞艾瑞泽5燃油管路系统示意图
1—加油管 2—炭罐吸附软管 3—燃油软管及回油软管
4—进油管 5—尼龙通气管及进炭罐控制阀软管

几款车型用材情况如表3-17所示。

表 3-17 部分车型燃油管路用材

序号	零件	雪佛兰赛欧	福特蒙迪欧	广汽GS4	奇瑞艾瑞泽5	吉利帝豪	吉利博瑞	长城H2	江淮S5
1	加油管	PA12	金属管	金属管	金属管	PA12	塑料管	HDPE	塑料管
1	加油通气管	PA12	橡胶管	NBR+PVC	金属管	PA12-HIPHL②	橡胶管	FKM/ECO	塑料管
2	炭罐吸附软管	PA12-EVOH-PA12	PA12, ETFE	金属管	PA12-EVOH-PA12	PA12-HIPHL	PA12-HIPHL	PA6/EVOH/PA6/PA12	PA11-P210TL
3	进滤清器燃油软管及回油软管	PA12-EVOH-PA12	PA12-C, EVOH	PA12-EVOH-PA12	NBR/CSM	NBR/CR		PA12-EVOH-PA12	NBR/CSM
				NBR+PVC		PA12	塑料管	NBR+PVC	
4	进油管1	金属管	PA12, HIPHL	TPE/PA12-EVOH-PA12①	PA12-EVOH-PA12	PA12	PA12-EVOH-PA12	PA6/EVOH-PA12-P	PA12-EVOH-PA12
4	进油管2	塑料管	塑料管+金属管	PA12-EVOH-PA12	PA12-EVOH-PA12	铝管		FKM/ECO	PA12-EVOH-PA12
5	尼龙通气管	金属管		TPE/PA12-EVOH-PA12	PA12-EVOH-PA12	PA12	PA12-EVOH-PA12	PA6/EVOH-PA12-P	PA12-EVOH-PA12
5	进炭罐控制阀软管	塑料管	塑料管+金属管	PA12-EVOH-PA12	PA12-EVOH-PA12			FKM/ECO	PA12

① TPE/PA12-EVOH-PA12：五层尼龙管，表面TPE护套。
② PA12-HIPHL 是指 DIN 73378 中含有增塑剂、用于挤压、光照老化稳定、热老化稳定、韧性限制类的 PA12。

（1）加油管和加油通气管　加油管和加油通气管通常连在一起，目前主要以金属和塑料为主，塑料加油管是吹塑成型，主要以 PA12 和 HDPE 材料为主，也有使用 PA6、PA66 等材料的。

大部分车型加油管在和油箱连接的地方有一小段橡胶软管，该管路用材各异，目前国内在售车型使用材料有 NBR + PVC、NBR/CSM、FKM/ECO、NBR + PVC/FKM、NBR/THV/NBR/KV/CM 等。由于美国燃油排放法规较严，因此美系车型的橡胶管路对燃油排放渗透性要求也相对较高，如雪佛兰 AVEO、TRAX 等，该段橡胶管就是 NBR/THV/NBR/KV/CM 材料，日韩、国内自主的车型多是采用双层胶管。

（2）炭罐吸附软管

炭罐吸附软管目前主要以塑料软管和橡胶软管为主。橡胶软管主要采用双层软管 NBR/CSM、FKM/ECO，也有使用 NBR + PVC、ECO 等材料的单层管。塑料软管主要是 PA6、PA11、PA12 等单层或多层软管。

（3）进滤清器燃油软管及回油软管　该管路多采用多层尼龙软管，少数采用单层尼龙管、金属管或部分橡胶软管。

（4）进油管　主进油管部分，主要采用多层尼龙管，少数采用金属管路或单层尼龙管。部分车型温度较高时，在尼龙管表面套一个橡胶或 TPE 软管。如丰田凯美瑞、卡罗拉、威驰、雅力士、汉兰达等尼龙管表面套一层 EPDM 护套管，广汽 GS4 表面套一层 TPE 护套管。丰田 VIOS 燃油输送管如图 3-14 所示。

图 3-14　丰田 VIOS 燃油输送管（发动机端）

（5）通气管和炭罐控制阀管路　通气管目前主要以尼龙材料为主，多数是以 PA12、PA6 为主的多层软管，少数采用单层尼龙管。

进入炭罐控制阀的管路，多为尼龙管，小部分有一段橡胶管路，橡胶软管主要采用双层软管 NBR/CSM、FKM/ECO，也有使用 NBR + PVC、ECO 等材料的单层管。

5. 燃油软管的发展趋势

（1）生物燃油的发展对燃油软管的影响　汽油、柴油是最为传统的车用燃油，随着地球能源资源的快速枯竭，催生了生物燃油的发展。目前，美国、欧盟各国、巴西、印度等国纷纷制定规划，积极发展生物燃料。

乙醇汽油是最主要的车用生物燃料。巴西是世界上唯一只销售乙醇汽油和纯酒精燃料而不销售普通汽油的国家。目前，我国辽宁、吉林、黑龙江、河南、安徽和广西 6 个省为"全封闭式"推广，原则上以上 6 省所有加油站全部提供乙醇汽油（乙醇含量 10%），不得混杂普通汽油；而江苏、湖北、河北、山东和广东5个省份则是"半封闭式"推广。

乙醇在燃烧过程中会产生乙酸，从而呈酸性。乙醇是一种优良溶剂，易对汽车的密封橡胶及其他合成非金属材料产生轻微的腐蚀、溶胀、软化或龟裂作用。

乙醇含量不同，对橡胶性能的影响不同。

生物燃油对FKM的渗透更大。试验表明，10%~40%的乙醇汽油对传统的二元FKM渗透性最大，约为纯汽油的6~7倍。高氟含量的橡胶对甲醇、乙醇等醇类物质有良好的抗耐性。近几年，为提高橡胶的耐生物燃油渗透性，传统的二元FKM逐渐向氟含量更高的三元FKM发展。乙醇燃油对不同氟含量的FKM渗透性能影响如图3-15所示。

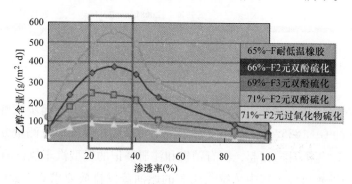

图3-15 乙醇燃油对不同氟含量的FKM渗透性能影响（见彩插）

NBR主要用于加油软管、燃油蒸发软管、真空管等的内胶层以及一些密封圈。图3-14为NBR等橡胶的耐燃油后的体积变化性能，可以看出，生物燃油（乙醇含量约10%~40%）对橡胶的性能影响较大。ECO和CO橡胶相对膨胀较小，所以很多燃油软管的内层材料采用ECO或CO替代NBR橡胶。提高NBR中丙烯腈含量，也可以提高其耐生物燃油的性能，但低温性能随之大幅降低。几种橡胶耐乙醇汽油体积膨胀率见图3-16。

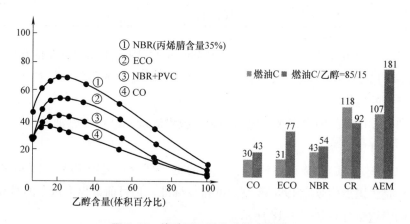

图3-16 橡胶耐乙醇汽油体积膨胀率

（2）排放法规对燃油软管的影响 2016年9月，美国环保署（EPA）和加利福尼亚州空气资源委员会（CARB）宣布对大众集团发起调查，要求其召回48.2万辆车，包括2009

年至 2015 年之间生产的柴油版车型的高尔夫、捷达、甲壳虫以及 2014—2015 年之间生产的帕萨特。同时，大众将面临每辆车 37500 美元、总金额高达 180 亿美元以上的罚款。美国、欧洲、中国排放法规发展阶段见图 3-17。

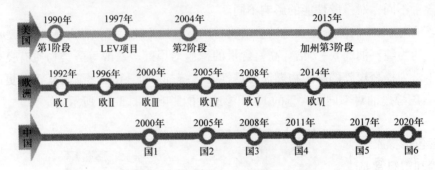

图 3-17 美国、欧洲、中国排放法规

汽车工业是温室气体排放大户，我国对整车的排放法规要求起步较晚，但发展较快。2016 年 12 月发布的 GB 18352.6—2016《轻型汽车污染物排放限值及测量方法》（中国第六阶段），要求自 2020 年 7 月 1 日起，所有销售和注册登记的轻型汽车执行国六标准，该法规被称为史上最严的排放法规，其中传统乘用车的燃油蒸发排放要求 0.7 g/test，高于欧盟的欧Ⅵ要求（2.0g/test），国五与国六排放要求见表 3-18。

表 3-18 国五和国六排放要求

		测试质量（TM）/kg	排放限值/（g/test）	
			国五	国六
第一类车	—	全部	2.0	0.70
第二类车	Ⅰ	TM≤1305		0.70
	Ⅱ	1305≤TM≤1760		0.90
	Ⅲ	1760＜TM		1.20

GB 18352.6—2016 中推荐的劣化系数为 0.06g/test，因此实际的蒸发排放目标为 0.64g/test，目前车辆的蒸发污染物排放普遍在 1.5g/test 左右。国六的蒸发污染物将对燃油系统的开发是一个极大的挑战。

影响燃油蒸发排放的因素很多，包括炭罐、脱附流量、燃料（燃油质量）、油箱材质和容积及材质、油管材质等。

燃油管的渗透，是影响整车燃油蒸发排放的重要部分。美国 PZEV（Partial Zero Emission Vehicle）是美国加州政府 1998 年制定的排放标准，是目前世界上汽车的最高环保标准，该标准要求的渗透量分解如图 3-18 所示。

美国 PZEV 标准要求燃油管的渗透量为 7mg，其中，接头渗透量占 30%，约 2mg，管路渗透量占 70%，约 5mg。

国内蒸发污染物排放还没有详细地分解到各具体零件，因此没有管路渗透量的分解

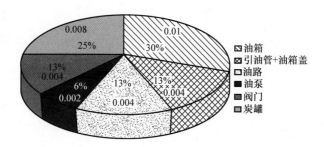

图 3-18 美国 PZEV 渗透量分解

数据。

燃油管包括橡胶燃油管、塑料管和金属管。金属管属于零排放管路,目前,管路的排放主要是橡胶和塑料管。

通用橡胶中,NBR 有着极好的耐燃油性能,但其燃油渗透性与 FKM 相比,有较大的差异。常见的几种橡胶的耐燃油渗透量比较图见图 3-19。

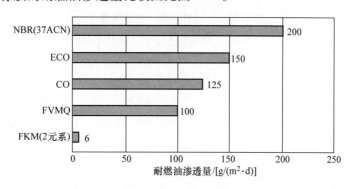

图 3-19 几种耐油橡胶的耐燃油渗透量

相对于橡胶材料而言,热塑性塑料的耐燃油渗透性更优,因此,随着燃油蒸发排放的法规越来越严,采用热塑性塑料阻隔层已经是目前的发展趋势。现常用的热塑性阻隔层材料有 THV(四氟乙烯 TFE、六氟丙烯 HFP 与偏氟乙烯 VDF 的共聚物)、PVDF 等。常见的塑料树脂耐燃油渗透性见图 3-20。

由于排放法规越来越严,燃油软管逐渐由单层管向多层管、橡胶管到塑料管/金属管转变。燃油管也逐渐由无阻隔层到低渗透橡胶阻隔层,再到塑料树脂阻隔层转变。

(3) 导电性对燃油管路的影响 汽车在加油及行驶过程中,燃油在车辆管路、油箱等零件内的流动会产生静电,静电累积到一定的时候,就可能出现火花放电等现象。静电形成主要分为四个过程:电荷分离、点火迁移、电荷积集和电荷消散,表 3-19 是 SAE J1645-2006 中对燃油分配系统过程中各种主要零部件对静电的贡献度。

为减少电荷的积聚,美国对燃油系统的材料有相应的电学性能相关的要求。SAE J1645—2006 中要求燃油系统的多层管道最内层应为导体,并连接到其他燃油系统的导电元件上。国内对此并无相关的标准或法规要求,也未发现因静电释放问题导致的自燃等现象,

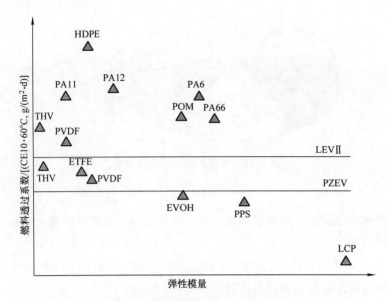

图 3-20 不同材料的耐燃油渗透率

注：燃料透过系数为在 CE10，60℃ 条件下测得。

且内层为导体的软管会使成本上升，因此国内车型暂无应用导电软管的推动力。

表 3-19 燃油分配系统中燃油系统零部件对静电的贡献度

电荷过程	燃油箱	燃油泵	燃油管和接管导电	燃油管和接管消散	燃油管和接管绝缘	燃油过滤器导电	燃油过滤器消散	燃油过滤器绝缘	燃油导轨	压力调节器
分离	-	大	小到中等	小到中等	小到中等	较大	较大	较大	-	中等
迁移	-	中等	大	大	大	中等	中等	中等	小	中等
积聚	中等	小	-		小	中等	小	较大	小	小
消散	大	小	中等	中等到小	小	中等	小	小	中等	

美国在燃油系统的静电研究方面一直走在技术前沿，我国的标准、试验方法等基本上都是参考美国 SAE J2260—2004 中要求的软管电阻小于 $10^6\,\Omega$。目前，行业内一般认为软管电阻小于 $10^6\,\Omega$ 时，就能防止静电导致的爆炸或燃烧，GB/T 9572—2013 中要求燃油软管电阻为 $\leq 10^7\,\Omega$，属于防静电级，该标准对软管的结构及导电性能的描述如表 3-20 所示。

表 3-20 GB/T 9572—2013 中软管的结构及导电性能的要求

结构	术语	电阻范围
至少带有两条可弯曲金属电连接电线（带或不带螺旋）（M 型）	电连接（M 型）	每根组合件 < $10^2\,\Omega$（软管接头之间）
铺放导静电橡胶或塑料层（Ω 型）	导静电（Ω - L 级、Ω - C 级、Ω - CL 级）	每根组合件 < $10^6\,\Omega$（软管接头之间）
	防静电	每根组合件 $10^3 \sim 10^8\,\Omega$

(续)

结构	术语	电阻范围
通过可弯曲电连接电线（一般焊接在软管接头和螺旋线上）与两个软管接头连接的金属螺旋线	连续导电电连接	每根组合件 $< 10^2\,\Omega$（软管接头之间）
软管接头与金属螺旋线或与导静电橡胶或塑料层之间绝缘	非连续导电	每根组合件 $> 2.5 \times 10^4\,\Omega$
铺放非金属螺旋线和非导电橡胶或塑料层，如有必要，软管接头与经特殊配合的橡胶层绝缘	绝缘	每根组合件 $> 10^8\,\Omega$

注：Ω-L级：导静电内衬层；Ω-C级：导静电外覆层 $10^7\,\Omega$；Ω-CL级 导静电外覆盖层和内衬层。

目前，美国企业制造的燃油管，内层一般选用导电材料，欧洲、我国企业等对此没有相应的要求。近两年，国内一些车型也已经开始采用导电的尼龙软管。

国内也有多种内层导电的 Ω-L 级燃油胶管专利的报道，如专利 CN204986051U 介绍了一种多层释放静电低渗透燃油管道，其由里向外是由乙烯-四氟乙烯共聚物形成的导电阻隔层、由乙烯和四氟乙烯共聚物形成的粘合层、由 PA12 形成的外结构层。该结构不仅有极好的低渗透性能、耐乙醇燃油性能，还有良好的导电性能。专利 CN102072368A 介绍了一种用于传输燃油的抗静电汽车用多层管，其特征是采用五层复合结构，从内而外的结构物依次为：聚酰胺 612 外层、粘合层、阻隔层、粘合层、导电聚酰胺 12 内层。

(4) 电动车的发展对燃油软管的影响　电动车是未来的发展方向，电动车的发展将最终取代传统燃油车，传统的燃油管路也将随着电动车的发展而逐渐取消。

(5) 管路多层化的趋势　传统的单层燃油管路逐渐满足不了蒸发污染物排放的要求，而逐渐向多层燃油管路（燃油管路中间增加阻隔层）转变，特别是单层 NBR+PVC、ECO 软管将逐渐被淘汰。

目前，欧洲主要采用四层的尼龙管，欧美、我国基本采用五层尼龙管。

3.2.3 制动管路

1. 制动管路的分类与结构

制动系统管路包括液压制动管路和制动真空管。图 3-21 为液压制动管路示意图。

液压制动管路主要有金属管和高压软管（橡胶管）组成，以金属管路为主，一般总长度超过 10m，高压软管只占其中的一小部分。液压制动管路示意图如图 3-21 所示。

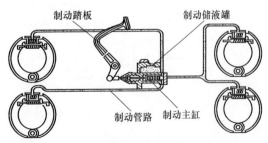

图 3-21　液压制动管路示意图

高压软管安装在车身底部，并在苛刻的屈挠条件下使用。踩踏制动踏板，制动力通过高压软管，将制动液压力传递到车轮上，因而高压软管不仅需要经久耐用，还必须柔软并富有屈挠性以利于吸收振动。另外，它还不断地受到潮湿、高压、反复的弯曲和扭转作用的考验。正是因其工作环境的苛刻性,所以它必须具备相当高的抗疲劳性能和低压缩永久变形性能。

为确保良好的柔性、屈挠性、抗疲劳性等,目前高压软管主要采用五层结构,由内到外分别是内胶层、增强层、中胶层、增强层和外覆层,高压软管结构示意图如图3-22所示。

图3-22 高压软管结构示意图

高压软管各层的材料如表3-21所示。

表3-21 高压软管各层常用材料

结构	材料	备注
内胶层	EPDM、NR、SBR、NBR	以EPDM为主
第一增强层	PET、PVA	
中胶层	EPDM、NR	以EPDM为主
第二增强层	PET、PVA	
外覆层	EPDM	

另外,刘世平在《国外胶管新产品介绍》中介绍了一种热固性树脂替代中胶层的双层增强层高压软管结构。该软管省去了中间胶层,省去涂溶剂型黏接剂工序,有利于环保,节省了材料,降低了生产成本,还可解决传统胶管编织层之间的滑移问题。该双层增强层高压软管结构示意图如图3-23a所示,生产工艺如图3-23b所示。

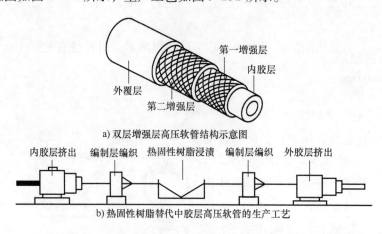

图3-23 热固性树脂替代中胶层高压软管结构及生产工艺

制动真空管是连接真空助力器与真空泵之间的管路(如果没有真空泵,就直接和发动机硬管连接),通过单向阀的开启和关闭,将来自于进气系统的负压传递至真空助力器,提高制动力。制动真空管路示意图如图3-24所示。

真空管的塑料管一般均为单层结构,而真空管部分的低压胶管,主要是采用三层结构,即内外覆层、中间的纤维增强层及外覆层，目前，纤维增强层主要是以芳纶线（AR线）为主。

2. 制动系统管路材料选用

（1）液压制动管路的选材　高压软管属于3C法规认证产品，其主要作用是在汽车制动过程中传递制动介质，保证作用力传递到汽车制动蹄或制动钳产生制动力，从而使制动随时有效。

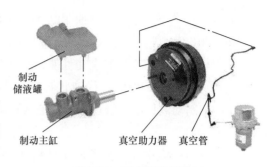

图3-24　真空管路示意图

软管内部输送的介质是制动液，橡胶和制动液的相容性是高压软管选材最主要的影响因素。

目前，汽车主要采用DOT4制动液。根据FMVSS标准可分为DOT1、DOT2、DOT3、DOT4和DOT5，DOT1和DOT2已经被淘汰，其中DOT3级别较低，主要适用微型汽车或商业客车，目前使用的车型不多，DOT5是特种车辆使用的制动液。目前，全球主要采用DOT4制动液。

DOT3一般为醇醚型：醇醚型的化学成分为低聚乙二醇或丙二醇，低聚乙二醇或丙二醇具有较强的亲水性，在使用或储存的过程中，其含水量会逐渐增高。

DOT4一般为酯型：酯型是在醇醚型的基础上添加大量的硼酸酯，硼酸酯是由低聚乙二醇或丙二醇通过和硼酸的酯化反应而成，硼酸酯的沸点比低聚乙二醇或丙二醇更高，所以其制动性能更好，硼酸酯还具有较强的抗湿能力，它能分解所吸收的水分，从而减缓了由于吸水而导致的沸点下降，所以酯型性能比醇醚型更好。

DOT5一般为硅油型：其采用高成本的硅油基础油提炼而成，其抗高温和不易吸水的能力都比较强，可以承受比较强的制动。

除FMVSS的制动液分类外，SAE、ISO、GB等标准对制动液也有相应的分类。其中，影响最大的是FMVSS标准，其次是SAE标准。几种标准制动液的分类见表3-22。

表3-22　几种标准中制动液的分类

	醇醚型	酯型	硅油型
沸点要求	≥205℃	≥230℃	≥260℃
FMVSS No 116	DOT3	DOT4	DOT5
GB 12981	HZY3	HZY4	HZY5
SAE	J1703	J1704	J1705
ISO 4925	等级3	等级4	等级5.1

制动系统关乎整车的安全，制动液作为传递制动力的介质，需要极好的质量稳定性。橡胶和制动液的相容性，是影响制动液性能的重要影响因素。

DOT3和DOT4均是乙二醇或石油基磷酸酯系列等油类，属于极性油，故非极性橡胶对其都具有较好的抗耐性，如EPDM、NR、SBR等。EPDM在耐老化、耐热、耐臭氧等综合性能方面，远优于NR、SBR等，所以目前制动系统橡胶软管主要采用EPDM材料。

以前在一些客车、小轿车上使用的 NBR/CR，现在已被 EPDM 替代，目前部分汽车上使用的 SBR、NR/CR 制动软管也逐渐被 EPDM 替代。

为获得较好的压缩变形和老化性能，EPDM 内胶层采用过氧化物硫化，同时少用或不用软化剂，也可用液体 EPDM 替代液状石蜡作为软化剂。采用液状石蜡作为软化剂的 EPDM 内胶和 DOT4 制动液长期接触过程中，液状石蜡被抽出导致胶管体积变小，而抽出的液状石蜡又污染制动液。

在一些文献研究中，分析了尼龙材料（PA11）替代钢管在气动制动管路上的应用可行性。文章提到验证证明，尼龙管满足制动管路的使用要求，且在宝马、沃尔沃等汽车上有应用。王佩山在文献中指出尼龙材料不适合制造液压制动软管，主要是：1）尼龙材料为热塑性材料，在高温高压下会产生不可恢复的热塑性变形。2）尼龙材料在高温高压下易与制动液相溶，致使制动液出现悬浮物、沉淀物等。从市场应用来看，国内乘用车液压制动系统上未发现尼龙材质制动管路的应用案例。

（2）制动真空管的选材　制动真空管主要由塑料管和橡胶管组成，日韩部分车型是由金属管和橡胶管组成。塑料管路主要是单层尼龙管，目前常用的有 PA11、PA12、PA610、PA612、PA1010 等。

真空管内为负压，可能会将发动机内的油气等吸入（特别是直接和发动机硬管连接时），所以制动真空管内胶材料一般需要一定的耐油性能，单层或多层管主要由耐油性能较好的 NBR + PVC、NBR/CR、ECO、AEM 材料制成。但也有部分车型采用不耐油的 EPDM 软管，如日产 X – trail、腾势 EV、凯迪拉克 ATS 等。从可靠性上讲，建议传统燃油车采用耐油性能较好的橡胶。本书作者多次在一些研发类的路试试验车上，（包括传统燃油车和混合动力车）遇到油气通过真空管吸入真空助力器的现象，不过还未在售后阶段出现此类问题。

由于真空管布置在前舱，传统燃油车受发动机温度的影响，其环境温度可能较高。当使用环境温度高于 120℃时，常用的 NBR + PVC、NBR/CR 软管就容易老化，此时，就应该考虑耐高温更好的橡胶，如 ECO、AEM 等。

另外，也可直接采用耐油的热塑性弹性体取代尼龙 + 橡胶的真空管。目前主要是采用聚酯热塑性弹性体（TPC）。TPC 耐油、耐热，有较好的弹性，性能介于 PA 和橡胶之间，是真空管较理想的材料，不过价格相对较贵。

3. 制动管路的标准

汽车制动软管是首批通过国家产品质量"3C"强制认证的 15 种产品之一。目前，国内外都有比较完善的制动软管的标准，国际上常用的有 ISO 3996、SAE J1401、FMVSS 106、DIN 73378、JIS D2601。其中，JIS D2601—1998 修改时采用 ISO 3996—1995 相关内容。

我国制动软管的标准有国标 GB 16897、GB/T 7127.1。其中，GB 16897—2010 在主要参照 FMVSS106—1993 的同时，还参考了其他国外标准，如 ISO 3996—1995、SAE J1401—2003、DIN 73378—1996 等，以达到与国际标准接轨及更加有效地控制产品质量的目的。GB/T 1727.1—2000 是 ISO 3996—1995 的等效采用。GB 16897—2010、ISO 3996—1995、FMVSS 106—1993、SAE J1401 标准性能要求比较见表 3-23。

表 3-23 GB 16897—2011、ISO 3996—1995、FMVSS 106—1993、SAE J1401 标准性能要求比较

序号	项目		GB 16897—2011	ISO 3996—1995	FMVSS 106—1993	SAE J1401
1	缩颈后的内孔通过量		量规全程通过	量规全程通过	≥标称内径的64%	量规全程通过
2	最大膨胀量		6.9MPa/10.3MPa	6.9MPa/10.3MPa	6.9MPa/10.3MPa	6.9MPa/10.3MPa/20MPa
3	爆裂强度		3.2mm：≥49MPa 4.8mm：≥34.5MPa	3.2mm：≥49MPa 4.8mm：≥34.5MPa	≥34.5MPa	3.2mm：≥49MPa 4.8mm：≥34.5MPa
4	制动液的相容性①	缩颈后的内孔通过量	量规全程通过	量规全程通过	≥标称内径的64%	量规全程通过
		爆裂强度	3.2mm：≥49MPa 4.8mm：≥34.5MPa	3.2mm：≥49MPa 4.8mm：≥34.5MPa	≥34.5MPa	3.2mm：≥49MPa 4.8mm：≥34.5MPa
5	屈挠疲劳		≥35h	≥35h	≥35h	≥35h
6	抗拉强度②		≥1446N	≥1446/1646N	≥1446N	≥1446/1646N
7	吸水性 85℃, 70h	爆裂强度	3.2mm：≥49MPa 4.8mm：≥34.5MPa	3.2mm：≥49MPa 4.8mm：≥34.5MPa	≥34.5MPa	3.2mm：≥49MPa 4.8mm：≥34.5MPa
		屈挠疲劳	≥35h	≥35h	≥35h	≥35h
		抗拉强度	≥1446N	≥1446/1646N	≥1446N	≥1446/1646N
8	耐寒性 -45℃×70h		无裂纹	无裂纹	无裂纹	无裂纹
9	耐臭氧性③ 40℃×70h		无裂纹	无裂纹	无裂纹	无裂纹
10	高温脉冲 143℃	爆裂强度	3.2mm：≥49MPa 4.8mm：≥34.5MPa	3.2mm：≥49MPa 4.8mm：≥34.5MPa	≥34.5MPa	3.2mm：≥49MPa 4.8mm：≥34.5MPa
11	接头的耐腐蚀性		金属基体无腐蚀	金属基体无腐蚀	金属基体无腐蚀	金属基体无腐蚀

① GB 16897—2011、FMVSS 106—1993 试验条件为 90℃，70h；ISO 3996—1995、SAE J1401 试验条件为 120℃，70h。
② GB 16897—2011、FMVSS 106—1993 拉伸速度 25mm/min，抗拉强度 ≥1446N；ISO 3996—1995、SAE J1401 拉伸速度分别为 25mm/min 和 50mm/min，对应抗拉强度 ≥1446N 和 1646N。
③ GB 16897—2011、FMVSS 106—1993 为静态试验，臭氧 50MPa；ISO 3996—1995、SAE J1401 为有静态和动态试验，臭氧浓度 100MPa。

目前，国内外部分主机厂常用的制动系统管路标准见表3-24。

表3-24 部分国内外主机厂常用的制动系统管路标准

序号	主机厂	标准号	标准名称
1	通用	GMW 3056	Hydraulic Brake Hose Assembly
2	大众	TL 82152	制动管路标准
3	福特	ESA – M99P26 – A	Hydraulic Brake Hose Assembly, Performance
		ESA – M2D253 – A/B	Hose, Neoprene, Hydraulic Brake
4	丰田	TSD 7554G	真空制动软管材料性能
5	奇瑞	Q/SQR S5 – 18	真空制动软管总成技术要求及实验方法
		Q/SQR S5 – 38	汽车制动软管性能要求及试验方法

4. 部分车型制动管路用材

部分车型制动系统管路用材见表3-25。

表3-25 部分车型制动系统管路用材

	吉利 GS	长城 C30	广汽 GS4	腾势 EV	大众 Lavida	奇瑞艾瑞泽7
制动真空管	PA12	—	—	—	PA12	PA11
	NBR/CR	ECO	NBR/CR	EPDM	—	NBR/CR
液压制动管路	金属	金属	金属	金属	金属	金属
	EPDM	NR/CR	EPDM	EPDM	EPDM	EPDM

另外，还有部分车型采用TPC真空管，如沃尔沃XC60、福特蒙迪欧、雪佛兰TRAX等。液压制动软管目前主要用EPDM软管，少数车型采用NR/CR软管。

5. 制动管路的发展趋势

从2007年开始，西门子公司的电子楔式制动器在宝马轿车中使用，与传统液压制动系统相比，电子楔式制动器在性能、价格和操控性能方面都具有明显的优势。今后，电子楔式制动器的市场占有率将更大，这种新技术将改变汽车制动系统，汽车液压制动胶管也将随着电子楔式制动器的推广而减少。

制动真空管目前主要以单层尼龙管+橡胶管为主，最近几年TPC在一些车型上也开始应用。TPC材料弹性、硬度等介于橡胶和尼龙之间，可以完全替代尼龙管+橡胶管，能实现轻量化，不过价格相对较贵，目前还主要是在一些高端车型上采用。

在相当长的一段时间内，液压制动管路，基本还是金属管+EPDM橡胶软管占据主导。

3.2.4 离合系统管路

1. 离合系统管路的分类与结构

离合系统管路主要包括连接制动储液罐和离合主缸的主缸进油软管、连接离合主缸和离合器的离合高压管路。离合系统管路示意图如图3-25所示。

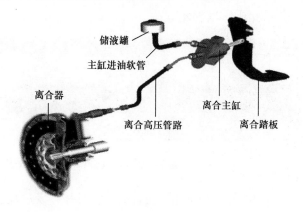

图3-25　离合系统管路示意图

传统的离合系统主缸进油软管一般采用三层结构，内外胶均为耐制动液性能较好的EPDM材料，中间层为织物增强。

离合高压软管一般采用EPDM或NR/CR软管，也有部分车型采用内胶EPDM外胶CR的结构。大众Lavida离合高压软管及结构图见图3-26。

图3-26　大众Lavida离合高压软管及结构图

专利CN203656391U介绍了一种多层结构的离合软管，该离合软管的最内层为阻隔层，最外层为耐候层，次外层为增强层，所述的增强层和阻隔层之间设有一个FKM耐制动液层。该FKM离合软管结构示意图如图3-27所示。

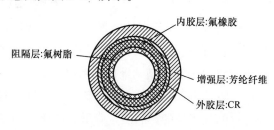

图3-27　FKM离合软管结构示意图

2. 离合系统管路的材料选用

离合高压管路，主要是采用金属管路或金属+橡胶软管的形式，也有部分车型采用全塑料的尼龙管。

主缸进油软管主要是要求有较好的耐制动液性能，目前基本上均是采用中间聚酯纤维增强的 EPDM 软管，少数采用内胶为 NR 或 EPDM、外胶为 CR 的软管。长安 C30 离合系统主缸进油软管和离合高压软管如图 3-28 所示。

图 3-28 长安 C30 离合系统主缸进油软管和离合高压软管

EPDM 和制动液之间相容性好，只是相对而言的。在具体开发过程中，是以 EPDM 与制动液之间的相容性试验来验证的。本书作者在解决离合系统卡滞、异响问题时，抽取了部分车企的高压软管和低压软管（主缸进油软管），与制动液进行相容性试验验证，其结果如表 3-26 所示。

表 3-26 试验后软管（内胶层）质量变化

	高压软管 质量变化（%）	低压软管 质量变化（%）
自主车型 1	1.07%	−11%
自主车型 2	0.57%	−8%
自主车型 3	−0.12%	1.05%
自主车型 4	0.61%	3.08%
合资车型 1	1.04%	1.05%
合资车型 2	0.85%	1.08%
合资车型 3	0.50%	0.52%
进口车型 1	0.88%	0.56%

注：试验条件：按 GB/T 1690 进行耐制动液试验，100℃，70h。

一般来说，橡胶和制动液进行相容性试验后，略微的溶胀后（体积增大，质量变大）达到相对的平衡，从而确保软管和制动液各自性能的稳定性。橡胶的抽出（体积变小，质量降低）往往会造成橡胶零件性能的变化，并污染制动液，这种情况一般是不愿意看到的。高压软管属于国家 3C 强制认证产品，其和制动液的相容性较好，但低压软管产品质量参差不齐，特别是部分自主车型。从表 3-28 可以看出，按 GB/T 1690 进行试验，低压软管在 100℃ 的制动液中放置 70h 后，两款车型的产品质量降低，变化率为 −11% 和 −8%，说明软管在和制动液长期接触过程中，软管材料的大量成分被抽出转移到制动液中。其中，自主车型 1 是开发过程中出现卡滞、异响的车型，问题车型制动液也出现了浑浊，见图 3-29，这与实际的质量问题也比较吻合。

除传统的橡胶材料外，PP 和 PA 材料也有极好的耐制动液性能。在高压软管中，PA（主要是 PA612 等吸水率较低的尼龙）材料由于强度较高，甚至可以直接替代金属+橡胶的结构。PA612 高压离合管，不仅有良好的性能，还能有效地实现轻量化。PP 材料耐制动液

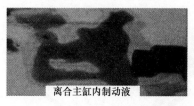

图 3-29 使用后的制动液浑浊，有杂质

性能较好，韧性和老化性能也较好，可以替代传统的 EPDM 低压离合胶管。

奇瑞艾瑞泽 7 的离合系统采用全塑的离合管路。离合主缸进油软管采用 PP 波纹管，离合高压管路为 PA612 单层管。相对于一般的离合管路，艾瑞泽 7 离合系统管路减重约 200g 左右。

3. 离合系统软管的标准

目前，国内外的标准体系，如 GB、ISO、SAE、ASTM 等中没有针对离合管路的专门标准。离合系统的液体介质也是制动液，从广义上来说，离合系统软管也属于液压制动软管，因此液压制动软管的相关标准同样适合于离合系统软管。

4. 部分车型离合系统管路用材

部分车型离合系统管路用材见表 3-27。

表 3-27 部分车型离合系统管路用材

	吉利 GS	长城 C30	江淮 S5	众泰 A02	大众 Lavida	奇瑞艾瑞泽 7
主缸进油软管	EPDM	EPDM	EPDM	EPDM	EPDM	PP
高压软管	金属	金属	金属	金属	金属	PA612
	EPDM	NR/CR	橡胶	—	EPDM、CR	—

5. 离合系统管路的发展趋势

与液压制动管路一样，未来离合系统管路基本是以 EPDM + 金属管为主。尼龙管价格相对较贵，不过从轻量化的角度来看，尼龙管路替代 EPDM + 金属管是一个不错的选择。

从汽车的未来发展趋势来看，手动挡逐渐被替代，离合管路也将逐渐消失。特别是随着电动车的发展，整个离合系统将逐渐被淘汰。

3.2.5 助力转向管路

1. 助力转向管路的分类与结构

转向管路的主要功能是通过转向助力液的输送为汽车提供转向助力。

转向管路包括吸油管、回油管、高压管。吸油管是连接转向储液罐和转向油泵之间的管路，回油管是连接储液罐与助力转向器之间的管路，高压管是连接转向油泵与助力转向器之间的管路。转向管路示意图如图 3-30 所示。

在 ISO 11425 中规范的助力转向软管包含 3 层结构：①橡胶内衬层；②增强层；③橡胶

覆盖层（或织物覆盖层）。

SAE J188 中规范的助力转向管路结构为：①橡胶内衬层；②2 层纤维增强层；③橡胶覆盖层。另外，SAE J189 中规范的助力转向回油管路结构为：①橡胶内衬层；②1 层纤维增强层；③橡胶覆盖层。助力转向高压管结构示意图（2 层增强层）如图3-31 所示。

在实际使用过程中，低压胶管主要采用 1 层纤维增强的 3 层结构，高压胶管部

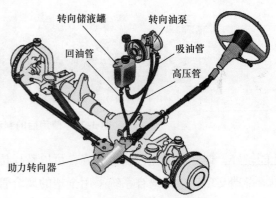

图 3-30 转向管路示意图

分采用 1 层纤维增强的 3 层结构，部分采用 2 层纤维增强的 5 层结构。目前，国外高压胶管内外层胶主体材料为 CSM 或 CM，骨架材料为聚酰胺（PA）编织物，在 2 层 PA 编织物之间还有 1 层缓冲胶。缓冲层可用 NR 等黏性相对较好的橡胶。

图 3-31 助力转向高压管结构示意图（2 层增强层）

2. 助力转向软管的材料选用

助力转向软管主要是为了保证接触部位不会有泄漏现象，国外这种软管的发展趋势是利用体积小且压力大的高压泵。这种软管的材料对耐油、耐高温等有较高的要求。

目前使用的转向液主要是自动变速器油（ATF），ATF 的基础油主要有环烷基、石蜡基、加氢裂解合成型等，目前市场上无论哪种基础油的 ATF，都是非极性的油类。为了确保橡胶和 ATF 的相容性，转向管路内胶主要采用耐油性较好的强极性橡胶，如 NBR、CM、CSM、AEM、HNBR、FKM 等。

使用温度对橡胶软管选材有重要影响。某动力转向管路标准中，对动力转向管路的平均温度、最高温度、特殊温度要求见表 3-28 ~ 表 3-30。

表 3-28 动力转向管路的平均温度要求   单位：℃

	软管类型 1	软管类型 2	软管类型 3
周围平均温度	-20 ~ 105	-20 ~ 120	-20 ~ 135
液压油的工作温度	-10 ~ 105	-10 ~ 120	
液压油的最低温度	-20 ~ 105	-20 ~ 110	

注：平均温度是指至少 90% 的汽车都在公路上/高速路/乡村路上运行，在这样最能代表大部分汽车运行的环境下的温度。

表3-29 动力转向管路的最高温度要求　　　　　　　　　　　　　　　　　　　单位：℃

	软管类型1	软管类型2	软管类型3
周围最高温度	-30~120	-30~140	-30~150
液压油的工作温度	-20~120	-20~140	-20~140
液压油的最低温度	-40~120	-40~130	-40~130

注：最高温度是指在冷启动或爬坡时的温度（爬坡时汽车的工作温度要上升10%左右）。

表3-30 动力转向管路的特殊温度要求

	软管类型1	软管类型2	软管类型3
异常的周围环境温度	135℃	150℃	165℃
液压油的温度	140℃	140℃	140℃

注：特殊温度是指允许在该异常的温度下没有持久的破坏的温度。

类型1胶管属于普通耐热性动力转向管路，内材料常选用NBR、CM、CSM等，外胶选用CR、CM、CSM。

类型2胶管属于耐热性动力转向管路，NBR、CR往往难以满足要求，需要采用耐热性更好的CM、CSM等材料。

类型3胶管属于超耐热型胶管，需要采用更耐热的AEM、ACM、HNBR、FKM等橡胶。由于FKM橡胶会与助力转向液中某些添加剂起反应而劣化，因而应用不够普及。

相对NBR而言，HNBR价格较贵，但在耐热、耐老化等性能方面均有较大的提升。

3. 助力转向管路的标准

目前，国内外对助力转向管路性能要求的标准有GB/T 20461、ISO 11425、SAE J188/189等，具体见表3-31。

表3-31 国内外主要转向管路标准

序号	标准号	标准名称	标准主要内容
1	GB/T 20461—2006	汽车动力转向系统用橡胶胶管和胶管组合件规范	标准等同采用ISO 11425—1996
2	ISO 11425—1996	机动车液压转向装置用橡胶软管和软管组件规范	适用于-40~135℃下使用的转向管路
3	SAE J188—2012	高容量膨胀型动力转向式压力软管	适用于长期在-40~120℃，短期在135℃下使用的转向管路（工作压力10.3MPa以下）
4	SAE J189—2012	动力转向回油管（低压管）	适用于长期在-40~120℃，短期在135℃下使用的动力转向回油管路（工作压力0.69~1.72MPa以下）
5	SAE J190—2012	Power Steering Pressure Hose—Wire Braid	适用于金属丝增强的转向高压管路（耐压10.3MPa，使用温度40~121℃）
6	SAE J191—2014	Power Steering Pressure Hose—Low Volumetric Expansion Type	适用于低膨胀型动力转向回油管（使用温度40~121℃）
7	SAE J 2050—2001	High-Temperature Power Steering Pressure Hose	适用于高温助力转向压力软管

ISO 11425—1996 与 SAE J188—2003、SAE J189—2003 的差异如表 3-32 所示。

表 3-32　ISO 11425—1996 与 SAE J188—2003、SAE J189—2003 的差异比较

序号	项目	ISO 11425—1996	SAE J188—2003	SAE J189—2003
1	软管规格	1型，2型，3型，4型，5型	1型，2型	1种规格
2	爆破强度	7.0～62MPa（根据不同规格定）	41.2MPa	6.9MPa
3	脉冲试验	环境温度 100℃ ±5℃	环境温度 135℃ ±5℃	环境温度 135℃ ±5℃
4	清洁度	100mg/m² 最大颗粒不大于 70μm	无要求	无要求
5	接头耐腐蚀性能	168h 后基本不腐蚀	无要求	无要求
6	试验压力要求	在实验压力下保压 1min	无要求	无要求
7	低温脉冲试验	(−40±2)℃，11MPa	无要求	无要求

以 GB/T 20461—2006 标准为例，试验项目及要求如表 3-33 所示。

表 3-33　GB/T 20461—2006 标准要求

序号	项目		要求
1	脉冲试验	介质温度：135℃ 环境温度：100℃ 循环温度：30～40 次/min 试验压力：9MPa	无泄漏
2	爆破强度	—	≥36MPa
3	长度变化	1型，3型，4型	−8%～0%
		2型，5型	−4%～+2%
4	低温曲挠性	−40℃，72h	无裂纹
5	粘合强度	—	≥1.5kN/m
6	耐臭氧性能	50pphm[①]，40℃，72h	无裂纹
7	容积膨胀性能	3型	10～26cm³/m
		4型	26～55cm³/m
8	清洁度要求	—	≤100mg/m²，最大颗粒≤70μm
9	接头耐腐蚀性能	168h	无腐蚀
10	试验压力要求	20MPa，保压 1min	无泄漏
11	低温脉冲	−40℃，1.5s 内升至 11MPa，20 次 升温至环境温度下保持 2h 1.5s 内升至 11MPa，20 次	14 个循环后无泄漏，无龟裂
12	低温爆破压力	−40℃，12h	≥36MPa

① 50pphm 指 50×10^{-8}。

部分国内外主机厂主要的转向管路标准如表 3-34 所示。

表 3-34 部分国内外主机厂主要的转向管路标准

序号	主机厂	标准号	标准名称
1	通用	GME7060	膨胀软管动力转向
2	福特	ESA – MMM2D17 – B	Hose, High Expansion – power Steering pressure
		ESA – M2D122 – B1/B3	Hose, Low pressure, Power Steering
3	雷诺	3105018CH	雷诺动力转向管要求
4	奇瑞	Q/SQR S5 – 2	动力转向管路技术条件和试验规范

4. 部分车型转向管路用材

典型的转向软管结构、材料、耐热等要求如表 3-35 所示。

表 3-35 典型的转向软管结构、材料、耐热等要求

第1层	第2层	第3层	第4层	第5层	低温/℃	高温/℃（长时间）	高温/℃（短时间）
ACM	AR 线	ACM	—	—	-40	160	175
AEM	AR 线	AEM	—	—	-40	160	175
CSM	AR 线	CSM	—	—	-35	100	130
CSM	PA 线	NBR	PA 线	CSM	-35	100	130
NBR	AR 线	CR	—	—	-40	100	125
NBR	PA 线	NBR	PA 线	CR	-35	100	125
NBR	PA 线	NR	PA 线	CR	-35	100	125

注：AR 线为芳纶增强线；PA 为尼龙线。

部分车型转向管路用材如表 3-36 所示。

表 3-36 部分车型转向管路用材

	进油管	回油管	高压管
长城 C30	NBR/CR	NBR/CR	CSM/CSM
		金属管	金属管
哈弗 H5	NBR/CSM	NBR/CSM	NBR/CM[①]
		金属管	金属管
荣威 350	CSM/CSM	CSM/CSM	CSM/CSM
		金属管	金属管
艾瑞泽 7	CSM/CSM	CSM/CSM	CSM/CSM
		金属管	金属管
广汽 GS5	CSM/CSM	CSM/CSM	CSM/NR/CSM
		金属管	金属管
现代瑞纳	CSM/ACM	CSM/ACM	HNBR/EPDM
		PA12	
	金属	金属	金属

(续)

宝马 Q5	进油管	回油管	高压管
	AEM/AEM	CSM/CSM	PE
		金属管	金属
奔驰 E 级	AEM/AEM	AEM/AEM	CSM/CSM[②]
	金属	金属	金属管

① 哈弗 H5 高压软管材料标识为＞NBR, PA66, CM＜。
② 奔驰 E 级材料标识为＞CSM－PA－CSM＜。

进油管、回油管相对使用温度较低，目前国内自主车型大量车型使用 NBR/CR、NBR/CSM 胶管，部分车型采用 CSM/CSM、CM/CM 胶管。合资及国外车型较少采用 NBR/CR、NBR/CSM 胶管，主要采用 CSM/CSM、CM/CM 胶管，少数采用更耐热的 AEM/AEM、ACM/ACM 等胶管。

高压管相对使用温度较高，国内自主车型较少采用 NBR/CR、NBR/CSM 胶管，主要采用 CSM/CSM、CM/CM 胶管。合资及国外车型较少采用 NBR/CR、NBR/CSM 胶管，主要采用 CSM/CSM、CM/CM 胶管，少数需更耐热的采用 AEM/AEM、ACM/ACM 等胶管。

5. 助力转向管路的用材发展趋势

（1）NBR/CR 逐渐被更耐热耐油的橡胶替代　国外汽车动力转向系统发展趋势是采用高压泵，以及实现泵的小型化和高出力化。这就要求胶管提高耐热性与耐久性，内层胶要有很好耐油性，耐温则要求达到 120℃ 以上，此时，NBR/CR 就难以满足要求，而需要采用 HNBR、CSM、CPE、ACM 等橡胶。液压转向管的新结构是用 HNBR 为内层胶，PA66 为补强层，外层用 CSM。这种软管的使用寿命，在 140℃ 条件下，比没有改进的软管提高 2 倍以上。

（2）动力转向管路逐渐被淘汰　2012 年福特汽车公司在其 80%～90% 的新汽车上安装电动助力转向系统。目前，国内外已逐渐向电动转向系统转变。随着汽车电动转向系统的推广应用，汽车液压动力转向胶管将被逐渐淘汰。

3.2.6　发动机冷却管路

1. 冷却管路的分类与结构

发动机工作期间，最高温度可达 2500℃，即使在怠速或中等转速下，燃烧室的平均温度也在 1000℃ 以上。如不冷却，发动机会过热，使工作过程恶化，零件强度降低，磨损加剧，动力性、经济性、可靠性及耐久性等都会下降。

如果发动机温度过低，会使散热损失及摩擦损失增加，零件磨损加剧，排放恶化，发动机工作粗暴，功率下降及燃油消耗增加。

冷却系统的功用是使发动机在所有工况下都保持适当的温度，既要防止过热，又要防止过冷。

发动机有水冷和风冷之分，一般乘用车多采用水冷，本文主要介绍水冷系统的软管。

冷却管路包括金属硬管、橡胶软管等。其中，橡胶软管主要作用是传输冷却液，同时具有吸收发动机振动和散热器相对运动。某款车型发动机橡胶软管如图3-32所示。

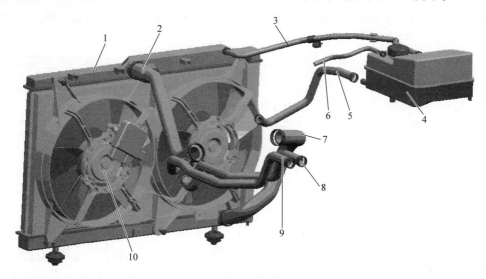

图3-32 发动机冷却管路示意图

1—散热器总成 2—发动机出水管 3—水管-膨胀箱至散热器 4—膨胀箱 5—水管-膨胀箱至水泵
6—水管-发动机至膨胀箱 7—发动机进水管 8—暖风机进水管 9—暖风机出水管 10—风扇

无论是橡胶材质还是塑料树脂材质的发动机冷却管路，都包括纯胶管（纯树脂）和多层胶管（多层复合树脂管）。

选用橡胶管路时，由于纯橡胶管爆破压力较小（GB/T 18948—2009中规范的最小爆破压力≥0.2MPa），适用性较低。汽车冷却管路主要是采用纤维增强的多层橡胶软管。橡胶软管结构示意图如图3-33所示。

图3-33 橡胶软管结构示意图

对于塑料树脂冷却管路，目前单层尼龙管和多层尼龙管均有使用，且以单层尼龙管居多。塑料树脂冷却管路示意图如图3-34所示。

a) 单层尼龙管　　　　　　　　b) 多层尼龙管

图3-34 塑料树脂冷却管路示意图

2. 发动机冷却软管的材料选用

发动机冷却液的主要成分是乙二醇和水，各主机厂使用比例略有不同。根据乙二醇的占比，冷却液的沸点也不相同，一般都在120℃以下（水沸点为100℃，乙二醇沸点为197℃，乙二醇质量占比75%时，沸点为120℃）。

根据GB/T 18948—2009中所划分的使用环境温度，冷却软管可以分为四种类型，如表3-37所示。

表 3-37　GB/T 18948—2009 中冷却软管分类

冷却软管类型	工作环境温度/℃	备注
1 型	-40~100	
2 型	-40~125	国内常用类型
3 型	-40~150	
4 型	-40~175	

对于1型的发动机冷却软管可以采用EPDM、SBR，2型冷却软管基本采用硫黄硫化的EPDM，3型胶管采用过氧化物硫化的EPDM，超过150℃的4型冷却软管主要采用VMQ或AEM。目前国内的冷却软管主要是采用耐热125℃等级的2型胶管。

工作环境温度在125℃以下的，使用EPDM胶管，EPDM硫化体系是硫黄。硫黄硫化是目前EPDM最常用的硫化技术，相对于耐热等级达到150℃的过氧化物硫化EPDM，硫黄硫化成本相对较低、成型工艺相对简单，性能也稳定，但产品的耐热性能相对较差。

相对于硫黄硫化而言，过氧化物硫化的EPDM主要性能如表3-38所示。

表 3-38　过氧化物硫化的 EPDM 主要性能

序号	项目	性能或特征
1	耐热性能	耐高温达150℃，高于硫黄硫化的125℃等级
2	价格	价格高于硫黄硫化的EPDM：1）技术成本高；2）填料用量较少；3）组分（过氧化物/油）价格偏高；4）挤出速度低，效率低；5）废品率高；6）硫化时一般需要加装排除蒸汽的装置以达到无氧状态
3	工艺特性	成型工艺比硫黄硫化难：1）未硫化胶之间易发生粘合；2）硫化过程中，套上或退出芯棒时，易发生起皱；3）芯棒易污染，或发生堵塞；4）易喷霜；5）容易产生气泡
4	其他特性	气味大

对于耐热等级达到150℃的过氧化物硫化EPDM，目前国内天津鹏翎、天津大港等都已经开发出成熟的产品。

除EPDM材料外，也有部分车型采用塑料树脂冷却管路，如PA11、PA12、PA612或内层PP外层尼龙结构的管路、PPS等，不过以尼龙管居多。塑料树脂管多用于排气系统或排水端。

典型的发动机冷却管路结构、用材等信息如表3-39所示。

表 3-39 常见的冷却管路用材、结构、耐高低温性能

第1层	第2层	第3层	低温/℃	高温/℃（长时间）	高温/℃（短时间）	说明
S-EPDM	—	—	-40	130	150	—
P-EPDM	—	—	-40	150	165	—
S-EPDM	AR线/PET线	S-EPDM	-40	130	150	—
P-EPDM	AR线	P-EPDM	-40	150	165	—
AEM	AR线	AEM	-40	170	200	—
VMQ	AR线	VMQ	-50	200	230	VMQ：硅橡胶
PA11	—	—	-40	125	150	主要用于冷却管路系统气管
PA12	—	—	-40	125	150	主要用于冷却管路系统气管
PA612	—	—	-40	150	170	单层尼龙管
PP	黏接剂	PA12	-40	125	150	多层尼龙管
PP	黏接剂	PA612	-40	125	150	多层尼龙管

注：S-EPDM：硫载体三元乙丙；P-EPDM：过氧化物三元乙丙；AR线：芳纶增强线；PET：聚酯增强线。

3. 发动机冷却系统管路的标准

发动机冷却系统管路的主要标准有 GB/T 18948（内燃机冷却系统用橡胶软管和纯胶管规范）、HG/T 2491（汽车用输水橡胶软管）等，国外常用的标准有 ISO 4081（Rubber hoses and tubing for cooling systems for internal-combustion engines - specification）、SAE J20（Coolant system hoses），具体见表 3-40。

表 3-40 国内外主要的冷却管路标准

序号	标准号	标准名称	标准主要内容
1	GB/T 18948—2009	内燃机冷却系统用橡胶软管和纯胶管规范	规范了以乙二醇为冷却剂的发动机冷却软管；等同采用 ISO 4081—2005
2	HG/T 2491—2009	汽车用输水橡胶软管和纯胶管	规范了汽车发动机冷却系统及取暖系统用输水软管的规格、技术要求、试验方法等（中、轻型车橡胶软管使用温度范围为 -30~110℃；轿车用橡胶软管使用温度为 -40~120℃）
3	ISO 4081—2010	内燃机冷却系统用橡胶软管和纯胶管规范	规范了以乙二醇为冷却剂的发动机冷却软管
4	SAE J20	Coolant system hoses	规范了以乙二醇和水为冷却剂的发动机冷却软管

其中，GB/T 18948—2009 等同采用 ISO 4081—2005。GB/T 18948、ISO 4081 主要规范软管产品的性能要求。而 HG/T 2491、SAE J20 则还包括胶料性能的要求。

SAE J20 从胶料性能、软管尺寸、软管性能等全方面地进行了规范，不过，该标准并不是专门针对乘用车发动机冷却胶管的，重型车的冷却管路也适用，该标准中冷却管路分级见表 3-41。

表 3-41　SAE J20 中冷却管路分级

序号	软管等级	分类标准	典型材料	典型温度范围
1	A 级	高耐热型	VMQ	-55~175℃
2	B 级	高耐油型	NBR	-40~100℃
3	C 级	中耐油型	CR	-40~100℃
4	D-1 级	低耐油	EPDM	-40~125℃
5	D-2 级	低耐油	EPDM	-40~125℃
6	D-3 级	低耐油、高耐热	EPDM	-40~150℃
7	E 级	低耐油、纤维与橡胶复合型	EPDM/纤维	-40~125℃

从表 3-41 可以看出，乘用车发动机冷却胶管基本采用 D-1、D-2、D-3 等级的胶管。

HG/T 2491 是根据我国的行业现状制定的发动机冷却软管标准，主要规范了使用温度在 120℃以下的胶管，目前国内的发动机冷却胶管主要属于这一规格。该标准主要针对胶料的技术要求，性能方面指标只有爆破压力、粘合强度及实验时的外径变化三项。

在胶料性能方面，HG/T 2491 和 SAE J20 略有差异，性能要求与目前主机厂内部的材料要求相比要低很多。

目前，ISO 4081 的最新版本是 2010，ISO 4081—2010 中材料相关的要求见表 3-42。

表 3-42　ISO 4081—2010 的相关试验项目及要求

序号	试验项目		试验要求
1	爆破压力 按 ISO 1402 执行	纯胶管	≥0.2MPa
		多层胶管 直径：≤18mm	≥1.2MPa
		直径：18~35mm	≥0.9MPa
		直径：≥35mm	≥0.5MPa
2	粘合强度（多层胶管） 按 ISO 8033 执行	老化前	≥1.8kN/m
		老化后	≥1.3kN/m
3	低温曲挠性 按 ISO 4672 执行　-40℃，4h		1) 2 倍放大镜下无龟裂 2) 低温试验后满足序号 1 中爆破强度要求
4	耐吸扁性 按 ISO 7233 执行 100℃×10min	内径≤16mm：0.015MPa	外径塌扁≤30%
		内径为 16~25mm：0.02MPa	外径塌扁≤30%
		内径≥0.02MPa	外径塌扁≤30%
5	耐弯折性（仅适用于直径≤19.5mm 的软管） 按 ISO 1746 执行		最大变形系数≤0.7
6	耐膨胀性（仅适用于多层软管）		≤12%
7	耐电化学降解性 按 SAE J1684 执行		无龟裂或条痕
8	耐臭氧 按 ISO 7326 执行 50pphm[①]，70h，40℃，20%		无龟裂

(续)

序号	试验项目		试验要求
9	耐老化性 按 ISO 188 执行 老化 1000h	1 型：100℃ 2 型：125℃ 3 型：150℃ 4 型：175℃	老化后满足序号 2（粘合强度）、3（低温曲挠性）、8（耐臭氧性能）中的要求
10	压缩永久变形 按 SAE J1638 执行	1 型：100℃ 2 型：125℃ 3 型：150℃ 4 型：175℃	≤50%
11	耐润滑油污染性 ISO 1817 3 号油		满足序号 2（粘合强度）的要求
12	压力/振动/温度试验 按 ISO 4081—2010 附录 3 试验		1）试验后满足序号 2（粘合强度）、3（低温曲挠性）、8（耐臭氧性能）中的要求 2）外径变化≤15%

① 50pphm 指 50×10^{-8}。

国内外主机厂主要的冷却管路标准见表 3-43。

表 3-43 国内外主机厂主要的冷却管路标准

序号	主机厂	标准号	标准名称
1	通用	GMW 15024	冷却液软管
		GM6278M	耐发动机冷却液管路
2	大众	TL 52361	冷却液软管
3	福特	ESE - M2D345	高温耐冷却液的硅胶管
		ESK - M2D192	耐发动机冷却液的低压 EPDM 胶管
		WSD - M2D376	耐发动机冷却液、耐压及应力松弛的 EPDM 胶管
		WSD - M96D14 - A3	耐发动机冷却液的低压 EPDM 胶管
		WSD - M96D23 - A1	高温耐冷却液的硅（MQ）胶管
		WSE - M96D14 - A1/A2	尼龙增强的耐冷却液和水蒸气的 EPDM 胶管
		WSE - M96D34 - A1	尼龙增强的耐冷却液、抗电降解的高伸长低模量 EPDM 软管
4	雷诺	39.60.202	用于发动机冷却回路的柔性胶管
5	沃尔沃	20450330	EPDM 及硅胶冷却软管
		20994097	EPDM 及硅胶冷却软管
6	菲亚特	9.02136 - 01	发动机冷却液用橡胶软管和护套
		18 - 0399	发动机冷却软管及衬套
7	奇瑞	Q/SQR S3 - 27	中冷软管技术条件

4. 部分车型发动机冷却管路用材

吉利博越发动机冷却管路示意图如图 3-35 所示。

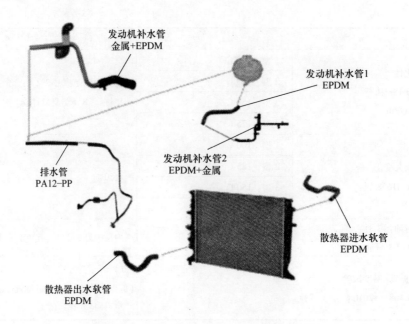

图 3-35 吉利博越发动机冷却管路示意图

部分内外部分车型发动机冷却管路用材见表 3-44。

表 3-44 部分车型发动机冷却用材

车型	用材	备注
吉利博越	EPDM、PA612–PP、金属	排水管采用 PA612–PP
哈弗 H6	EPDM	
奇瑞艾瑞泽 7	EPDM	
日产 X–Trail	EPDM	
奥迪 A3	EPDM、PPS	主要采用过氧化物硫化 EPDM，散热器除气管其中一段采用 PPS
奥迪 A6	EPDM、PA12、金属	主要采用 EPDM，排水管、进散热器补水管采用 PA12 管路
大众高尔夫 2	EPDM、PPA、金属	主要采用过氧化物硫化 EPDM，散热器除气管其中一段采用 PPS
大众途观	EPDM、金属	
现代悦动	EPDM、金属	
腾势 EV	EPDM	
众泰 E200	EPDM	
比亚迪唐	EPDM、金属	

奥迪 A3、大众高尔夫 7 等欧洲车型的发动机冷却软管采用的是过氧化物硫化的 EPDM，其耐热等级为 150℃左右，高于常用的硫黄硫化 EPDM。

欧洲地区的冷却液中的水通常含有较多的钙和镁，因此一般需要特殊的防腐处理。在散热器结构方面，欧洲车型通常采用简洁而紧凑的铝结构，易与从 EPDM 冷却软管中喷出的锌和其他硫黄促进剂残余物反应，从而产生不溶性沉淀物，造成发动机中细小的胶管堵塞。堵塞越严重，发动机制冷系统的温度越高。而美日车型主要采用焊接散热器系统，其冷却管直径较大，相对堵塞程度就较低，这就导致欧系车型的发动机冷却系统温度普遍高于日美系车型。

5. 发动机冷却软管的发展趋势

预计未来发动机冷却软管基本以 2 型冷却软管为主，材料为 EPDM。最近几年涡轮增压发动机的发展推高了发动机冷却液的温度，催生了高耐热的冷却软管（材料为过氧化物硫化的 EPDM）的需求，但大功率的涡轮增压器在汽车上使用较少。

3.2.7 电池冷却管路

目前，电动车电池主要有铅酸电池、镍镉电池、镍氢电池和锂离子电池。其中，锂离子电池在质量能力密度、体积能量密度、电压输出、自放电率等方面有较大的优势。近几年，国际车展上各大汽车公司展出的绝大多数纯电动汽车和混合动力汽车都采用了锂离子动力电池。

锂离子电池在充放电过程中，电池内部发生反应，锂离子在正负极之间移动，电池内部将会由于热量的释放和吸收从而造成温度升高。电池在不同温度下的热耗率（每产生 $1kW \cdot h$ 的电能所消耗的热量）是不一样的，这是由于电池内部的化学反应与温度是密切相关的。如果电池在绝缘或者高温等热传递不充分的内部环境中运行，电池温度将会显著上升，从而导致电池组内部形成热点，最终可能产生热失控。

电池组最适宜的温度为 $20 \sim 30℃$，以荣威 E50 为例，当电池温度上升到 $32.5℃$ 时，电池管理系统（BMS）开启电池冷却系统冷却水泵，当温度低于 $27.5℃$ 时，冷却系统冷却水泵关闭。

按传热介质分类，锂离子电池冷却技术可以分为空气冷却、液体冷却和相变材料冷却。从现有电动汽车动力电池冷却方式来看，风冷一直占据主要的位置，尤其是日系电动汽车，基本采用风冷系统。随着应用环境对电池的要求越来越高，液冷也成为汽车企业的优先方案，如特斯拉、宝马等品牌。我国主流电动乘用车企业也开始转向液冷系统，从中长期趋势来看，液冷将占据主流。

液体冷却技术指的是电池组内部流通的传热介质是液体。按照液体是否与电池直接接触，液体冷却分为接触式冷却和非接触式冷却。接触式冷却采用的传热介质为绝缘的矿物油，非接触式冷却通常采用水、乙二醇等作为传热介质。目前，传统的电动车一般采用水、乙二醇等作为传热介质。

目前，电池冷却软管主要采用 EPDM，不过最近也开始使用热塑性弹性体（TPV）和尼龙软管，其中，尼龙软管主要有 PA12、PA612、PA/PP 等。电池包冷却尼龙管路如图 3-36 所示。

相对于橡胶软管，TPV 及尼龙管在耐候、耐老化、轻量化等方面有诸多的优势。在柔

 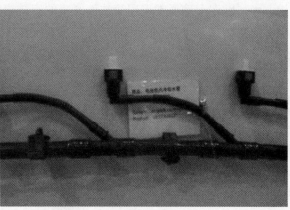

a) 电池包外冷却管路　　　　　　　　b) 电池包内冷却管路

图 3-36　电池包冷却尼龙管路

性、NVH 性能等方面，TPV 及尼龙管远逊于橡胶管。不过对电动车而言，没有发动机这个巨大的振动源，对 NVH 的要求远低于传统燃油车，所以 TPV 及尼龙管等可以大量应用。

PA/PP 管是指内层为 PP 外层为 PA（如 PA12、PA612 等），中间通过黏接剂粘接的三层软管。该软管有优异的耐冷却液性能，相对 EPDM 还能实现轻量化，最近几年也在电池冷却系统应用。

3.2.8　变速器冷却管路

1. 变速器冷却管路的分类与结构

液压传动过程中，部分能量转化为热能，使变速器润滑液温度升高。高温下润滑油容易被氧化，导致黏度下降，润滑效果变差，加大摩擦与磨损，变速器噪声随之而来，同时油泥（杂质或脏污）亦会在变速器内部产生（例如阀体），导致变速器出现顿挫、冲击。如果温度超过 120℃，橡胶密封材料会开始变硬老化，密封不严渗漏，最后导致液压降低。如果温度更高，变速器开始打滑，打滑又会反过来使温度升得更高。

在正常的 80℃ 工作温度下，温度每上升 10℃，ATF 的使用寿命会减半，例如 90℃ 时，ATF 的使用寿命会减到 75000km。在 100℃（很多变速器会经常处于这个温度）时，使用寿命就只有 35000km 左右，120℃ 时，则是 15000km。再升高 10℃ 时，使用寿命就只剩下 7500km。超过 146℃ 或者 148℃ 时，自动变速器在 1500km 或者 2000km 前就会烧掉。

为确保变速器润滑油在规范的温度内工作，往往通过发动机散热器冷却。某款车型变速器冷却系统示意图如图 3-37 所示。

变速器冷却软管使用压力较高，根据 SAE J1532—2005 的分类，变速器冷却管路根据工作压力分为 AB 两类，见表 3-45。

由于使用压力较高，变速器冷却软管常用织物增强的三层软管结构，少数采用单层树脂管。

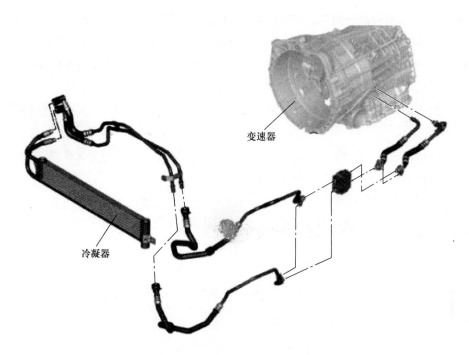

图 3-37 变速器冷却管路示意图

表 3-45 SAE J1532—2005 中变速器冷却管路分类

序号	类别	最大工作压力	最小爆破压力
1	A 类	1.7MPa	6.9MPa
2	B 类	1MPa	4.1MPa

2. 变速器冷却软管的材料选用

变速器管路总成,不仅要求密封性能高,还要满足耐高温、耐汽油和柴油、耐热老化性等诸多要求。

自动变速器为了在最佳状态下工作,需要变速器使用过程中温度达到如下要求:

1) 车辆带档怠速运行时,其油温需控制在 120℃ 以下。

2) 车辆高速运行(变速器高档位)时,其油温控制在 125℃ 以下。

3) 车辆高负荷(发动机大转矩、变速器中速档位)运行时,其油温控制在 140℃ 以下。

SAE J1532—2005(变速器油冷却器软管)中按使用的工作温度将变速器冷却软管分为 3 级,见表 3-46。

表 3-46 SAE J1532—2005 中变速器冷却管路分级

序号	级别	工作温度范围/℃
1	1 级	40 ~ 125
2	2 级	40 ~ 150
3	3 级	40 ~ 165

由于 ATF 的温度较高，因此，冷却管路需要较好的耐热性能。

变速器冷却软管内的介质是 ATF，其性能和动力转向液相似，与之相容性较好的橡胶有 NBR、ECO、AEM、ACM、HNBR、FKM 等。NBR 虽然有极佳的耐变速器油性能，但其耐热性能难以达到长期在 120℃ 或更高的温度下工作的要求。HNBR、FKM 价格较贵，也很少使用。因此，变速器冷却系统软管往往采用耐热性更好的 ECO、ACM、AEM 等橡胶，其中以 AEM 最为常用。

除橡胶材料外，尼龙、PPA 等耐油、耐热较好的塑料材料也可用于变速器冷却管路，其中尼龙胶管材料有 PA11、PA12、PA612 等。

3. 变速器冷却管路的标准

目前，行业关于变速器冷却管路标准有 SAE J1532（变速器油冷却器软管），ISO、GB 标准体系等尚无变速器冷却管路的相关标准。

SAE J1532—2005 中变速器冷却管路相应的要求见表 3-47。

表 3-47　SAE J1532—2005 中变速器冷却管路的性能要求

序号	试验项目		试验要求
1	爆破压力 按 ASTMD380 执行	Type A：6.9MPa	不应破裂或泄漏
		Type B：4.1 MPa	不应破裂或泄漏
2	耐臭氧性能 按 ASTM D1149 执行，40℃，70h，100MPa		7 倍放大镜下无龟裂
3	耐油性能 软管填充变速器油	1 级：125℃，168h	
		2 级：150℃，70h	
		3 级：165℃，70h	
3.1	耐吸扁性 508mmHg（1mmHg=133.32Pa），30s		最窄处直径变化率≤25%
3.2	低温曲挠性 按要求在两孔的板上弯曲 5min		钢珠能通过软管
3.3	爆破压力 耐油试验后	Type A：6.9MPa	不应破裂或泄漏
		Type B：4.1MPa	不应破裂或泄漏
3.4	低温曲挠性 -40℃×70h，在此温度下 4~8s 内绕芯棒弯折 180°		软管无断裂或裂纹
3.5	剥离强度 按 ASTM D 413 进行		≥1.4N/mm
4	热油循环试验 0.34MPa，1000h	1 级：125h	TypeA 胶管要求 3.45MPa 时不破裂 TypeB 胶管要求 2.15MPa 时不破裂
		2 级：150h	
		3 级：165h	
5	耐脉冲性能 1.03~0.14MPa 30~40cpm①	1 级：125h	TypeA 胶管要求 30000 循环，不破裂
		2 级：150h	TypeB 胶管（1 级、2 级）要求 5000 循环，不破裂
		3 级：165h	TypeB 胶管（3 级）要求 5000 循环，不破裂

① 1cpm=0.0167Hz。

国内外主机厂主要的变速器冷却管路标准见表3-48。

表3-48 国内外主机厂主要的变速器冷却管路标准

序号	主机厂	标准号	标准名称
1	通用	GMW 16171	变速器和发动机机油冷却器软管
		GM 6260M	冷却油管
2	福特	SQ – M2D9133 – A	Rubber Hose, Polyacrylic – Reinforced, Oil Cooler

4. 部分车型变速器冷却管路用材

部分车型变速器冷却管路用材见表3-49。

表3-49 部分车型变速器冷却管路用材

序号	车型	用材	备注
1	奥迪A6	AEM/AEM+金属	芳纶增强
2	福特蒙迪欧	AEM/AEM+金属	芳纶增强
3	宝马3	PA612	—
4	沃尔沃XC60	尼龙管	—
5	丰田凯美瑞	ACM/ACM	—
6	吉利博越	PPA	—
7	吉利博瑞	AEM/AEM+金属	芳纶增强
8	哈弗H6	PA11 – H	—
9	奇瑞瑞虎5	AEM/AEM+金属	芳纶增强

目前，市场上大部分车型的变速器冷却管路采用AEM材料，中间为芳纶线增强，部分车型开始应用尼龙等塑料软管。

5. 变速器冷却管路的发展趋势

目前，变速器管路主要还是以金属+橡胶的组合管路为主，其中橡胶软管只占其中的一小段。直接采用软质塑料管路替代金属+橡胶的组合模式，不仅可以减少零件个数，提高零件质量稳定性，还可以减少重量，实现轻量化。如吉利博越，宝马3、哈弗H6等的变速器冷却管路，采用了PA11或PPA塑料管，相对传统的金属+橡胶管路减重50%以上。

3.2.9 空调管路

1. 空调软管的分类与结构

汽车空调管路是空调系统的血管，将压缩机、蒸发器、冷凝器、膨胀阀等零件连接起来，通过传输不同压力、气液状态的制冷剂完成制冷循环。

汽车空调管路按照不同的标准有不同的分类。按材质可分为铝管、橡胶管路、其他材料管路；按压力可分为高压管、低压管；按冷却剂状态可分为气态管路和液态管路等。汽车空调冷却系统示意图如图3-38所示。

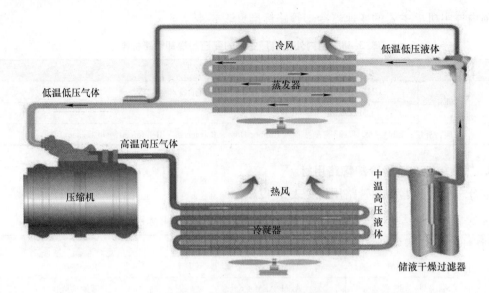

图 3-38 汽车空调冷却系统示意图

按行业标准 QC/T 664—2009《汽车空调（HFC-134a）用软管及软管组合件》标准分类，R134a 胶管可以分为 5 类，具体见表 3-50。

表 3-50 QC/T 664—2009 标准要求

	软管类型	软管特点	备注
A 型	织物增强的合成橡胶软管	软管内胶层为耐油橡胶，增强层由与内胶层和外覆层粘合的织物组成，外覆层为耐热和耐臭氧的橡胶	A1 类一层增强层，A2 类 2 层增强层
B 型	钢丝增强的合成橡胶软管	软管内胶层为耐油橡胶，增强层由钢丝组成，外层由合成橡胶浸渍的耐热织物组成	—
C 型	织物增强的带有热塑性绝缘层的软管	软管内层橡胶之间有热塑性阻隔层，以织物作为增强层，外覆层为耐热和耐臭氧的橡胶	—
D 型	织物增强的热塑性内衬的软管	在软管内胶层的内表面有薄薄一层热塑性塑料内衬，增强层由内胶层和外胶层粘合的织物组成，外覆层为耐热和耐臭氧的橡胶	—

A 型胶管为传统的三层胶管，A1 型结构图与图 3-39 中 R12 制冷剂系统的冷却胶管相似，A2 型胶管有两层增强层。两层增强层是为了提高冷却胶管的承压强度。

B 型胶管也是三层结构，不过是以钢丝增强，其主要目的也是提高胶管的承压强度。

A 型胶管和 B 型胶管的主要差异是增强层的不同，A 型为织物增强，B 型为钢丝增强。钢丝增强能承受更大的压力。

C 型胶管的结构最早源于 1999 年美国 Aeroquip 公司申请的空调软管专利。这种胶管从内到外依次是橡胶内层、热塑性树脂阻隔层、橡胶次内层、增强层和外覆层。C 型空调胶管结构示意图如图 3-39 所示。

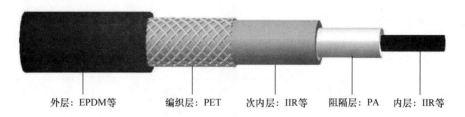

图 3-39　C 型空调胶管结构示意图

作为阻隔作用的 PA 层，在其和增强层之间一般还需要次内层，以保护 PA 层不受破坏。

D 型空调胶管结构源于 1987 年美国固特异轮胎橡胶公司申请的尼龙共混内衬层空调软管专利。这种胶管从内到外依次是热塑性树脂阻隔层、橡胶内层、增强层和外层胶。D 型空调胶管结构示意图如图 3-40 所示。

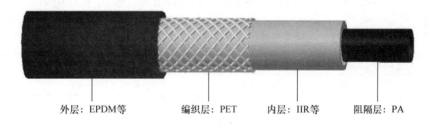

图 3-40　D 型空调胶管结构示意图

C 型和 D 型最大的差异是，C 型胶管在 D 型胶管的基础上在阻隔层内增加了一层橡胶层，这层橡胶能有效地提高胶管的密封性能。

2. 空调软管的材料选用

由于汽车空调的各总成部件一般分散安装在汽车的各个部位，如压缩机与发动机连成一体，冷凝器与干燥器安装在车架前端上，而蒸发器又安装在车内。当汽车在颠簸的道路上高速行驶时，各部件均产生振动，因而制冷系统的部件之间不能用刚性金属管连接，只能用柔性橡胶软管连接，而且软管必须具有吸收振动的能力，不能泄漏制冷剂，能承受一定的压力，耐爆裂强度高。

空调软管的材料选用主要要求：①对制冷剂的低透过性和好的抗耐性；②对润滑剂的抗耐性；③良好的高低温性能。

（1）对制冷剂的低透过性和好的抗耐性　2000 年以前，空调制冷剂主要是 R12，但 R12 容易破坏臭氧层。我国从 2007 年起禁止生产和在空调上使用 R12，现在汽车采用最多的制冷剂是 R134a。

R12、R134a 都是含氟材料，虽然 R134a 不会像 R12 一样破坏臭氧层（R12 的臭氧破坏系数是 1，R134a 的臭氧破坏系数是 0），但其泄漏同样会破坏生态环境。尽量低的渗透性，是胶管内衬层选材的重要标准。图 3-41 是 R134a 和 R12 对传统橡胶的渗透性能比较。

表 3-51 为几种常用橡胶在 R12 和 R134a 介质中的老化数据。

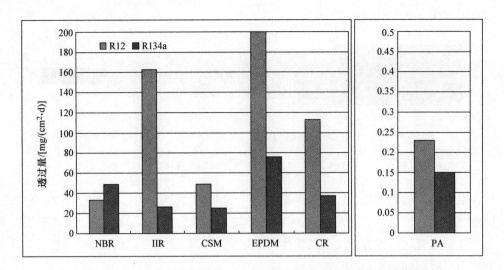

图 3-41 R12 和 R134a 对常用橡胶和 PA 的渗透率（80℃，0.34MPa）

表 3-51 几种常用橡胶在 R12 和 R134a 介质中的老化数据

	材料	NBR	HNBR	CR	EPDM	CM	VMQ	CSM	IIR
R134a	硬度变化	-7	-3	-6	-2	+1	+1	—	—
	重量变化	+8	+8.7	+0.3	+1.9	+1.5	+1.5	—	—
	体积变化	+7.3	+7.0	-0.1	+0.8	+1.2	+1.2	+1.1	+5.0
	蒸汽渗透率	—	33.7	—	—	8.7	1990		
	使用可否	△	△	○	○	○	×	—	○
R12	硬度变化	-1	-1	-5	-12	-1	-11		
	重量变化	+2.4	+2.5	+8.6	+38	+4.5	+46		
	体积变化	+1.6	+1.7	+6.6	+29.5	+4.2	+70.7	+11	+27
	蒸汽渗透率	—	14.3	—	511	38.2	5710		
	使用可否	○	○	△	×	○	×	—	×

注：1. 试验条件：浸渍条件为 25℃，24h。

2. 蒸汽渗透率单位为 mg·mm·d^{-1}·cm^{-2}，实验温度为 70℃。

3. △较差，○为可，×为不可，—为无数据。

在传统的 R12 空调软管中，R12 与 NBR、HNBR、CM 等橡胶有较好的相容性，但 R134a 制冷剂与传统的 NBR、HNBR 与 R12 相容性较差，而 IIR 橡胶（BIIR、CIIR）、CR、EPDM 相容性更好。

在 R134a 中渗透性低的橡胶依此是 IIR、CSM、CR 等。而 PA 树脂抗渗透性能远优于橡胶，所以现在采用的 R134a 冷却剂的空调软管，常选用 PA 或 IIR 作为内层胶（或阻隔层）。

使用 R12 制冷剂时，空调管路主要采用普通的三层结构，即内胶层、增强层和外覆层。内胶层主要选用 NBR，外胶层为 EPDM 或 CR，中间层为聚酯线增强的结构。空调软管结构及材料（R12 制冷剂）如图 3-42 所示。

外层：EPDM或CR　　编织层：PET　　内层：NBR

图3-42　空调软管结构及材料（R12制冷剂）

由于采用R12的空调软管内层的NBR对R134a比对R12的渗透性要强，若这类软管用于采用R134a的系统，则有可能发生制冷剂的大量渗漏。因此，R134a系统的排出和吸入软管必须采用不同于R12系统的结构和材料，且应具有较低的渗透和渗水性能。

（2）对润滑剂的抗耐性　在采用的R12系统中，压缩机的润滑油为矿物油（液状石蜡），而在采用R134a的系统中，由于R134a与矿物油不相容，而采用PAG油（聚亚烷基二醇油）。

常用橡胶与压缩机润滑油之间的相容性见表3-52。

表3-52　各种橡胶与润滑油之间的相容性

	材料	NBR	HNBR	CR	EPDM	CM	VMQ	IIR
PAG	硬度变化	+9	+6	+3	-3	-2	-3	—
	拉伸强度变化率	-5	+7	-9	+20	+3	-4	—
	伸长率变化率	-53	-27	-32	-9	-16	+4	—
	体积变化率	-3.9	-4.4	-0.6	+2.8	+1.9	+5.7	—
	使用可否	△	○	○	○	○	○	○
石蜡油	硬度变化	+3	+3	+3	-16	-2	-3	—
	拉伸强度变化率	-24	-7	-45	-46	+1	-4	—
	伸长率变化率	-57	-12	-54	-44	-19	+4	—
	体积变化率	-4.5	-7.3	-0.5	+80.8	+16.2	+5.7	—
	使用可否	△	○	△	×	△	○	×

注：1. 试验条件：浸渍条件为150℃，70h。

　　2. △较差，○为可，×为不可，一为无数据。

由表3-54可以看出，液状石蜡体系中相容性较差的EPDM、IIR橡胶，与PAG润滑油有较好的相容性。

（3）耐热性能　连接压缩机与冷凝器之间的空调管路，工作温度最高，一般可达120℃左右，目前常用的NBR、HNBR、CR、IIR、EPDM、CM等橡胶及尼龙等，均可满足在该温度下长期使用。

以上是空调管路的主要性能要求，下面从各层的材料要求及选用进行分析。

（1）软管内层胶　胶管内层长期和制冷剂接触，需要有极好的耐制冷剂性能。胶管内层需要有以下功能：①提供良好的制冷剂阻隔性能（没有阻隔层时）。②在胶管端头，提供良好的安装和密封性能。③保护阻隔层。

PA材料具有良好的制冷剂阻隔性能，但PA属于工程塑料，其刚性较大，因此，PA阻隔层为内层的胶管，容易造成管件安装上的困难，且易引起PA层的破坏。如果安装不到位，长期的使用过程中又容易脱落。另外，即使安装到位，PA因弹性较差而不能确保密封性。尼龙表面的一层橡胶，能有效地保护PA不受破坏，提高接头部位安装性能、长期密封性能等。

目前，采用R134a的系统中，常用的内胶层有IIR、CR、EPDM等。IIR具有极好的防制冷剂和气体渗透性能，而卤化丁基橡胶（CIIR、BIIR）其防R134a和气体渗透性能更加优越，同时具有高阻尼特性、耐高低温性能等，是内胶层的更理想材料。

IIR（包括CIIR、BIIR）、CR长时间使用温度一般不超过120℃，当温度超过时，就建议采用更耐热的EPDM、HNBR等橡胶。

(2) 软管阻隔层　由图3-41可以看出，PA是采用R134a的系统中最好的阻隔材料。目前，常用阻隔层材料为PA6、PA66、PA11、PA12等，其中以PA6为主，主要是因为：尼龙阻隔层需要与内胶层有极好的粘合性能，如果粘合不好，在长期的使用过程中，容易出现阻隔层与内胶层之间脱落的现象。目前在各种尼龙材料中，在结合柔软性和低渗透性的同时，PA6与IIR、EPDM等橡胶的粘合性能是最好的。

(3) 软管外覆层　外覆层要求有较好的耐高低温、抗臭氧老化等性能，目前，EPDM是空调制冷胶管最理想的材料。也有一些车型采用CR、IIR（包括CIIR、BIIR）、AEM等材料。

3. 空调管路相关的标准

目前，比较常用的国内及行业汽车空调软管标准见表3-53。

表3-53　目前比较常用的国内及行业汽车空调软管标准

序号	标准号	标准名称	标准主要内容
1	HG/T 2718—2017	汽车空调用橡胶和塑料软管及软管组合件	规范了汽车空调系统用的橡胶或塑料软管和软管组合件的类别、尺寸、结构、技术要求和试验方法等
2	QC/T 664—2009	汽车空调（HFC-134a）用软管及软管组合件	规范了汽车空调（HFC-134a）用软管及软管组合件的性要求、试验方法、检验及种类、标志、包装运输储存的基本要求
3	SAE J 2064—2011	R134a汽车空调软管制冷剂	规范了汽车空调（HFC-134a或R1234yf）用软管及软管组合件的性能要求、试验方法等
4	ISO 8066-2—2001	自动空气调节用橡胶和塑料软管及软管组件　规范　第2部分：134a制冷剂	规范了汽车空调（HFC-134a）用软管及软管组合件的性能要求、试验方法等
5	BS ISO 8066-2—2001（R2016）	自动空气调节用橡胶和塑料软管及软管组件　规范　第2部分：134a制冷剂	规范了汽车空调（HFC-134a）用软管及软管组合件的性能要求、试验方法等

以 ISO 8066-2—2001 标准为例，空调软管主要测试项目及要求见表3-54。

表3-54　ISO 8066-2—2001 中空调软管要求

序号	试验项目		试验要求	
1	渗透试验 R134a+10%PAG 油	低压管80℃	A/B 型： 29kg/(m²·a)	CDE*型： 9.7kg/(m²·a)
		高压管90℃	A/B 型： 40kg/(m²·a)	CDE 型： 30kg/(m²·a)
2	老化试验	125℃，168h	在2.4MPa流体静内压下防止5min，制冷剂无泄漏或渗出	
3	低温试验：管件填 R134a+10%PAG 油至70%，老化70℃，48h，然后在-40℃保持24min		弯折180°，升至室温后除去液体制冷剂，在2.4MPa下保持5min，无制冷剂泄漏或渗出	
4	减压试验 真空内压13.3kPa，2min		软管外直径的减少量不超过原有外直径的20%	
5	长度变化 7kPa流体静内压下垂直放置，测量原长，升压到2.4MPa时再次测量长度		-4%~2%	
6	爆破强度试验（充压力水）		≥12MPa	
7	耐压试验 6.0MPa，2min		无泄漏或破裂	
8	清洁度试验 70℃，20min		不溶物≥270mg/m² （基于管件内表面积）	
9	脉冲试验 500kPa~2.6MPa，30~40次/min，125℃，15万次		无泄漏或破裂	
10	R134a 抽出试验 70℃，24h		软管内层抽出物≥118g/m²	
11	臭氧试验 50pphm，40℃，72h		在2倍放大镜下无可见裂纹	
12	体积变化（R134a+10%PAG 油） -30℃密封浸没至液体中，90℃下放置5min		橡胶：-5%~35% 塑料：-5%~5%	
13	渗水试验 85%Rh，4h		≤3.9×10⁻⁴g/(mm²·a)	
14	结合密封性 96h，125℃，2.07MPa		制冷剂损失≤7g	

注：相对于 QC/T 664 的空调软管分类，ISO 8066-2—2001 标准中多了 E 型胶管。该胶管是内外层为热塑性塑料，中间为纤维增强。该胶管结构与 SAE J51 中 C 型胶管类似，不过 SAE J51 中的 C 型胶管并未明确外层是塑料材料。

国内外主机厂主要的空调管路标准见表3-55。

表 3-55　国内外主机厂主要的空调管路标准

序号	主机厂	标准号	标准名称
1	通用	GME 13003-11	空调制冷软管和接头
2	大众	VW TL 50170	空调胶管
3	福特	WSH M 96 D25-A2	Hose, Air conditioning refrigerant resistant, Medium pressure
4	克莱斯勒	EA 98/EA 99	空调胶管
5	奇瑞	Q/SQR S8-29	车用空调管路总成
5	奇瑞	Q/SQR S8-50	车用空调暖风水管管路总成

4. 部分车型空调管路用材

部分国内外车型的空调管路用材情况见表 3-56。

表 3-56　部分车型空调管路用材

车型	压缩机-冷凝器段	压缩机-蒸发器段	冷凝器-蒸发器段
广汽传祺 GS5	PA/IIR/PET/EPDM+金属	金属	CIIR/PET/EPDM+金属
哈弗 H2	IIR/PET/EPDM+金属	金属	EPDM/PET/IIR+金属
哈弗 H5	CIIR/PET/EPDM+金属	金属	CIIR/PET/EPDM+金属
奇瑞艾瑞泽 5	IIR/PET/EPDM+金属	金属	IIR/PET/EPDM+金属
荣威 RX5EV	IIR/PET/EPDM+金属	IIR/PET/EPDM+金属	IIR/PET/EPDM+金属
荣威 550	PA/IIR/PET/EPDM+金属	IIR/PET/EPDM+金属	PA/IIR/PET/EPDM+金属
丰田凯美瑞	IIR/PET/EPDM+金属	金属	EPDM/PET/IIR+金属
丰田威驰	PA/IIR/PET/EPDM+金属	金属	EPDM/PET/IIR+金属
日产天籁	PA/IIR/PET/EPDM+金属	金属	CIIR/PET/EPDM+金属
雪佛兰创酷	CR/PA6/CR/PET/IIR+金属	金属	EPDM/PET/IIR+金属
菲亚特菲翔	橡胶软管+金属	CR/PA/CR/PET/IIR+金属	CR/PA/CR/PET/IIR+金属
斯柯达昕锐	PA/IIR/PET/EPDM+金属	PA/IIR/PET/EPDM+金属	PA/IIR/PET/EPDM+金属
大众 POLO	PA/IIR/PET/EPDM+金属	PA/IIR/PET/EPDM+金属	PA/IIR/PET/EPDM+金属
大众迈腾	PA/IIR/PET/EPDM+金属	PA/IIR/PET/EPDM+金属	PA6-BIMS/PET/BIIR+金属
大众速腾	PA/IIR/PET/EPDM+金属	PA/IIR/PET/CIIR+金属	PA/IIR/PET/EPDM+金属
宝马 3 系	PA6-BIMS/BIIR/PET/EPM+金属	PA6-BIMS/BIIR/PET/EPM+金属	PA6-BIMS/BIIR/PET/EPM+金属

注：BIMS 指一种异丁烯基黏接剂、正异丁烯、对-甲基苯乙烯和对-溴化甲基苯乙烯的三聚物。

压缩机-冷凝器段空调管路与冷凝器-蒸发器段管路均是采用金属+橡胶组合的方式，其中，采用胶管的目的是缓冲发动机的振动，同时便于装配。

大部分车型压缩机-蒸发器段管路采用全金属管路，部分德系车型采用金属+橡胶组合的方式。

空调软管中，德系及大部分合资车型均是采用 D 型胶管，而自主品牌车型主要是采用 A 型胶管，少数车型采用了 C 型胶管，如菲亚特菲翔、雪佛兰创酷等。

5. 空调管路发展趋势

（1）更高的防渗透性能　防渗透性能是空调软管最重要的性能之一，欧盟已于2019年禁止使用R134a，转而采用更环保的环保制冷剂。美国计划2025年全面禁止R134a，中国目前还无响应计划，但环保意识的日益增强，也从客观上要求软管具有更高的防渗透性能。

2016年，青岛三祥申请了低渗透空调胶管专利，该专利在常用的D型胶管基础上，将传统的单层尼龙阻隔层改成多层的阻隔层，即PA-EVOH-PA阻隔层替代传统的PA阻隔层。广州天河申请的一种多层柔软型的环保汽车空调软管与之相似，只是在橡胶材料的选用上略有不同。

2017年，青岛三祥申请的含低渗透黏接剂的空调软管，共7层，由内到外分别是内胶层（CR）、阻隔层（PA）、第一中胶层（EPDM）、第一增强层（PET）、第二中胶层（EPDM）、第二增强层（PET）、外覆层（EPDM）。其中，阻隔层与内胶层和第一中胶层之间采用低渗透黏接剂粘接。吉利汽车在2012年还申请了一种采用PTFE阻隔层的空调软管。

（2）新型环保制冷剂下的空调软管　R12为1995年以前汽车空调使用的制冷剂，早已被R134a取代。随着全球环保越来越严苛，欧盟排放法规2006/40/EC对汽车空调制冷剂又提出了"2017年1月1日起都要使用GWP值小于150"的新型制冷剂的新要求。目前，汽车空调普遍使用的制冷剂为HFC-R134a，但R134a作为一种温室气体会破坏大气臭氧层，且其致暖因子GWP高达1300，目前常用的汽车空调新型制冷剂主要有CO_2、二甲醚及R-1234yf。其中，R-1234yf由于GWP为4（比R134a少99.7%），同时不需要对目前R134a的空调系统进行改动可直接切换而受到国内一些主机厂的青睐，成为国内一些主机厂R1234yf代替R134a出口欧盟车辆首选的空调制冷剂。

四川川环科技公司申请的一种THV汽车空调胶管专利，该专利软管最内层或次内层采用THV材料，可满足CO_2、二甲醚（DME）等新型环保制冷剂介质需要。

吉利汽车申请的一种PTFE汽车空调软管，该软管最内层为PTFE防渗透层，可满足制冷剂F134a、F134a/PAG混合液和CO_2的使用要求，可耐125℃高温，耐高压为10bar。

3.2.10 风窗洗涤/前照灯清洗管路

1. 风窗洗涤/前照灯清洗管路的分类与结构

风窗洗涤管路是指连接洗涤液罐和喷嘴之间的管路，部分车型还有前照灯清洗管路。前照灯清洗管和风窗洗涤管路示意图如图3-43所示。

风窗洗涤/前照灯清洗管路一般均为单层管路。

2. 风窗洗涤/前照灯清洗管路材料选用

风窗洗涤管路的主要功能是输送玻璃清洗液，玻璃清洗液的主要成分是水、酒精、乙二醇和其他少量添加剂等。玻璃清洗液主要成分和发动机冷却液主要成分类似，所以风窗洗涤管路一般也可选用和发动机冷却管路类似的EPDM材料。

另外，由于风窗洗涤管路使用环境较低，也无相关的NVH性能要求，所以还可选用硬度较大的软质塑料，如PVC、PP、PA、TPV等。

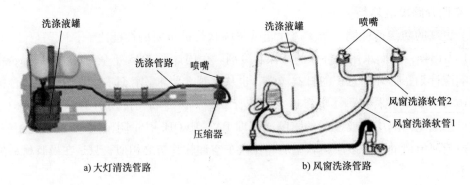

a) 大灯清洗管路　　　　　　　　b) 风窗洗涤管路

图 3-43　前照灯清洗管和风窗洗涤管路示意图

使用过程中，风窗洗涤软管内压较小，一般采用单层管，部分车型也采用塑料波纹管，前照灯清洗管路用材及要求与风窗洗涤管路基本类似。

3. 风窗洗涤/前照灯清洗管路的标准

目前，国内尚无风窗洗涤管路的相关行业标准，国际上主要的标准见表3-57。

表 3-57　国际上部分风窗洗涤管路标准

序号	标准号	标准名称	标准主要内容
1	SAE 942	乘用车风窗洗涤系统	规范了乘用车风窗洗涤系统的性能要求，包括风窗洗涤管路的要求
2	SAE J1037—2001	挡风玻璃喷洗器软管	规范了符合 SAE 942 的风窗洗涤用非增强的挤出软管的性能要求

SAE J1037 是 SAE J942 中的风窗洗涤管路要求的具体化，具体要求见表3-58。

表 3-58　SAE J1037 中风窗洗涤管路材料相关的要求

序号	试验项目		试验要求
1	邵尔 A 硬度 按 ASTM D2240 进行		70±5
2	拉伸性能 取 250mm 软管两端固定资产夹具上，拉伸速度 500mm/min	拉伸强度	≥7.0MPa
		拉断伸长率	≥200%
3	爆破压力		≥0.7MPa
4	拉脱力 500mm/min	公称尺寸 3mm	≥22N
		公称尺寸 4.5mm	≥44N
		公称尺寸 6mm	≥66N
5	吸瘪试验		≤30%
6	喷霜 -40℃，45min；室温1h；然后连续10次弯折360°		管内外无可见的喷霜（喷蜡或其他可见的污染物）

(续)

序号	试验项目		试验要求
7	撕裂性能 两倍的金属芯棒插入软管（芯棒表面粗糙度不超过20RMS①，插入的一端呈30°，涂润滑油）		无撕裂
8	老化后的拉脱力 125℃，70h 后室温放置 24h；臭氧 50pphm，70h，40℃，25%，室温放置 16h	公称尺寸3mm	≥18N
		公称尺寸4.5mm	≥35N
		公称尺寸6mm	≥53N
9	低温试验 -40℃，5h 后，绕 10 倍芯棒弯折 180°5 次，每次在 4s 内完成		无断裂、裂纹
10	臭氧老化 50pphm，70h，40℃×25%，室温放置 16h，在 7 倍放大镜下观察		0 级
11	热老化试验 125℃，70h	进行真空吸瘪	≤30%
		进行低温试验	无断裂、裂纹
		硬度变化	≤+15
		拉伸强度变化	≤-20
		撕裂性能	无撕裂
		臭氧老化	0 级
12	耐污染 200mL 50%的清洗液水溶液中放置 4h；取出放置在白色油漆板上，按 ASTM D925B 法照射 24h		油漆允许轻微的污染（用常规的清洗剂可以除去）

① RMS 为表面粗糙度的一种评价参数。

4. 部分车型风窗洗涤/前照灯清洗管路用材

部分车型风窗洗涤/前照灯清洗管路用材见表 3-59。

表 3-59　部分车型风窗洗涤/前照灯清洗管路用材

序号	车型	风窗洗涤管路1	风窗洗涤管路2	前照灯清洗管路
1	奇瑞 G6	EPDM	EPDM	EPDM
2	奇瑞 A3	EPDM	EPDM	—
3	奇瑞艾瑞泽 5	PP	PP	—
4	众泰 T600	EPDM	EPDM	EPDM
5	大众朗逸	EPDM	EPDM	—
6	宝马 Q5	—	—	PVC

部分车型后风挡玻璃也有清洗系统，后风窗清洗管路较长，一般超过 4m，其与前风窗清洗管路材料及要求基本相同。

3.2.11 天窗排水管

1. 天窗排水管分类与结构

天窗作为一项既美观又实用的配置，正在越来越多的乘用车中普及。天窗排水管总成作为天窗附件的一部分，连接天窗排水槽和底盘板筋，安装在A柱、C柱内部，将天窗排水槽的水引向地面。

天窗导水管的主要作用是将天窗附近的雨水排到车外。天窗导水管分为两部分，前排水管和后排水管。天窗导水管示意图如图3-44所示。

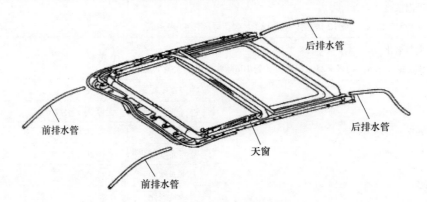

图3-44　天窗导水管示意图

天窗排水管一般为单层管路。

2. 天窗排水管材料选用

天窗排水管主要对天窗上的雨水、自来水（洗车）等液体引流到地面。排水管对材料的性能要求较低，主要是有耐候、耐臭氧等方面的要求。

由于排水管与大气相同，工作时内部无须承受高的大气压，所以一般采用单层管。

目前，天窗排水管可选用的材料种类较多，如PVC、EPDM、PP + EPDM、TPE、尼龙等。考虑到成本因素，目前最常用的是价格相对低廉的PVC材料。PVC天窗排水管如图3-45所示。

图3-45　PVC天窗排水管

PVC是市政用排水管路的主要材料之一，不过市政用排水管硬度较大，汽车天窗排水管较长。为了适应布置的需要，天窗排水管往往硬度较低，因此主要采用软质 PVC。另外，为了满足主机厂的需要，往往要做成各种颜色，甚至是透明。

3. 部分车型天窗排水管用材

部分国内外车型天窗排水管用材见表 3-60。

表 3-60 部分车型天窗排水管用材

序号	车型	前排水管总成	排水管材料
1	广汽传祺 GS5	EPDM	EPDM
2	哈弗 H6	PVC	PVC
3	吉利博越	EPDM	EPDM
4	奇瑞艾瑞泽 5	PVC	PVC
5	长安 CS70	PVC	PVC
6	荣威 RX5EV	PVC – P	PVC – P
7	丰田凯美瑞	PVC	PVC
8	丰田汉兰达	PP + EPDM	PP + EPDM
9	本田雅阁	PVC	PVC
10	日产天籁	PVC	PVC
11	雪佛兰赛欧	PVC	PVC
12	雪佛兰迈锐宝	PA6	PVC
13	别克君威	PA6	PA6
14	大众迈腾	PVC	PVC
15	大众速腾	PP + EPDM	PP + EPDM
16	凯迪拉克 ATS	PA6	PVC

注：PVC – P 是指增塑 PVC，即软质 PVC。

3.3 橡胶密封件

橡胶密封件是指具有密封作用的各类橡胶零件，它是橡胶应用的最大种类之一。根据不同的分类方法，橡胶密封件有不同的类别。

按密封时的运动状态，可以分为静密封和动密封。静密封是指两个静止面之间的密封，即运行中处于静止状态而无相对运动的密封。静密封主要有垫密封、密封胶密封和直接接触密封三大类。动密封可以分为旋转密封和往复密封两种基本类型。

按密封的介质，可以分为液压系统的密封件和空气密封件。汽车常用的液压介质有发动机油、变速器油、冷却液、制动液、燃油、清洗液等。

另外按照密封件的材质，可以分为传统的橡胶密封件、TPE 密封件；其中传统的橡胶密封件又可以分为 NR、EPDM、NBR、CR、ACM、HNBR、FKM 等密封件。

按结构，传统的密封件可以分为 O 形圈、星形圈、空心胶管圈、方形密封圈、唇形密封圈（U 形密封件、V 形密封件）等。

按照所属的系统可以分为发动机密封件、变速器密封件、制动系统密封件、转向系统密封件、车身密封件等。

由于密封件的使用部位较多,国内外没有统一的分类标准,按密封件的结构、功能、和使用环境等,本书将密封件分为以下几类,见表3-61。

表3-61 密封件分类

序号	分类	分类描述
1	密封圈	主要指防止液体/流体介质泄漏或压力损失的密封件,主要指各种O形圈、星形圈、平垫圈、油封等
2	密封条	主要是车身密封条,包括车门密封条、天窗密封条、前舱密封条、行李舱密封条等
3	防尘罩	主要是有一定位移补偿的薄壁橡胶件,其主要作用是通过其阻隔对内面进行保护,或使内外不相对影响
4	其他	除以上分类外的密封件,包括堵盖/堵塞、隔膜等

3.3.1 密封圈

1. 密封圈分类与结构

密封圈的分类方法较多,以下仅根据密封圈的截面结构,简单介绍常用密封圈的分类、特点、使用环境等。

对于静密封或往复运动的动密封,常用的密封圈截面形状有O形、X形、方形、T形、D形、Y形、U形、V形等。

(1)O形密封圈 O形密封圈是截面呈圆形,往往简称O形圈。O形密封圈及截面如图3-46所示。O形圈是最常用、使用最广泛的密封件,可用作静密封,也可用于往复式的动密封,较少用于旋转运动等密封。

图3-46 O形密封圈及截面

O形圈结构简单、体积小、安装部位紧凑、适用范围广、安装也简单。O形圈动摩擦系数较小,但启动摩擦阻力较大,且很难做到完全不渗漏。另外,如果压力较高时,O形圈会因产生弹性变形而挤进密封耦合面间的缝隙,引起密封圈破坏,所以一般当压力较高时,O形圈会和挡圈配合使用。具体多大的压力应该使用挡圈,不同的文献研究结论不一样。龚步才在《O形圈在静密封场合的选用》中认为,当工作压力大于16MPa时,应配合挡圈。肖军在《谈液压橡胶密封件的结构性能及使用》指出当工作压力大于10MPa时,应配合挡圈。

(2)X形密封圈 X形密封圈是截面呈X形,又称星形密封圈。X形密封圈主要用于低阻力的动密封中,但也适合做静密封使用。X形密封圈及截面如图3-47所示。

图 3-47　X 形密封圈及截面

与 O 形圈相比，由于截面非圆形，可以避免往复运动中产生滚动。另外，由于 X 形密封圈在密封唇之间形成润滑容腔，具有较小的摩擦阻力、起动阻力；由于它的飞边位置在截面的凹处，密封效果更好。

(3) 方形密封圈　方形密封圈是截面呈方形，也叫矩形密封圈，主要用于固定用静态密封，也可用于往复运动密封。方形密封圈及截面如图 3-48 所示。

图 3-48　方形密封圈及截面

与 O 形圈相比，方形密封圈具有密封性能好、抗挤出性能强、密封压力高、稳定性好等突出优点。一般，O 形圈工作压力超过 10MPa 时，就需要配合挡圈，而方形密封圈无须设置挡圈，且工作压力可高达 50MPa。

(4) D 形密封圈　D 形密封圈是截面呈现出 D 字形，从本质上可以看作带方形基部的 O 形圈。D 形密封圈可用于往复运动，D 形密封圈截面如图 3-49 所示。

图 3-49　D 形密封圈截面

与 O 形圈相比，D 形密封圈接触压力大，能提供较大的基部接触面积，因而减少了扭曲、咬伤、螺旋失效等。

(5) Y 形密封圈　Y 形密封圈是截面呈现 Y 形，是一种典型的唇形密封圈，广泛应用于往复动密封装置中。与 Y 形密封圈比较接近的是 U 形密封圈。两者在形状上基本相同，一般来说，U 形密封圈唇长，底部与唇部的厚度相同，或底部略大于唇部，而 Y 形密封圈底部厚度更厚。在国外，Y 形密封圈有时也叫 U 形密封圈。典型 Y 形密封圈和 U 形密封圈截面图如图 3-50 所示。

U 形圈在高压下唇的内侧作用有很高压力，有良好的自封效果，但因底部很薄，且呈圆弧形，内压在底部形成很大的张力，因此很容易使底部发生撕裂现象。为了避免密封圈的损

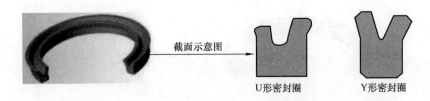

图 3-50 典型 Y 形密封圈和 U 形密封圈截面图

坏率,在设计的时候就把橡胶 U 形圈的底部加厚,从而演变出一个 Y 形密封圈。

(6) V 形密封圈 V 形密封圈是截面呈现 V 形,也是一种典型的唇形密封圈,主要用于液压缸活塞和活塞杆的往复动密封,其运动摩擦阻力较 Y 形密封圈大,但密封性能可靠,使用寿命长。

V 形密封圈很少单独使用,一般与支撑环、数个密封环和压环组合使用。V 形密封环由胶布或纯橡胶模压而成,胶料一般使用 NBR,压环和支撑环一般采用较硬的胶布压制,支撑环也可用硬质塑料压制。V 形密封圈组合件截面如图 3-51 所示。

图 3-51 V 形密封圈组合件截面

V 形密封圈与 Y 形密封圈常用要求见表 3-62。

表 3-62 V 形密封圈与 Y 形密封圈常用要求

工作环境	Y 形密封圈	V 形密封圈
常用温度	一般 -30~80℃	一般 -30~80℃
工作压力	最高可超过 60MPa	一般不大于 40MPa
工作速度	NBR 材质:0.02~0.3m/s 夹布橡胶材质:0.005~0.5m/s	NBR 材质:0.01~0.6m/s FKM 材质:0.05~0.3m/s AU/EU 材质:0.01~1m/s

(7) 油封 一般旋转轴唇形密封圈叫作油封。在一些技术资料中,油封也泛指一般密封件,即润滑油密封。

常用的油封结构形式及特征见表 3-63。

表 3-63 常用的油封结构形式及特征

类型	特征
单唇口型	最通用的形式,用于无尘埃的环境。骨架与油封座配合要精确,骨架外表面加工精度高。压力:0.02~0.03MPa
双唇口型	有防尘副唇,用于有尘埃、泥、水的环境。安装时,两唇之间最好填充润滑脂。副唇有各种形式
无弹簧型	用于密封润滑脂或除尘。可与单唇型并用
耐压型	一般耐压到 0.3MPa。骨架延伸到唇部,而且唇部短厚

(续)

类型	特征
抗偏心型	腰部呈 W 形，可在偏心较大的部位起密封作用
往复型	往复运动用，主唇起封油作用，副唇（外唇）防止润滑油膜被刮掉
两侧密封型	同时密封两侧的油，使两种润滑剂不混合
单向回流型	唇口外侧面上有螺纹或斜筋等浅花纹。正转时，由于流体原理产生"回流效应"，能把漏出的油泵回油侧。高速时可提高密封性，使唇口温升和转矩下降，但反转时漏油
双向回流型	唇口外侧上有对称的浅花纹，如凹▽、凸△块、V 字形或波形等。原理和效果同上，正反转均不泄漏

2. 密封圈的材料选用

无论哪种结构的密封圈，其主要原理都是利用橡胶的变形进行密封（通过过盈配合的形变，动态密封除橡胶的过盈配合外，还与橡胶与介质之间的润滑、介质的表面张力等因素有较大关系），只不过静密封只使用密封圈的一次变形，而动密封在使用过程中会出现频繁的变形。

因为所有的橡胶都有较好的弹性，所以各种橡胶基本都可以用于密封件。而具体选用哪种橡胶，是要根据密封件的使用环境（如接触的介质、高温环境、低温环境等）、性能要求、价格、结构等多种因素决定。

目前，常见的橡胶材料如 EPDM、NR、SBR、CR、NBR、ACM、AEM、HNBR、FKM、VMQ 等都在汽车密封圈上大量应用。

下面主要从耐油性能、高温性能、低温性能、压缩永久变形、耐磨性、硬度等方面，介绍使用环境对密封圈材料的选用影响。

（1）耐油性能　耐油性能是对密封圈材料选用最重要的影响因素之一，密封圈材料选用时首先要考虑橡胶材料与密封介质的相容性。传统的油液是指汽油、发动机油、变速器油、制动液、冷却液、转向液等液体介质，也包括各种油脂、润滑脂等流体。在和油液的长期接触过程中，如果密封圈材料和介质的相容性差，就会发生溶胀/抽出等现象，从而影响密封圈的性能，导致密封不严，造成泄漏等失效。

橡胶制品在接触油液的过程中一般都会伴随抽出和溶胀现象，并达到一定的平衡。这主要是橡胶内部是由化学键将各分子连接成空间的网状结构，橡胶中的各种软化剂、增塑剂、防老剂、加工助剂等配合体系，都相对地固定在网状结构中。橡胶在和油液长期接触的过程中，油液分子进入网状结构并逐渐扩散，从而形成溶胀。同时，橡胶内的一些低分子添加剂也会溶解到油液分子中，并转移出橡胶网状结构，从而形成抽出。橡胶的溶胀会使橡胶发生高弹形变而产生应力，阻止外来油液分子的继续进入，当渗透压力等于该应力时，溶胀停止进行，从而达到平衡状态。橡胶溶胀、抽出示意图如图 3-52 所示。

橡胶件只要和油液接触，就不可避免地产生抽出和溶胀现象。橡胶体的溶胀和抽出往往会对橡胶件的性能带来一定的危害。

不同的橡胶材料在油液介质中的溶胀及抽出不尽相同，对橡胶的性能影响也不尽相同。

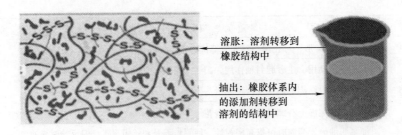

图 3-52 橡胶溶胀、抽出示意图

橡胶的耐油性就是指橡胶抵抗油液对其性能影响的能力。狭义上的耐油性是指橡胶对传统非极性油液（如发动机油、变速器油、燃油）的耐油性能，广义上的耐油性是指橡胶耐各种液体溶剂的性能。

表 3-64 是常用橡胶对各种油液的耐油性和主要性能。

表 3-64 常用橡胶对各种油液的耐油性和主要性能

	耐油性	耐碱性	耐酸性	耐水性	耐候性	耐磨性	特长
SBR	×	○	△	○	△	◎	耐水、耐极性溶剂，耐候，耐热；耐矿物油性差
EPDM	×	○	○	◎	○	◎	耐水、耐极性溶剂，耐候，耐热；耐矿物油性
NBR	◎	○	○	○	△	○	耐矿物油，耐磨损，在油封中使用最多；不能用于酮类及酯类的极性溶剂中
ACM	◎	×	△	△	◎	◎	耐矿物油、耐热、耐候；耐水性、耐乙二醇性能稍差
HNBR	◎	○	○	○	◎	◎	耐矿物油，耐磨损与 NBR 相当；耐热、耐候更好
VMQ	○	×	△	△	◎	○	耐热、耐寒、耐候；耐油性一般，耐水性好
FKM	◎	△	○	○	◎	◎	耐热、耐油、耐水、耐候等性能均极好；低温性能稍差
PTFE	◎	◎	◎	◎	◎	◎	耐热、耐油、耐水、耐候等性能均极好；弹性差

备注：1. ◎ 有耐性；○ 除特定场合外有耐性；△ 除特定场合外无耐性；× 无耐性。

2. 该表的耐油性指耐传统的非极性油品，不包括乙二醇、水、磷酸酯系列。

表 3-64 对耐油性只是进行了笼统的描述，评价橡胶耐油性能的指标比较多，如渗透性、体积变化率、硬度变化、伸长率变化率、强度变化率等。耐油性一般也是指对石油基油

（如发动机油、变速器油等）的抗耐性，对所有的油、溶剂都具有抗耐性的橡胶几乎没有。橡胶耐油性的不同评估指标，代表的侧重点是不一样的。其中，油品与橡胶相容性试验后的体积变化率是评定密封件耐油性能最通用的指标之一。

HG/T 2196、SAE J2000、ASTM D200 中都以 3 号油的体积膨胀率来评估橡胶耐油基本性能。图 3-53 是几种常用的橡胶耐 ASTM 3 号油体积变化率。

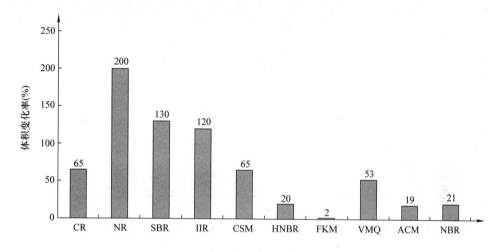

图 3-53　几种典型橡胶耐 ASTM 3 号油的体积变化率（50℃，70h 时）

图 3-54 是各种橡胶技术资料中经典的橡胶耐油性分级，就是根据各种橡胶在 ASTM 3 号油中浸泡 70h 后的体积膨胀率来评判的。

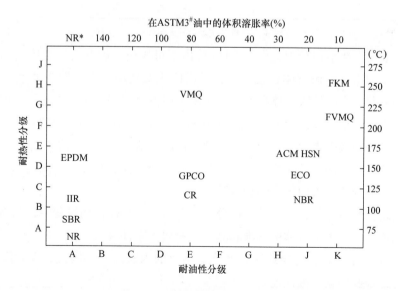

图 3-54　橡胶的耐油性、耐热等级

橡胶的耐油性能变化，与橡胶配方有很大关系，图 3-54 只是基于特定配方特定条件下测试的结果，却也大致可以反映橡胶的耐油性能。

对于汽车而言，常用的油液有发动机油、变速器油（自动变速器油和手动变速器油）、冷却液、燃油、制动液、转向液、玻璃清洗液、阻尼液、空调制冷剂、水等。不同的油液成分、极性等有差异，导致其与橡胶之间的相容性不同。

表3-65为各种汽车用油液与常用橡胶之间的相容性。

表3-65 各种汽车用油液与常用橡胶之间的相容性

		NBR	HNBR	ACM	VMQ	FKM	EPDM	SBR	PTFE
发动机油	10W-30	◎	◎	◎	◎	◎	×	×	◎
变速器油	手动	○	◎	◎	△	○	×	×	◎
	自动	○	◎	◎	×	○	×	×	◎
制动液	DOT3（醇型）	△	×	×	○	×	○	○	◎
	DOT4	×	×	×	△	×	○	○	◎
	DOT5（醇型）	△	×	×	○	×	○	○	◎
	DOT5（硅型）	◎	◎	◎	×	◎	×	○	◎
润滑脂	矿物油型	◎	◎	◎	◎	◎	×	×	◎
	硅基	◎	◎	◎	×	◎	×	○	◎
制冷剂	R12	○	◎	○	×	×	×	×	◎
	R134a	△	○	×	×	×	◎	×	◎
液压油（矿物油型）		◎	◎	◎	△	◎	×	×	◎
汽油		△	○	×	×	◎	×	×	◎
防冻液（乙二醇型）		○	○	×	△	×	◎	◎	◎
水		○	◎	×	○	○	◎	◎	◎

备注：◎ 有耐性；○ 除特定场合外有耐性；△ 除特定场合外无耐性；× 无耐性。

橡胶和油液长期接触过程中，由于溶胀/抽出不可避免，因此会发生体积的变化。一般来说，溶胀大于抽出时，橡胶体积就变大，反而体积就变小。在橡胶与油液实际接触过程中，往往允许橡胶适度的溶胀而体积变大，而不希望橡胶体积变小。这是因为橡胶件体积变大后，密封效果优于初始密封性能，但如果橡胶件体积缩小，密封性能则劣于初始密封性能。另外，抽出是油液对橡胶中低分子添加剂的抽出，这些添加剂的抽出，往往会对橡胶的性能产生较大的影响，而橡胶体积的轻微溶胀，往往会让橡胶和油液之间达到一种平衡，而不至于由于橡胶成分的流失而较大影响橡胶的性能。

以上橡胶耐油性能分析，只是综合性分析。在密封圈具体使用过程中，判断其橡胶材料是否满足性能要求，要根据具体的标准和其他性能要求来评判。

（2）耐高温性能　高温是导致橡胶老化最主要的因素之一。因此，密封圈橡胶材料的选用，必须考虑橡胶的耐高温性能。

在橡胶耐高温性能研究中，有几个比较重要的概念：橡胶的耐热温度、最高使用温度、长期使用最高温度、短期使用最高温度、最高温度、常用温度、最高常用温度。

其中，橡胶的耐热温度、最高使用温度、长期使用最高温度、短期使用最高温度是描述橡胶耐热性能的行业术语。最高温度、常用温度、最高常用温度是描述环境温度的术语。

1)橡胶耐热温度。橡胶耐热温度是指根据 HG/T 2196—2004 中规定的根据以适当的温度下经 70h 耐热后拉伸强度变化率不超过 ±30%，拉断伸长率变化率不超过 -50%，硬度变化不超过 ±15 度来确定的最高温度。

在 HG/T 2196—2004 标准中，根据该概念对橡胶进行了分类，见表 3-66。

表 3-66 各种温度下的橡胶材料选用

等级	试验温度	可适合的材料
A	70℃	NR、SBR、IR、IIR、EPDM、BR、T、BIIR、CIIR、EPM、再生胶
B	100℃	SBR、IIR、BIIR、CIIR、EPM、EPDM、CR、CM、NBR、AU、EU
C	125℃	CM、CSM、EPM、EPDM、NBR、EO、ECO
D	150℃	CM、CSM、EPM、EPDM、ACM、HNBR
E	175℃	ACM、AEM、FZ
F	200℃	PVMQ、MQ、FVMQ
G	225℃	VMQ
H	250℃	FKM
K	300℃	FFKM

通常来说，橡胶耐热温度即 HG/T 2196—2004 中规定的橡胶耐热温度。HG/T 2196—2004 中的规定与 SAE J2000、ASTM D2000 一致。

对于一些非关键橡胶件来说，参考 HG/T 2196—2004 中规范的橡胶耐热温度（以适当的温度下经 70h 耐热后拉伸强度变化率不超过 ±30%，拉断伸长率变化率不超过 -50%，硬度变化不超过 ±15 度来确定的最高温度）是没有问题的，但对于密封圈等橡胶件，使用环境相对苛刻，性能要求相对高，仅仅参考该标准是不够的。另外，由于标准中的耐热空气老化要求不一样，因此即使是同一等级的耐热温度，橡胶的耐热性能还是有差异的。如 HG/T 2196—2004 中对 150℃ 等级的 HNBR（DH 材料）耐热性能要求见表 3-67。

表 3-67 HG/T 2196—2004 中对 150℃ 等级的 HNBR（DH 材料）耐热性能要求

	品级 1	品级 2	品级 3	品级 4
热老化温度	150℃	150℃	150℃	150℃
热老化时间	70h	70h	70h	70h
硬度变化	±15 度	+10 度	+10 度	+10 度
拉伸强度变化率	±30%	-25%	-25%	-15%
拉断伸长率变化率	-50%	-30%	-30%	-25%

除行业标准（HG/T 2196—2004、SAE J2000、ASTM D2000 等）外，一般的主机厂都有更加严苛的橡胶材料耐热空气老化标准，可以把该耐热空气老化温度看作该橡胶件橡胶材料耐热性能的最低要求。

2）最高使用温度。最高使用温度按 GB/T 20028—2005 中定义为，材料在试验条件下，经规定时间后测定的性能达到规定的临界值的温度。具体哪种性能、达到多少为临界值，是比较复杂的，因为不同的零件使用环境、要求等可能差异很大。在设计文件中没有给出这些要求时，往往采用拉伸强度、拉断伸长率、压缩应力松弛、拉伸应力松弛、压缩永久变形、拉伸永久变形、拉伸蠕变这些性能，以原始性能值变化50%作为临界值。对于密封件而言，可以直接采用压缩永久变形或压缩应力松弛。在橡胶密封圈的设计规范中，往往有明确的压缩永久变形的技术要求。例如，某密封圈压缩永久变形达到75%时就会产生漏油风险，产品生命周期是10年，那么该密封圈材料的最高使用温度就可以通过GB/T 20028—2005进行验证和分析得出。

在实际使用过程中，橡胶不是只在同一环境温度下工作，而且使用过程中的最高温度往往是短暂的，因此只用最高使用温度来考察橡胶材料是否可以使用，是不准确的，这时往往采用长期使用最高温度和短期使用最高温度。

3）长期使用最高温度、短期使用最高温度。长期使用最高温度，一般指连续使用1000h后性能保持在临界值的温度。短期使用最高温度，一般指连续使用100h后性能保持在临界值的温度。

GB/T 20028—2005推算最高使用温度时，所选择的最低试验温度是应使达到临界值所需时间最少为1000h的温度，所选择的最高试验温度应使达到临界值的时间最少为100h的温度。在此基础上，一般选用连续使用1000h和100h作为长期使用和短期使用的最高温度。

如果技术文件中没有规定临界值，往往以某些关键性能的50%为临界值。长期最高使用温度和短期最高使用温度比较简单明了地对橡胶的耐高温要求进行了规范，目前很多橡胶件的技术要求中都引入了该概念。

4）最高温度指瞬间达到的最高温度。如图3-55、图3-56中最高温度为T_3。

最高温度是在正常使用下的最高环境温度，往往不包括非正常使用情况的环境温度。如车辆在20°的坡度上急速时，某零件的环境温度瞬间最高可达150℃，远远高于其他正常使用情况下的温度。这是车辆设计和正常行驶过程中会遇到的情况，因此该瞬间最高温度是该零件的最高温度。又如当车辆通过某火灾现场，某零件的环境温度瞬间最高可达300℃。由于普通汽车非火灾救援车辆，设计过程中并未考虑这种特殊情况，因此该瞬间环境温度不能作为最高温度。

最高温度往往都是一些特殊工况下的温度，如紧急制动时的制动液温度、急转向时的转向液温度、特殊路况下怠速时某些零部件所处的环境温度等。

5）常用温度指在使用范围内发生的频率最多的温度。图3-55、图3-56中密封件的常用温度为$T_1 \sim T_2$。

6）最高常用温度指除瞬间最高环境温度以外，在通常使用范围内的最高环境温度。图3-55、图3-56中的最高常用温度为T_2。

最高温度、常用温度和最高常用温度是一种环境温度，是通过测试、统计、模拟等手段获得的，它不是橡胶本身的耐热性能，只是为橡胶材料选用提供依据的。

设计过程中，橡胶的耐热性能是否满足零件性能要求，往往就是考察橡胶的耐热性能（橡胶的耐热温度、最高使用温度、长期使用最高温度）是否满足橡胶零件环境温度（最高

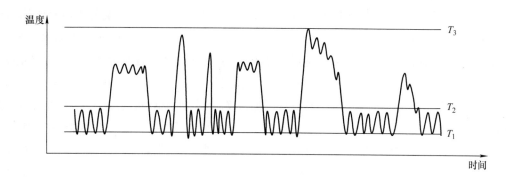

图 3-55　某密封件正常使用过程中的环境温度

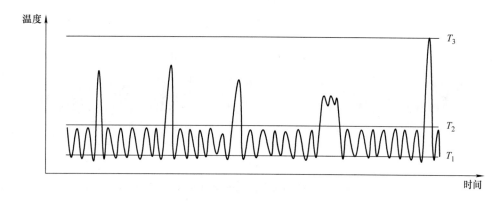

图 3-56　某密封件正常使用过程中的环境温度

温度、常用温度、最高常用温度）的要求。

橡胶零件在使用过程中，最高温度出现的频率较少，对橡胶的性能影响也比较小，而最高常用温度由于出现的频率较高，对橡胶的性能影响也更大。因此在橡胶的选材过程中，最高常用温度比最高温度往往更有指导意义。

橡胶的长期使用最高温度、短期使用最高温度对橡胶零件的材料选用有较好的指导意义，但是要想获得某一橡胶的长期使用最高温度、短期使用最高温度并不容易，往往需要进行大量的试验。而且对于不同的橡胶性能要求而言，长期使用最高温度、短期使用最高温度并不相同，所以在设计过程中，往往还是采用橡胶的耐热温度。

密封件橡胶材料耐高温性能的选用，目前主要是通过橡胶的耐热温度与最高常用温度来确定。

下面介绍密封件橡胶材料耐高温方面的材料选用。

假设橡胶材料的耐热温度为 T，动密封件，由于密封的唇端与轴来回滑动，存在一定的温升（ΔT），因此动密封件的唇端部位的温度（T_0），是高于密封介质的最高常用温度（T_1）的。也就是说，动密封件的唇端部位的温度为

$$T_0 = T_1 + \Delta T$$

式中　T_0——唇端的温度；

T_1——油封附件的密封介质的温度(最高常用温度);

ΔT——唇端部位的温升。

动密封件材料的选用,就是通过橡胶的耐热温度 T 与密封件唇端部温度 T_0 的比较来选择,选用原则如下:①当密封件在高于最高常用温度 T_1 时的使用时间($t\%$)超过30%时,则 $T \geq T_0 + 20℃$;②当密封件在高于最高常用温度 T_1 时的使用时间($t\%$)小于30%时,则 $T \geq T_0$;

1)高于最高常用温度 T_1 时的使用时间($t\%$)。图3-57是某油封在测试周期内接触介质的温度场。

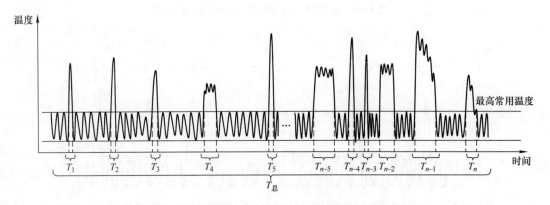

图3-57 某油封接触的密封介质在模拟试验周期内的温度

密封件在高于最高常用温度 T_1 时的使用时间是通过测试、统计、模拟等手段获得的,或者是经验积累的数据。图3-57是通过模拟测试得出某油封接触的密封介质的温度,通过该图可以计算出该密封圈在高于最高常用温度 T_1 时的使用时间比例($t\%$)为:

$$t\% = \frac{T_1 + T_2 + T_3 + T_4 + T_5 + \cdots\cdots + T_{n-5} + T_{n-4} + T_{n-3} + T_{n-2} + T_{n-1} + T_n}{t_{总}}$$

2)温升(ΔT)。油封唇端部位的温升与轴的回转频率、轴径、介质类型、油封的形状等有关。实际测试油封唇端部位的温升是极其困难的,有人提出一个粗略估计唇端部温升的公式:

$$\Delta T = K\sqrt{S}$$

式中 ΔT——唇端部温升;

S——轴的线速度;

K——常数(视油封形式和润滑油而定,在1.5~2.5之间)。

专业的油封公司,如NOK等,对各种型号油封的温升有比较系统的研究,图3-58是NOK的S型油封唇端部位的温升与轴的回转频率、轴径的关系图。

对于静密封件而言,橡胶耐热选材就相对容易,不需要考虑温升问题,而主要是关注接触的密封介质温度或其他环境温度。

(3)低温性能 弹性是橡胶最基本的性能之一,橡胶的低温性能是指橡胶材料在低温

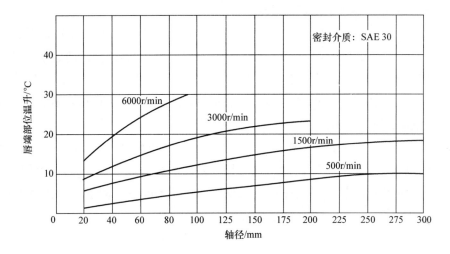

图 3-58　NOK S 型油封随同回转而在唇端部位产生的温升标准值

注：使用齿轮油与高黏度硅油的场合下，油封唇端部位温升为上图的 1.5 倍；
使用润滑脂的场合下，油封唇端部位温升为上图的 3 倍。

下保持弹性能力的大小。目前，国内外检测橡胶低温性能的试验方法比较多，主要有脆性温度试验、温度回缩试验（TR 试验）、低温刚性试验（吉门试验）、拉伸耐寒系数的测定、玻璃化转变温度的测定、低温弯曲试验、低温压缩永久变形的试验等。

不同的试验方法测得的代表橡胶最低使用温度的项目见表 3-68。

表 3-68　不同测试方法测得的橡胶最低使用温度

序号	试验方法	代表橡胶最低使用温度
1	脆性温度试验	脆性温度
2	温度回缩试验（TR 试验）	$TR10$
3	低温刚性试验	$T10$
4	玻璃化温度试验	T_g
5	低温弯曲试验	低温弯折不开裂温度
6	压缩耐寒系数试验	压缩耐寒系数为 0.08 时的温度

一般，主机厂都是采用比较容易检测的脆性温度试验、低温弯曲试验等来控制密封件橡胶材料的低温性能。从密封件在低温下的使用方面考虑，温度回缩试验更符合密封件的低温性能要求，很多橡胶密封件采用 TR10 作为橡胶材料的最低使用低温度的标准，即橡胶材料的 TR10 需高于密封产品的最低使用温度。

（4）压缩永久变形性能　橡胶密封产品都是通过过盈配合与橡胶的弹性来密封的，因此对密封产品而言，橡胶材料的压缩永久变形性能是评价橡胶密封产品寿命及密封性能的关键项目。由于压缩永久变形而造成的密封过盈量变小，是导致橡胶件密封失效的常见因素之一。

单独从橡胶材料而言，压缩永久变形性能越好，密封性能就越好。密封件橡胶材料技术要求中,一般也都有压缩永久变形的规范。

传统橡胶材料的压缩永久变形,是通过采用标准试样(GB/T 7759 中的试样:直径 29mm 高 12.5mm 或直径 13mm 高 6.3mm 的圆柱体)标准试验条件得出的数据,对于密封产品而言,压缩永久变形影响因素较多,如材料、温度、密封圈线径、压缩率(原始过盈量)等都有一定的关系。因此,按 GB/T 7759 进行的压缩永久变形数据往往并不能真实地反映密封产品的压缩永久变形性能。

O 形圈的压缩永久变形,可以根据使用工况设计具体压缩永久变形试验。可以事先用带有刻度的显微镜逐个测量 O 形圈断面的径向尺寸,然后将其放置在预先设计的环境中保持一段时间;然后取出冷却到室温,将 O 形圈取下放置 30min 后再测量 O 形圈断面的径向尺寸。用下列公式计算出 O 形圈的压缩永久变形。

$$C_f = (d_0 - d_f)/d_0 \times 100\%$$
$$C_0 = (d_0 - d_c)/d_0 \times 100\%$$

式中 C_f——O 形圈压缩永久变形(%);

C_0——O 形圈的原始压缩量(%);

d_0——O 形圈原始断面直径(mm);

d_c——O 形圈安装后的径向断面尺寸(mm);

d_f——O 形圈压缩永久变形后的径向断面尺寸(mm)。

O 形圈的压缩永久变形除与橡胶材料的本身性能有关外,还与温度、初始压缩量、润滑脂等有关。一般来说,温度越高、初始压缩量越大、有润滑脂的情况下,O 形圈的压缩永久变形越大。

对于 O 形圈来说,初始压缩量越小,压缩永久变形也就越小,但实际密封过程中,并不是初始压缩量越小越好,而是要保持适中。如果初始过盈量过大,所引起的压缩永久变形也越大。如果是动密封,大过盈量会造成压力增大,还会导致摩擦热增大,从而加剧密封圈的压缩永久变形。如果初始过盈量过小,又难以达到密封效果。而且压缩率设计得越小,橡胶材料就越容易被压缩到规定的高度,橡胶的压缩永久变形达到 100% 所经历的时间就越短,从而越易失去密封性。密封件密封示意图如图 3-59 所示。

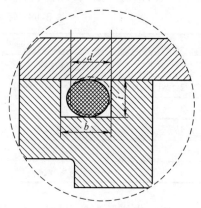

图 3-59 密封件密封示意图

密封圈的压缩率($\varepsilon\%$)计算公式如下:

$$\varepsilon\% = (d-t)/d$$

式中 d——密封圈直径;

t——压缩后高度。

在密封设计手册中,都有安装的推荐尺寸。一般来说,O 形圈的密封初始压缩量要求见表 3-69。

表 3-69　O 形圈的密封初始压缩量

密封形式		初始压缩量
静密封	对圆柱面静密封	10%～15%
	对平面静密封	20%～30%
动密封	往复运动密封	10%～15%
	旋转动密封	O 形圈内径比轴径大 3%～5%，外径压缩量取 3%～8%

某密封圈初始压缩量与密封效果、压缩永久变形的关系如图 3-60 所示。

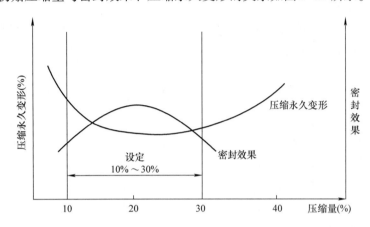

图 3-60　某密封圈初始压缩量与密封效果、压缩永久变形的关系示意图

（5）耐磨性　对于油封等动密封件而言，材料的耐磨性比较重要。橡胶的耐磨性与它的硬度、抗撕裂性有关，一般，随硬度增加耐磨性得到改进，抗撕性能好，耐磨性也好。此外，材料的耐磨性能还与材料的摩擦系数、配合表面的粗糙度等因素有关。

油封在密封过程中，油封与轴之间有一层油膜，油膜对油封的运动有润滑作用，从而保持油封的摩擦力小、磨损少。该油膜平均厚度约 2.5μm，在运转中厚度的变动量约为 20%～50%。油封与轴之间的油膜示意图如图 3-61 所示。

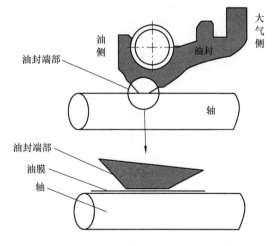

图 3-61　油封与轴之间的油膜示意图

油封在工作过程中，摩擦系数 f 与油膜状态、油封端部的接触力、密封流体的黏度、圆周速率、油封端部的接触宽度等因素都有关。

$$f = \Phi(\mu \cdot u \cdot b/P_r)^{1/3}$$

式中　Φ——由油膜状态决定的常数；
　　　μ——密封流体的黏度（N·s/cm²）；

u——圆周速率（cm/s）；

b——油封端部的接触宽度（cm）；

P_r——油封端部的接触宽度（cm）。

塑料往往都是半刚性材料，一般不用作密封件，只有聚四氟乙烯例外。聚四氟乙烯是一种具有独特性能的碳氟化合物，最显著的特点是耐化学侵蚀使用温度范围大；与金属接触的摩擦系数低，但是如果不进行填充补强，它的机械强度不高。聚四氟乙烯是复合结构密封件的良好材料，例如，可用机械加工或模压的聚四氟乙烯作为低摩擦表面和耐化学腐蚀的包覆表面。

（6）硬度　密封件的硬度和其工作压力有关，一般来说，压力越大，材料硬度越大。

王广东在《O形圈用于旋转密封》中列出了O形圈对悬置轴产生的压力F与橡胶的模量等参数的关系为：

$$F = \pi d D_m E [1.25(x/d)^{1.5} + 50(x/d)^6]$$

式中　d——密封圈断面直径（mm）；

　　　D_m——密封圈中径（mm）；

　　　E——杨氏弹性模量（MPa）；

　　　x——密封圈变形量（mm）。

由于杨氏弹性模量取决于橡胶材料的硬度，部分橡胶的邵尔A硬度与剪切模量、杨氏弹性模量的关系见表3-70。

表3-70　橡胶硬度与剪切模量、杨氏弹性模量的关系式

橡胶材料	关系式
NR	$E=3G$，$G=0.745$Hs（100-Hs）
EPDM	$E=3G$，$G=0.675$Hs（100-Hs）
NBR	$E=3G$，$G=0.59$Hs（100-Hs）
CR	$E=3G$，$G=0.715$Hs（100-Hs）

注：E为杨氏弹性模量；G为剪切模量；Hs为硬度。

主要密封件供应商的密封件选用手册，对特定压力下硬度等参数的选择，都有相应的要求，在对应的关系上也有一定的差异。表3-71为汉升密封科技公司对橡胶硬度与工作压力的推荐。

表3-71　汉升密封科技公司对橡胶硬度与工作压力的推荐

序号	胶料硬度	使用范围
1	40±5	低压情况下需高度密封条件下使用
2	50±5	
3	60±5	
4	70±5	一般情况下密封
5	80±5	高压情况下密封
6	90±5	

某公司的介绍资料中,橡胶硬度与工作压力的适用性如表 3-72 所示。

表 3-72 橡胶硬度与工作压力的适用性

邵尔 A 硬度/度	50±5	60±5	70±5	80±5	90±5
工作压力≤	0.5	1	10	20	50
工作压力/MPa 往复运动,往复速率≤0.2m/s	0.5	1	8	20	50

注:旋转工作压力一般不超过 0.4MPa,硬度选择(70±5)度,超过则按特殊密封装置设计。

一般来说,工作压力越大,工作过程中对橡胶的剪切力越大,橡胶需要越高的硬度。橡胶的硬度除与压力有关外,还与密封的间隙有很大的关系。如 JIS B 2406—1991、SAE J120 和一些密封件选用手册中,都有相应的要求。

JIS B 2406 对 O 形密封圈压力、硬度与推荐的间隙如表 3-73 所示。

表 3-73 JIS B 2406—1991 O 形密封圈压力、硬度与推荐的间隙

邵尔 A 硬度	工作压力/MPa				
	≤0.4	4.0~6.3	6.3~10	10~16	16~25
	推荐间隙/mm				
70 度	0.35	0.30	0.15	0.07	0.03
90 度	0.65	0.60	0.50	0.30	0.17

SAE J120 中对 O 形密封圈压力、硬度与推荐的间隙如表 3-76 所示。

表 3-74 SAE J120 O 形密封圈压力、硬度与推荐的间隙

工作压力/MPa \ 邵尔 A 硬度/度	70	80	90
0	0.254mm	0.254mm	0.254mm
1.72	0.254mm	0.254mm	0.254mm
3.45	0.203mm	0.254mm	0.254mm
6.89	0.127mm	0.203mm	0.254mm
10.34	0.076mm	0.127mm	0.203mm
13.79	—	0.102mm	0.127mm
20.68	—	0.076mm	0.102mm
34.47	—	—	0.076mm

密封圈材料选用的因素比较多,单独从橡胶胶种来说,一般最主要的影响因素有接触的介质、使用环境的温度等,下面简要介绍密封圈胶种选用步骤,如表 3-75 所示。

静密封、动密封(滑动密封和旋转密封)的工作状态或称密封的结构形式;工作压力、运动速度等称为密封的工作条件。从密封技术上讲,尽管这些因素都很重要,但在一般情况下,它们决定不了橡胶的品种,而是选择胶种的参考条件。

表 3-75 密封圈胶种选用因素

选用步骤	考虑因素	主要考虑点		常用材料举例
1	密封介质	介质与橡胶之间的相容性	耐介质试验后： 硬度变化率 体积变化率 拉伸强度变化率 拉断伸长率变化率 尺寸变化率 ……	制动液系统：EDPM 冷却液：EPDM 机油/变速器油：NBR/FKM/HNBR/ACM/AEM（NBR不适用于双曲面齿轮油，此时采用ACM） 风窗洗涤液：EPDM 水/乙二醇：NR/EPDM 水：EPDM、SBR、NR 天然气/煤气：NBR
2	高温环境	橡胶的耐热温度需高于环境温度	橡胶热老化之后： 硬度变化率 拉伸强度变化率 拉断伸长率变化率 ……	橡胶耐热温度如下： 70℃：各种常用橡胶； 100℃：SBR、IIR、BIIR、CIIR、EPM、EPDM、CR、CM、NBR、AU、EU； 125℃：CM、CSM、EPM、EPDM、NBR、EO、ECO； 150℃：CM、CSM、EPM、EPDM、ACM、HNBR； 175℃：ACM、AEM、FZ； 200℃及以上：PVMQ、MQ、FVMQ
3	低温环境	橡胶的最低使用温度需低于最低常用温度	脆性温度 TR10 耐寒性 ……	橡胶最低使用温度如下： 低于-40℃：VMQ； -40~-20℃：一般不采用FKM、ACM等； -20℃以上：各种常用橡胶

确定橡胶的胶种后，需要根据工作状态、工作条件等选用合适的密封件结构、具体的力学性能等，才能确保产品良好的密封性能。

具体密封件的材料性能（如硬度、压缩永久变形、力学性能、老化性能等），则需要根据密封件的其他使用环境来考虑，表3-76为密封圈胶种选用因素。

表 3-76 密封圈胶种选用因素

序号	考虑因素	对应的橡胶性能	常用的考察项目
1	密封介质	橡胶的耐介质性能	耐油性试验（试验后的性能变化）：硬度变化；拉伸强度变化；拉断伸长率变化；体积变化；尺寸变化
2	高温环境	橡胶的耐热氧老化性能	热空气老化：硬度变化；拉伸强度变化；拉断伸长率变化
3	低温环境	橡胶的耐低温性能	脆性温度 橡胶的TR10 耐寒性

(续)

序号	考虑因素	对应的橡胶性能	常用的考察项目
4	环境压力、密封间隙等	橡胶的硬度	硬度
5	密封力的保持性	橡胶的蠕变	压缩永久变形 回弹性
6		橡胶的基本力学性能	拉伸强度 拉断伸长率

密封圈是车用橡胶零件中个数最多的一类，基本分布于汽车的各个系统。下面介绍一下主要的车用密封圈的材料选用。

(1) 发动机及变速器系统用密封圈

汽车发动机和变速器系统用部分橡胶密封制品及主体材料见表3-77。从表中可以看出，FKM、VMQ、FVMQ、HNBR 和 ACM/AEM 以其优异的耐高温性和耐油性等成为汽车发动机和变速器系统橡胶密封制品的主要主体材料。

表 3-77　发动机及变速器系统用主要密封圈

密封圈零件名称	主体材料	主要性能	工作介质
发动机曲轴油封	FKM、HNBR	耐热、耐油、耐磨	发动机油
发动机曲轴后油封	VMQ、HNBR	耐高温	高热空气及少量机油
变速器用橡胶密封件	ACM、AEM	耐热、耐齿轮油、耐抗磨添加剂	齿轮油
气门杆橡胶密封件	FKM	耐热、低压缩永久变形	发动机油
尾气排放阀门橡胶密封件	FKM	耐热	排放气体
真空调节器密封圈	FVMQ	耐高温、耐油	高热空气及油介质

1) 曲轴油封　曲轴油封是发动机的重要部件之一，在高温下与机油接触。曲轴油封的作用是防止发动机机油从发动机中渗漏，并防止异物进入发动机内部，因此其主体材料一般采用耐热性和耐油性优良的 FKM、ACM 和 HNBR。曲轴油封示意图如图 3-62 所示。

2) 气门油封。气门油封的作用是防止汽油与空气的混合气体与废气泄漏，并防止发动机机油进入燃烧室。气门油封在高温下与汽油和机油接触，其主体材料主要有耐热性和耐油性良好的 FKM 和 ACM 等。在耐油、耐热等方面，FKM 性能优于 ACM，其长期使用性能明显好于 ACM。为提高气门油封的使用寿命，现在的车型气门密封的材料已普遍采用 FKM 替代 ACM。气门油封示意图如图 3-63 所示。

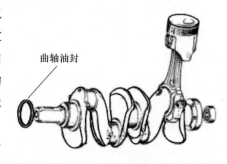

图 3-62　曲轴油封示意图

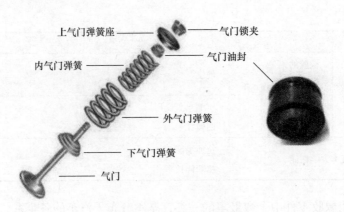

图 3-63 气门油封示意图

3）气缸垫片。气缸垫片的作用是连接气缸帽与气缸体，对机油、冷却水和气缸内部气体进行密封，将气缸体产生的热量通过气缸帽散热。气缸垫片主体材料一般采用耐热性、耐油性和气密性好的 FKM 和 ACM。气缸垫片示意图如图 3-64 所示。

图 3-64 气缸垫片示意图

4）进气歧管密封圈。进气歧管的作用是对发动机的各个气缸进行汽油和空气混合气体的分配。为满足轻量化要求，制备进气歧管的材料从金属换成塑料。由于塑料和金属热收缩率不同，塑料进气歧管与金属发动机组配合后，对其密封性的要求更高。目前，树脂进气歧管密封圈的主体材料已由 NBR 换成耐热性更优异的 VMQ 和 FKM 等。

5）发动机和变速器 O 形圈 发动机和变速器 O 形圈采用模压或注射工艺生产，需要具备良好的加工性、耐介质性、耐高低温性、低压缩永久变形和质量稳定性。O 形圈的主体材料一般采用 NBR、HNBR、VMQ、FVMQ、ACM 和 FKM 等。

由于 NBR 耐热性能稍差，一般只适合在 120℃ 以下的工作温度下使用。发动机和变速器系统的许多密封圈，工作温度较高，此时常选用 ACM 材料。ACM 和 NBR 耐油性能相似，但耐热性能更好，使用温度最高可达 180℃，特别是耐寒添加剂（尤其是耐极压添加剂和发动机油），不仅优于 NBR，还优于 VMQ、FKM 等。因此，ACM 是汽车发动机、变速器系统油封的理想材料。

（2）燃油系统用密封圈 燃料系统用橡胶密封制品包括喷油器 O 形圈，加油口盖密封圈、油位表和通风阀密封件、燃油泵密封圈、滤油器垫片等。燃料系统用橡胶密封制品应具有耐溶剂性好、气体和燃料透过率小的特点，其主体材料一般采用 VMQ、FVMQ、ACM/

AEM、FKM 和 HNBR 等。

1）喷油器 O 形圈。喷油器安装于发动机燃烧室周围，与汽油接触。喷油器可喷射出雾状汽油使汽油与空气混合，混合气体送入气缸并燃烧。因此，喷油器 O 形圈应具有良好的耐油性和耐高温性，其主体材料一般采用 FKM。喷油器 O 形圈示意图如图 3-65 所示。

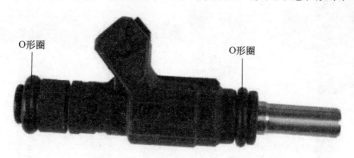

图 3-65　喷油器 O 形圈示意图

2）加油口盖密封圈。由于汽油蒸发量限制严格，加油口盖密封圈对低燃料透过性的要求较高。加油口盖密封件的主体材料一般采用耐汽油、耐化学介质、低燃料透过性的 NBR、FKM 等。加油口盖密封圈如图 3-66 所示。

3）油位表和通风阀密封件。油位表靠近燃油箱，其密封件长期接触汽油，必须具有良好的耐汽油性。通风阀的作用是排出燃油箱内部的气体，降低燃油箱内部的气压。油位表和通风阀密封件的主体材料一般采用耐汽油性和耐化学介质性好的 FKM 等。油位表和通风阀密封件如图 3-67 所示。

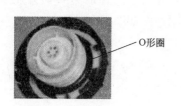

图 3-66　加油口盖密封圈

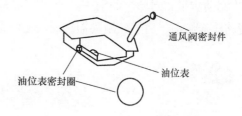

图 3-67　油位表和通风阀密封件

4）燃油泵密封圈。燃油泵安装于燃油箱内部，直接与汽油接触，因此其密封圈必须具备良好的耐汽油性。燃油泵密封圈主体材料一般采用耐燃油性优异的 FKM。

（3）制动系统密封圈　制动系统密封圈包括真空助力器、制动主缸密封圈、制动鼓、制动钳、比例阀、管路接头等部位的密封圈，还包括离合系统的密封圈。

1）真空助力器密封圈。真空助力器是汽车制动系统的重要的传动部件。其作用是利用发动机上的真空源，使驾驶员用很小的踏板力，就能产生很大的制动力。

真空助力器装在发动机舱里前围板上，其铁饼形外壳所包容的内腔被橡胶膜片和支承盘分隔成前腔和后腔，前腔通过前壳上的真空接头及导管与发动机进气管相通。进气管的吸气真空度能将膜片吸向前，推动助力器输出推杆去顶动主缸活塞产生制动油压。软管的中段上接有单向阀，能将进气管在前腔里形成的真空度保持下来，以备后用。前腔采用如此大的容积,正是为了储存这一真空度负压能量。

真空助力器及橡胶密封件示意图如图3-68所示。

图3-68 真空助力器及橡胶密封件示意图

1—真空阀座密封 2—前壳密封 3—反馈盘密封 4—前膜片 5—隔板密封 6—后膜片 7—后壳密封 8—防尘罩

理论上,真空助力器内并不和制动液接触,密封圈主要是空气的密封,接触介质主要是空气及润滑脂。因此,真空助力器密封件材料的选用,并不受制动液的影响,而主要和其接触的润滑脂有关,目前常用的密封橡胶有 EPDM、SBR、NBR、CR 等。

2)制动主缸密封圈。制动主缸的功能是将踏板力和真空助力器的力转变为制动油压,通过管路输送给前、后车轮制动器。制动主缸及密封圈示意图如图3-69所示。

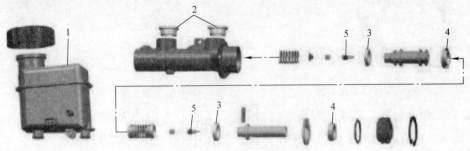

图3-69 制动主缸及密封圈示意图

1—储液罐密封圈 2—进油口密封圈 3—主皮碗 4—副皮碗 5—中心阀用密封圈

制动主缸内充满制动液,因此其内部密封圈(含储液罐盖密封圈)现在主要选用耐制动液较好的 EPDM 橡胶。主副皮碗是制动主缸内最关键的密封件之一,一般为无金属骨架的纯橡胶。早期有用 NR 橡胶,但 NR 耐热性能较低,现一般采用 EPDM 橡胶。根据使用环境温度,按橡胶的耐热温度,将制动皮碗分为70℃、120℃和150℃等级,汽车橡胶一般采用120℃和150℃等级。

3)制动鼓/制动钳密封圈。汽车制动器分为盘式制动器和鼓式制动器,主要通过制动鼓或制动钳的摩擦产生制动。制动鼓/制动钳密封圈的要求基本和主缸皮碗类似，目前主要采用 EPDM 橡胶。制动鼓/制动钳与密封圈示意图如图 3-70 所示。

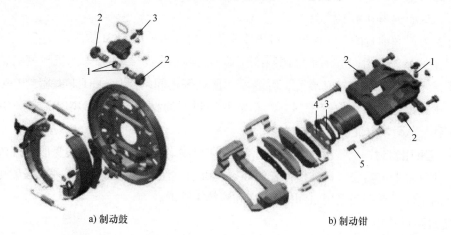

a) 制动鼓　　　　　　　　　　　　b) 制动钳

1—轮缸皮碗　2—轮缸防尘罩　　　　1—放气螺钉帽　2—导向销防尘罩
3—放气螺钉螺母　　　　　　　　　　3—活塞密封圈　4—活塞防尘罩　5—导向销衬套

图 3-70　制动鼓/制动钳与密封圈示意图

4）离合主缸密封圈。离合主缸和制动主缸功能相似，且内部介质均是制动液，因此，离合主缸密封圈也主要采用耐制动液较好的 EPDM 橡胶。离合主缸密封圈示意图如图 3-71 所示。

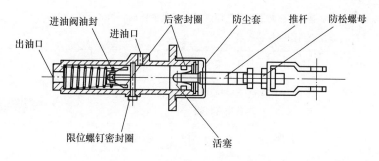

图 3-71　离合主缸密封圈示意图

（4）减振器油封　目前汽车上使用最广泛的是筒式减振器，其内部油封相对于活塞杆不断的往复运动，起密封减振阻尼液的作用。筒式减振器示意图如图 3-72 所示。

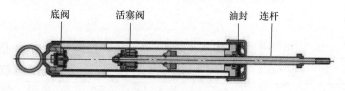

图 3-72　筒式减振器示意图

早期的筒式减振器油封是算盘状多唇NBR纯胶制品，使用性能较差，使用寿命短，近年来对筒式减振器油封和结构进行了改进，如主体材料采用NBR40/NBR26或NBR26/CSM并用体系，从而提高其耐油性能。

另外，为提高油封的耐油性能、耐热性能，油封也有采用FKM橡胶。

（5）空调系统密封圈　汽车空调制冷压缩机的旋转轴密封部分采用机械密封，部分采用唇型密封。压缩机机体与前端盖、后端盖、顶盖等之间均是通过O形圈密封。另外，管道接头、压板锁也均采用橡胶密封。汽车空调密封圈的材料主要是HNBR。与NBR相比，HNBR在耐温、耐候方面有较大的优势。

（6）线束用密封圈　线束密封制品一般应具有耐老化、低压缩永久变形、持久密封的特点；渗油时可形成油膜，自润滑，方便插拔；可通过注射工艺成型，无须二段硫化。线束密封制品的主体材料一般采用自润滑VMQ和液体FVMQ。

3. 密封圈材料的标准

密封圈相关的国内外标准主要见表3-78。

表3-78　密封圈相关的国内外标准

标准号	标准名称	备注
GB/T13871.4—2007	密封件为弹性体材料的旋转轴唇形密封圈 第4部分：性能试验程序	修改采用ISO 6194.4—1999
GB 29334—2012	用于非石油基液压制动液的汽车液压制动缸用的弹性体皮碗和密封圈	原HG 2865—1997作废
GB/T 23658—2009	弹性体密封圈输送气体燃料和烃类液体的管道和配件用密封圈的材料要求	修改采用ISO 16010—2005
GB/T 25364.1—2010	涡轮增压器密封环　第1部分　技术条件	—
QC/T 666.1—2010	汽车空调（HFC-134a）用密封件 第1部分　O形橡胶密封圈	—
JIS D2612—2005	汽车部件-使用非石油基液压制动液的制动主缸用储液罐密封件	—
JIS D2609—2002	道路车辆-使用非石油基液压制动液的盘式制动缸的弹性密封件	—
JIS D2605—2005	汽车部件-使用非石油基液压制动液的制动缸用橡胶皮碗	—
ISO 6118—2006	制动缸皮碗和密封（工作温度70℃）	—
ISO 6119—2009	制动盘活塞密封（工作温度120℃）	—

由于密封圈的零件比较多，各主机厂对应的标准也比较多且杂，这里不列举具体主机厂的标准。

4. 部分车型密封圈用材

部分车型发动机系统密封圈用材见表 3-79。

表 3-79 部分车型发动机系统密封圈用材

	曲轴油封 （变速器侧）	曲轴油封 （定时齿轮侧）	气缸盖密封圈
奥迪 A3	PPS/PTFE/VMQ/FE	—	—
奥迪 A6	PTFE/ACM	—	ACM
奥迪 A3	PTFE/AEM/FE	ACM/FE/PTFE	—
奥迪 A3	—	AEM	—
别克 encore	—	FKM	—
凯迪拉克 ATS-L	FE/FKM	FE/FKM	—
奇瑞 QQ3	PTFE/ACM	—	AEM
奇瑞艾瑞泽 5	—	AEM/PTFE	AEM
奇瑞艾瑞泽 7	PTFE/ACM	AEM/PTFE	AEM
奇瑞 E3	—	—	ACM
荣威 RX5	—	—	ACM
哈弗 H5	PTFE/ACM	—	—
福特蒙迪欧	—	FKM	—
吉利博瑞	—	FKM/Fe	—
吉利博越	—	FKM/Fe	—
观致 3	PTFE/ACM	AEM/PTFE	—
丰田凯美瑞	FKM	FKM	—
丰田卡罗拉	FKM	—	—
丰田卡罗拉 ALTIS	FKM	FKM	—
丰田汉兰达	FKM	FKM	—
丰田威驰	FKM	—	—
大众高尔夫 7	PPS/PTFE/VMQ/FE	ACM/FE/PTFE	—
大众 Lavida	—	ACM/PTFE/FE	—
大众迈腾	PPS/PTFE/VMQ/FE	PTFE/AEM/SPCC	—
大众宝来	PPS/PTFE/AEM/FE	ACM/PTFE/FE	—
大众桑塔纳	PPS/PTFE/FE/LSR	ACM/PTFE/FE	—
大众途观	ACM/FE/PTFE	ACM/FE/PTFE	—

部分车型变速系统密封圈用材见表 3-80。

表 3-80　部分车型变速系统密封圈用材

	差速器油封/右	输入轴油封	差速器油封/左
奥迪 A3	Fe/ACM	—	Fe/ACM
奥迪 A6	Fe/ACM	—	Fe/ACM
奥迪 Q3	Fe/ACM	—	—
奥迪 Q5	ACM	—	—
奇瑞艾瑞泽 7	Fe/ACM	Fe/ACM	Fe/ACM
福特蒙迪欧	—	FKM/Fe	AEM
奔驰 E 级	—	Fe/ACM	—
广汽 GS4	NBR/ACM	—	NBR/ACM
大众途观	Fe/ACM	—	Fe/ACM

5. 密封圈的未来发展趋势

（1）整体销量将持续增长　据美国 Freedonia 集团的报告预测，未来密封圈的需求将强劲增长。以美国为例，美国弹性体密封圈的需求量将保持 3.9% 的年增长率，直至 2015 年达到大约 8.4 亿美元/年。其中，橡胶密封件的消耗将从 2005 年的 4.6 亿美元增长到 2010 年的 5.5 亿美元，2015 年达到 6.6 亿美元。热塑性弹性体密封件从 2005 年的 1.1 亿美元增长到 2010 年的 1.4 亿美元，2015 年达到 1.8 亿美元。弹性体垫圈将继续占据非金属垫圈的主流，其包括弹性体垫圈、加强型及普通型纤维骨架垫圈、塑料垫圈、膨胀石墨垫圈及其他非橡胶密封圈。其中，汽车工业大约占总需求的 42% 左右。从 2015 年起，美国汽车市场基本每年约增长 1700 万辆，售后汽车保有量仍呈增长趋势，因此，汽车用密封圈的需求量仍有一定的增长。

2018 年，我国新车汽车销量结束了快速增长的势头，低速增长将成为常态，但每年超过 2800 万的销量，仍远高于美国新车销量。在巨大的新车销量及售后保有量的带动下，在相当长的一段时间内，国内密封圈的需求量仍呈现增长的趋势。

（2）高端密封圈主要依赖进口，国内密封行业崛起迅速　汽车密封件经过一百多年的发展，高端产品主要被 NOK、SKF、约翰克兰、伊戈尔、博格曼等国外公司垄断。近几年，随着中鼎等密封公司的崛起，国内密封件逐渐向高端产品市场进军。

3.3.2　密封条

1. 密封条分类与结构

密封条主要指应用在车门、侧面车窗、前后风窗玻璃、发动机舱盖、天窗、行李舱盖等零件上的长条状密封件，其主要作用是密封、防水、减振、固定、装饰等作用，对于汽车的舒适性、美观性有着非常重要的作用。

另外，前风窗下装饰板的胶条也是密封条的一种。

整车密封条是最重要的车用橡胶零件之一。整车密封条长约 40～70m，重量超过 10kg。图 3-73 为整车密封条位置示意图。

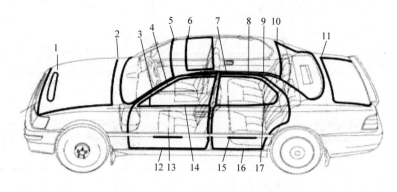

图 3-73 整车密封条位置示意图

1—前舱盖密封条 2—前舱密封条 3—前门洞密封条 4—前门玻璃导槽
5—前风窗密封条 6—天窗密封条 7—后门洞密封条 8—后门玻璃导槽
9—顶饰条 10—后风窗密封条 11—后行李舱密封条 12—前门框密封条
13—前门下部密封条 14—前门玻璃内外挡水条 15—后门下部密封条 16—后门框密封条
17—后门玻璃内外挡水条

除按图3-73所示安装部位进行的分类外,密封条还有其他不同的分类标准。

按密封条的特点,可以分为天候密封条和一般密封条。其中,天候密封条带有空心的海绵泡孔,有较好的温湿度保持功能,一般密封条不带有空心的海绵泡孔。

按材料种类,可以分为橡胶密封条、塑料密封条、TPE密封条。

按胶料结构,可以分为纯胶密封条、复合密封条。

另外还可按表面处理、功能等进行分类。

2. 密封条的材料选用

硬度、拉伸强度、伸长率、压缩永久变形等属于橡胶材料的基本力学性能,根据使用部位的不同,对密封条材料的力学性能要求也略有差异。

除基本力学性能外,其余性能要求有:

(1) 良好的耐候性能 车身密封条在使用过程中,直接和大气、日光等接触,因此对密封条材料有较高的耐候性能要求,如耐臭氧老化性能、耐氙灯老化性能等。

(2) 低的油漆污染性 密封条在使用过程中,直接和漆面接触,容易出现污染漆面,造成漆面变色。因此,和漆面接触的密封条,都需要通过油漆污染的相关验证。

(3) 良好的高低温性能 密封条的使用温度在 -40~80℃,在该温度范围内,密封条应保持良好的密封性能。

(4) 环保性能 部分密封条(如内挡水条、门洞密封条、天窗密封条等)在乘客舱内部,其气味对车内的空气质量有影响。因此,暴露在乘客舱内部的密封条材料,需要有较低的气味等级。另外,不含禁用物质、不分解出有害物质(如卤素),也是密封条环保性能的一部分。

(5) 良好的发泡工艺性能 为了提高密封性能,除内外挡水条、玻璃导槽、角窗胶条、顶饰条、前后风窗胶条外,其余车身密封条基本采用了泡孔结构,表3-81为带泡孔密封条典型结构。

表 3-81 带泡孔密封条典型结构

零件	门洞密封条	门框密封条	行李舱密封条	发动机舱密封条
结构				

备注：黑色为密实胶，白色为发泡海绵胶。

20世纪，国产汽车密封条的主体材料以软质PVC、CR、NR为主。随着汽车工业的快速发展，PVC、CR和NR材料的外观质量和内在性能，尤其在耐候性、使用寿命等方面已不能满足汽车的需求。为此，如今的汽车密封条主要采用耐候性更好的EPDM材料。EPDM材料具有优良的耐候、耐热、耐臭氧等性能，另外还具有良好的加工性能和低压缩永久变形。

另外，PVC密封条因成本较低，曾被广泛应用，但由于其环保性较差，已逐渐被中高端轿车所舍弃。

TPE是近十来年迅速发展的材料，其具有软质塑料和橡胶特点，特别是TPV和TPS，其性能和橡胶相似。TPE密度低，随着近几年对整车轻量化的渴求，TPE替代EPDM、PVC在密封条上的使用越来越多。

相对来说，TPS性能更接近橡胶，但其耐候、耐热等性能比TPV差，TPV在密封条上的适用性更大。

几种常用密封条材料的性能比较见表3-82。

表 3-82 常用密封条材料的性能比较

序号	材料	优点	缺点
1	PVC	极好的加工性能 耐老化性能好 价格便宜	弹性较差 动态密封性能差 低温性能稍差
2	EPDM	耐热；耐光照；耐龟裂；耐臭氧；使用寿命长；弹性好；易发泡	热固性材料 回收利用差
3	TPV	工艺简单，无须硫化，加工效率高 环保可回收，环境污染小 密度小，轻量化	发泡工艺困难，发泡产品性能比EPDM差
4	TPS	工艺简单，无须硫化，加工效率高 环保可回收，环境污染小 度小，轻量化	耐候性能差 耐热性能差 发泡工艺困难

总体来说，车身密封条材料还是EPDM的天下，其用量超过70%。目前，带有发泡结构的密封条，如门洞密封条、门框密封条、行李舱密封条、前舱密封条等，均是采用EPDM

材料。EPDM 具有极好的发泡性能，发泡后仍能保持良好的压缩永久变形性能、柔软性等，TPV、TPS 虽然也能发泡，到发泡后性能与 EPDM 相差甚远。

不带发泡结构的密封条，如内外挡水条、玻璃导槽、角窗胶条、顶饰条、前后风窗胶条等，除了选用常用的 EPDM 外，还可选用 TPV、TPS、PVC、TPO 等。

（1）玻璃导槽　玻璃导槽（后文简称导槽）安装在导轨内与玻璃接触的部位，主要起导向、密封的功能。在行车和关闭车门时还起吸收玻璃的振动，同时导槽还能起到美化和降低空气阻力等作用。

导槽材料有 EPDM、TPV、PVC、CR 等，以 EPDM 和 TPV 为主，CR 目前已很少使用。欧美系车型倾向于采用 EPDM 材料，日系基本以 TPV（在日本叫 TPO）、PVC 为主，韩系也以 EPDM 为主，国内车型则各种材料均有。

图 3-74 是导槽上部典型断面结构和实际断面图。与车身钣金接触和与玻璃接触的唇边部位均进行了植绒。由于这些部位磨损较大，植绒以后大大提升了耐磨性能，延长使用寿命；在与车门钣金相扣合的部分设计了倒扣唇边和金属骨架，以确保导槽不会从车门钣金上脱落；在外露部分放置了金属亮条，起到装饰的作用。导槽的断面结构是所有密封条中最复杂的。

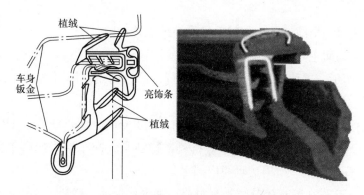

图 3-74　导槽典型断面结构及实际断面图

由于导槽的顶部要与车身钣金扣合，因此对强度要求较高，单纯的 EPDM 材料无法实现很大的结合力。因此，EPDM 橡胶导槽一般都有钢带骨架，以确保密封条的拔出力，使密封条不易脱落。

TPV 由于强度较高，一般不需要金属骨架，而且其壁厚远低于 EPDM 的壁厚。因此，TPV 导槽能有效地实现轻量化。

导槽的基体材料主要为 EPDM 和 TPV，一般，EPDM 和 TPV 和玻璃之间的摩擦系数较大，需要在导槽表面喷涂层来降低两者之间的摩擦系数，以降低导槽与玻璃之间的摩擦力，从而确保玻璃在车门导槽内平稳运动。欧美系主要采用水性喷涂为主，日韩则聚氨酯涂层为主，国内很多车型则采用有机硅涂层。

（2）外挡水条　外挡水条是一种兼具功能要求和外观要求的汽车零部件，安装在车门车窗外侧，实现车门与车窗玻璃之间的密封以及装饰作用。作为功能零件，其具有：防水、防气、防尘、降噪等功能;作为装饰件,其具有装饰外露车门钣金的作用,并通过对外观面不同材质、亮度、颜色的选择提供不同的装饰风格。

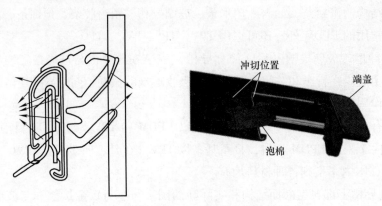

图 3-75　外挡水条典型断面结构和端头结构

外挡水条的主体材料,德系车型倾向于采用 EPDM 材料,如上述内挡水条采用 TPV 的德系车型,除迈腾外,外挡水条均是采用 EPDM 材料,而日韩系倾向于采用 PVC 等软质塑料材料。

密封部位主要采用植绒工艺,与玻璃导槽植绒工艺相同。

外挡水条的装饰面主要采用两种结构。第一种是金属材料充当装饰面,又充当外挡水条骨架,如图 3-75 所示,这种结构简单,成本较低;第二种是金属材料固定在软性材料上形成整体结构。

外挡水条端盖的成型工艺为注塑成型,目前常用 PA66、POM、PVC、TPV、PP 类等。

(3) 内挡水条　德系车型倾向于 TPV 材料,特别是大众车型,如高尔夫 7、迈腾、速腾、POLO、帕萨特、途观、斯柯达昕锐内挡水条均采用 TPV。

而日韩系倾向于采用 PVC 等软质塑料材料,如现代悦动、IX35、瑞纳、起亚 K2 及 K4、丰田汉兰达均采用 PVC 材料。

(4) 门框密封条　门框密封条是汽车密封条产品中最重要的密封条之一,是车门密封系统中最重要的组成部分,其直接关系到乘客舱密封性的好坏,在整车密封性能评价当中占主导地位。

目前,门框密封条主要采用 EPDM 材料。根据不同部位的性能要求,一般存在海绵胶和密实胶两种状态,同时为了满足门框密封条的多种性能要求,还需要采用许多的辅助材料,如钢带、镀锌钢丝、绒布等。

(5) 门下部密封条　大部分车型没有门下部密封条。长安 CS75,长城 H2 等车型有该密封条。门下部密封要求材料有较好的弹性,一般采用 EPDM 材料。图 3-76 为门下部密封条示意图。

(6) 角窗玻璃胶条　图 3-77 为角窗玻璃胶条图,角窗玻璃胶条一般是和玻璃一体注塑,所以常用软质塑料 PVC 或热塑性弹性体材料(TPV、TPS、TPU 等)。

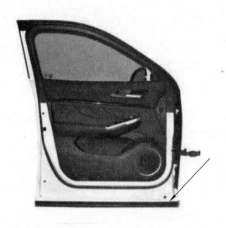

图 3-76 门下部密封条

图 3-77 角窗玻璃胶条

(7) 顶饰条 顶饰条一般较长，约 1~2m。大部分车型顶饰条是采用软质塑料或热塑性弹性注塑而成，如 PVC、TPV 等。

(8) 前后风窗胶条 前后风窗胶条一般只起装饰作用，而不起密封作用。风窗玻璃与车身主要使用玻璃胶进行粘接密封。图 3-78 为前风窗胶条位置图。

图 3-78 前风窗胶条位置

3. 密封条的标准

国内车用密封条主要标准见表 3-83。

表 3-83 主要的国内车用密封条标准

序号	标准号	标准名称
1	GB/T 21282—2007	乘用车用橡塑密封条
2	QC/T 639—2004	汽车用橡胶密封条
3	QC/T 641—2005	汽车用塑料密封条

QC/T 639—2004《汽车用橡胶密封条》是目前国内常用的汽车行业密封条标准，该标准从尺寸外观、物理性能、老化性能三个方面对密封条的性能进行了要求。

1) 尺寸和外观质量要求。密封条的尺寸和形状超差、表面毛刺、胶料残留、裂纹、结合面段差等尺寸和外观缺陷，可能导致装配不良、密封面贴合不严等缺陷，引起密封功能失效。因此，要设定产品的外观质量标准对此类缺陷进行控制，特别是断面的形状和尺寸控制标准。

2）物理-机械性能要求。密封条的结构、材料特性除了影响压缩变形特性外，还对密封条的耐久强度、耐磨耗性能等物理-机械性能方面的特性影响明显。密封条与车门/门框反复接触和摩擦，需要密封条表面有较高的强度和较低的摩擦系数。

用耐磨材料对密封条材料表面进行喷涂，可使表面更光滑、耐磨性更好，且可美化外观。表3-84为物理-机械性能的主要要求项目。

表3-84 密封条物理-机械性能的主要要求项目

序号	性能项目	意义	设计要求目标	影响因素
1	反复压缩永久变形	密封条抵抗反复压缩的变形回弹能力	在寿命范围内保证永久变形和承受负荷的能力下降在一定范围内	胶料的弹性和稳定性
2	耐磨耗性能	密封条表面的抗摩擦能力	在商品性能保证的限期内，因磨耗而产生的劣化不影响使用功能	胶料性能、表面处理
3	结合强度	不同断面、不同材料之间的结合能力	在寿命周期内不分离或断裂	材料与硫化工艺
4	表面强度	海绵胶的表面抗异物穿刺或撕裂的能力	正常使用应无破损	胶料、硫化工艺与表面处理

3）老化性能。汽车密封条受环境温度、湿度、光照和臭氧等作用会产生硬度、颜色、弹性、强度方面的老化现象，影响到密封条的外观质量和物理性能。硫化橡胶的配方，炼胶和硫化的工艺决定了橡胶制品的这种老化性能。

表3-85为车门密封条的老化性能主要要求项目。

表3-85 密封条的老化性能要求

序号	性能项目	意义	设计要求目标
1	涂膜污染性能	密封条的成分析出会污染接触面的涂膜	应对漆膜无污染
2	耐高低温性能	密封条的物理性能随温度的变化明显	在正常使用环境内无异常
3	耐臭氧性能	臭氧是橡胶主要的老化因素之一	不影响外观和使用性能
4	耐气候老化	日光、温度、湿度等综合因素的影响	不影响外观和使用性能

国内外部分主机厂的主要密封条标准见表3-86。

表3-86 国内外部分主机厂的主要密封条标准

序号	主机厂	标准号	标准名称
1	通用	GM 3803M	Weatherstripe
		GMN 11018	Weatherstripe
		GMW 14717	Requirements for expanded elastomeric body seals
		GMW 14169	Requirements for dense elastomeric body seals
		GME 01004	Door and rear compartment seals combined with push – on carrier
		GM 6275M	Door glass run channels and belt strips
		GMN 11017	Door glass run channels and beld strips
		GMW 14168	Elastomeric seals for glass sealing – flocked or coated
		GME 01001	Flocked elastomeric body seals

(续)

序号	主机厂	标准号	标准名称
2	福特	WSD – M2D405 – A1 – A4	Rubber EPDM, Solid weatherstrips, hardness 60, 70, 80, 90 IRHD
		WSB – M2D189 – A2	Weatherstripe, Expanded EPDM, closed cell
		WSD – M96D21 – A1	Weatherstripe, EPDM rubber, thermoplastic, polyolefin（TPO）co - extruded sliding – coat
		SK – M99D9883 – A/B	Rubber weatherstrip, flocked
3	大众	TL 52417	导槽/内外侧条
		TL 52057	门框条
		TL 642	行李舱条
		TL 52002	头道密封条
4	丰田	TSM 1708G	导槽/内外侧条
		TSM 1717G	门框条
		TSM 1705G	行李舱条
5	戴姆斯勒	CS – 10680	Weatherstrip assemblies
6	奇瑞	Q/SQR S6 – 4	车用密封条
		Q/SQR S1 – 4	车用门窗密封条 EPDM 材料

4. 部分车型的密封条材料用材

风窗玻璃胶条目前还主要以 EPDM 为主，也有使用 PVC、TPV 等材料。部分国内外车型的密封条用材见表 3-87。

表 3-87 几款车型密封条用材

	长城 H2	吉利博瑞	奥迪 A3	大众途观	丰田威驰	雪佛兰 Trax
门洞密封条	EPDM	EPDM	EPDM	EPDM	EPDM	EPDM
门框密封条	EPDM	EPDM	EPDM	EPDM	EPDM	EPDM
行李舱密封条	EPDM	EPDM	EPDM	EPDM	EPDM	EPDM
内外挡水条	TPV	内 TPV，外 PVC	EPDM	内 TPV，外 EPDM	PP/PE + EPDM	TPV
玻璃导槽	TPV	EPDM	EPDM	EPDM	TPO[①]	TPV
前舱密封条	EPDM	EPDM	EPDM	EPDM	EPDM	EPDM
前舱盖密封条	EPDM	EPDM	EPDM	EPDM	EPDM	EPDM

① 在日系，除 TPU 外，其他热塑性弹性体类习惯上统称为 TPO。

5. 密封条用材趋势

1) 在较长的一段时间内，EPDM 仍然是天候密封条的最主要材料。

由于 EPDM 材料具有优良的耐天候性、耐热性、耐臭氧、耐紫外线性以及良好的加工性能和地压缩永久变形，是生产密封条的首选材料。特别是其优良的发泡性能，是将来一段时间内其无可替代的主要原因。

2）TPE 在密封条上的用量将逐渐增多。TPE 材料，特别是 TPV，在耐候、耐热、耐臭氧、耐紫外线性能方面可以与 EPDM 媲美。另外，还具有优良的加工性能、低密度、可回收、环保等优势，在一般密封条（无泡孔的密封条）上，有取代 EPDM、PVC 的趋势，但其发泡后的产品性能与 EPDM 有较大的差异，这限值了其在天候密封条（带泡孔的密封条）上的应用。

普通的 TPS 性能与橡胶接近，到耐热、耐候等方面性能较差，限值了其使用。改性后的 TPS - SEBS，在耐热、耐候上有所提升，但其性能和推广方面仍然和 TPV 有一定差距。

高性能的 TPE 的开发，不仅能实现密封条的轻量化，还能提高生产效率，还能有效改善环保性能。在未来几年，TPE 在密封条上的用量将逐渐增多。

3）PVC 在将来较长的一段时间内仍大量应用，但逐渐会被 TPV 取代。

PVC 材料的耐候、耐热、耐臭氧、耐紫外线性能优良，且价格便宜，是目前大量应用的主要原因。

以往由于 PVC 含铅，极度不环保，容易对人体造成伤害。2015 年欧盟实现 PVC（聚氯乙烯）塑料制品全面禁铅的目标。我国目前虽然还没有全面禁铅的法规，但汽车零件均需要满足国标 GB/T 30512—2014《汽车禁用物质要求》，基本解决了 PVC 含铅的问题。但 PVC 在使用过程中，分解产物有毒，不利于环境保护。虽然没有明确的相关法规，但最近几年人们的环保意识越来越浓，因此 PVC 的使用也逐渐被淡化。

另外，PVC 密度大，采用 TPE 替代 PVC，可降低产品重量。轻量化是最近几年的趋势，这也促进了 TPE 替代 PVC 的快速发展。

4）绿色环保的配方开发。绿色环保汽车密封条所采用的原材料不应含有污染环境的成分，低气味、低 VOC、不含禁用物质等。

目前与绿色环保相关联的法律法规包括禁用物质要求的国标（GB/T 30512—2014）、RoHS 指令、ELV 指令、REACH 指令。国标基本参考 RoHS 指令、ELV 指令、REACH 指令等，但检测项目有差异，目前各密封条产品基本都满足国标要求。

除此之外，气味及 VOC 也直接与人体健康相关，虽然无明确的法规，但也是当今社会的热点。目前一般主机厂都对内挡水条、门框条等有气味方面的要求，但对 VOC 还没有明确的要求。随着社会的发展，绿色环保意识的越来越强，人们对禁用物质要求、气味、VOC 要求越来越高，也是密封条材料绿色配方设计发展趋势。

5）磁性橡胶在车用密封条上的应用。磁性橡胶是由磁粉、橡胶和其他配合剂经混炼而成的弹性磁性材料，其性能主要取决于所有磁粉的类型、用量以及制造工艺等。磁性橡胶既具有一定的磁性，又有类同橡胶的物理性能。与其他磁性材料相比，磁性橡胶具有独特的优点和用途，近年来成为磁性材料领域的研究热点。

密封条在使用过程中，经常会发生密封条与车身钣金不匹配，以及因橡胶材料老化引起的密封效果下降等问题。采用磁性橡胶，可以利用橡胶与车身的磁性引力来弥补由于配合以及材料老化引起的密封效果不良之问题。

3.3.3 防尘罩

1. 防尘罩分类与结构

防尘罩主要是指有一定位移补偿的薄壁橡胶件，其主要作用是通过其阻隔，对内面进行保护，或使内外不相互影响。

这类零件壁薄、有较好的弹性，能补偿一定的位移，通过固定在零件外面，对内进行保护，如阻止内部受到灰尘、雨水等外部环境的影响，如阻止内部的油脂等溢出，如保护内部的零件，使其不被外物损坏等。

在线路/管路等在穿过不同的零件中时，往往需要防尘罩进行保护。对于以保护内部零件为主的防尘罩，常叫作护套，如线束过孔护套、点火线圈护套。

另外，防尘罩还具有吸音、减振等作用。

汽车上大量应用了各种防尘罩，一般来说，在运动件与运动件相互连接的地方，需要位移补偿的地方、有润滑脂外漏的零件等，都可能需要防尘罩进行保护。以底盘为例，主要的防尘罩有驱动轴万向节内外防尘罩、转向机及横拉杆防尘罩、中间轴推进器防尘罩、前减防尘罩、后减防尘罩。另外，还有球头销防尘罩，拉线防尘罩等。底盘主要防尘罩示意图如图3-79所示。

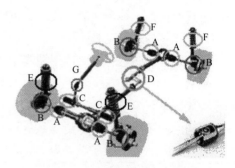

图 3-79 底盘主要防尘罩示意图

A—驱动轴万向节内防尘罩
B—驱动轴万向节外防尘罩 C—转向机横拉杆防尘罩
D—中间轴推进器防尘罩 E—前减防尘罩
F—后减防尘罩 G—转向机护套

对一个或多个方向的位移补偿有较大要求的防尘罩，其形状一般做成波纹状。图3-80为波纹状防尘罩。

图 3-80 波纹状防尘罩

没有或仅有一个方向有位移补偿要求的，可以做出波纹形状，也可以是无波纹的管状。图3-81为无波纹状防尘罩。

图 3-81 无波纹状防尘罩

2. 防尘罩的材料选用

防尘罩是壁薄的、有较好的弹性、能补偿一定的位移，另外，还直接与外部环境接触，因此，防尘罩选材的时候，主要考虑以下几个方面：耐候性、与油脂的相容性、低温性能、弹性、耐高温性能、价格等。

防尘罩零件对材料的要求主要有：

（1）耐候性能好 耐候性是防尘罩材料选用最重要的性能之一。体现耐候性的测试项目比较多，如耐臭氧老化性能、氙灯老化性能、高温湿热老化性能等，其中对防尘罩来说，耐臭氧老化性能尤其重要。

臭氧老化是一种表面老化反应，主要表现在橡胶表面，对橡胶内部影响不大。对防尘罩这种薄壁化零件来说尤其重要。

一般来说，防尘罩需要选用耐臭氧性能较好的胶料，如 CR、EPDM、VMQ、CSM 等橡胶，TPV、TPC 等热塑性弹性体。而 NBR、IR、BR、SBR、NR 等耐臭氧性能较差的橡胶，则较少应用于防尘罩。

不同的橡胶在大气中的耐臭氧龟裂性能见表 3-88。

表 3-88 不同橡胶在大气中的耐臭氧龟裂性能

橡胶	龟裂时间（阳光下）/d	
	拉伸 10%	拉伸 50%
VMQ	>1460	>1460
CSM	>1460	>1460
FKM	>1460	>1460
EPDM	>1460	800
CR	>1460	456
IIR	>748	748
CR/BR	44	23
NR	46	11
BR/SBR	34	10
IR	23	3
NBR	7	4

（2）柔韧性 作为防尘罩最主要的特点之一，及时能补偿位移，柔韧性是防尘罩材料最基本的要求之一。

（3）耐低温 耐低温性能也是防尘罩类薄壁零件重要的特性，特别是低温时需要运动的零件。如等速万向节防尘罩、门线束护套、球头销防尘罩等。

> **提示** 总体来说，防尘罩使用的环境一般温度较低，但也有部分防尘罩使用环境温度较高，特别是发动机和排气管周边。比较典型的防尘罩有发动机线束橡胶护套、驱动轴万向节防尘罩、发动机点火线圈护套等。

(4) 油脂相容性　大部分防尘罩内部有油脂，如万向节防尘罩、转向机带横拉杆防尘罩、球头销防尘罩等。防尘罩材料需要和油脂之间有较好的相容性，才能确保长期使用时保持较好的性能。

(5) 耐疲劳　防尘罩在长期的位移补偿过程中，一般需要较好的耐疲劳性能。

(6) 耐高温性能　另外，当防尘罩内部有润滑脂时，橡胶与耐润滑脂之间的相容性也极其重要。不同的润滑脂对橡胶的性能有一定的影响，如体积膨胀、硬度变大、强度降低等。

防尘罩零件材料还包括汽车材料的通用要求，如可回收、环保无禁用物质、价格低、轻量化（密度小）等。

防尘罩是车用橡胶零件中最常见的橡胶零件之一，基本分布于汽车的各个系统。下面介绍一下主要的车用橡胶防尘罩的材料选用。

(1) 驱动轴防尘罩　驱动轴防尘罩在汽车底部，工作环境恶劣，经常受到温度变化、空时、雨水等的腐蚀，同时还有高速旋转，因此容易损坏。防尘罩一旦损坏，内部的润滑脂就容易溢出，且灰尘、泥沙就有可能进入，进而严重影响万向节的传动性能。

对驱动轴防尘罩的性能要求一般如下：

1) 抗老化能力——因为在室外环境中使用，在光照和氧化的作用下，橡胶的化学结构会发生变化，导致防尘罩老化。

2) 低温性能——冬季（尤其在北方），室外温度过低，橡胶制品易变脆，导致弹性和韧性下降，从而容易发生断裂。

如 SAE J2028—2016《Front – Wheel – Drive Constant Velocity Joint Boot Seals》中，对驱动轴万向节防尘罩的材料和零件低温性能要求见表 3-89 ~ 表 3-91。

表 3-89　SAE J2028—2016 中防尘罩材料低温性能指导要求

	CR	AEM	VMQ	TPC	TPO	TPU
低温脆性	-40℃ 无裂纹	-40℃ 无裂纹	-55℃ 无裂纹	-70℃ 无裂纹	-40℃ 无裂纹	-80℃ 无裂纹

表 3-90　SAE J2028—2016 中外端防尘罩零件低温性能要求

	试验前处理			循环试验1		循环试验2	
	环境调节	分散油脂	环境调节	20个循环		10个循环	
弯曲角	0	0	10	10	10	35	35
转速	—	1000	0	1000	0	0	100
温度	室温	室温	-40℃	-40℃	-40℃	-40℃	-40℃
时间	12h（TPC72h）	5min	8h	10min	50min	50min	10min

表3-91 SAE J2028—2016中内端防尘罩零件低温性能要求

	试验前处理			循环试验1		循环试验2	
	环境调节	分散油脂	环境调节	20个循环		10个循环	
弯曲角	0	0	12	12	12	12	12
转速	—	1000	0	1000	0	0	1000
温度	室温	室温	−40℃	−40℃	−40℃	−40℃	−40℃
时间	12h（TPC72h）	5min	8h	10min	50min	50min	10min

注：PE或ACM防尘罩时，低温试验温度为−30℃。

材料的低温性能要求，实际是根据使用环境来定的。一般来说，−40℃的最低使用温度，对于中国地区来说是足够的。国内东北地区的冬季试验场，结冰期较长，最低气温可达−38℃，这基本代表全国车辆正常运行的最低气温。

3）抗疲劳性能——因为万向节是工作在非匀速转动状态，所以防尘罩在使用中所抵抗的是周期性交变应力，因此，万向节防尘罩需要优异的（高低温）耐疲劳性能。TPC材料强度高，与TPU相对，耐疲劳性能远优于CR橡胶。

在TPC应用于CAJ防尘罩之前，其主要材料是CR。由于CR的耐曲挠疲劳性能较差，加上在高湿环境使用时经常出现破裂，更换新的护套不仅费时，而且浪费大。TPC制作的防尘罩抗老化、低温、抗疲劳、耐介质和抗变形性能均很优异，在汽车的使用寿命内不需要更换。

4）耐介质性能——防尘罩内部有大量的油脂，外部经常和雨水等各种介质接触。

5）抗变形能力——在使用过程中，驱动轴会有无规则的运动，并且内部润滑油会对防尘罩施加一定的压力，所以防尘罩上会突然出现较大的抗拉应力。

汽车等速万向节润滑脂目前常用锂基润滑脂、脲基润滑脂，其中日本80%以上是脲基润滑脂，而国内目前主要是锂基润滑脂，润滑脂的基础油有石蜡基、聚α烯烃、环烷基等。等速万向节防尘罩常用材料有CR和TPC，其与各种润滑脂的相容性能（硬度变化率）如图3-82所示。

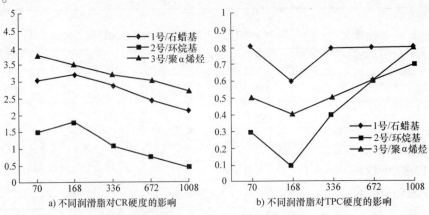

图3-82 CR和TPC的耐润滑脂性能

橡胶材料使用时，都需要与实际应用的润滑脂进行相应的相容性试验验证，确保润滑脂对橡胶性能的影响满足技术要求。

部分防尘罩虽然不直接和油液等接触，但可能会被泄漏的油液等污染，如减振器防尘罩、制动主缸防尘罩等。在材料选用过程中，也需要考虑和油液的相容性。

6）耐高温性能。驱动轴万向节防尘罩也是容易因高温老化而失效的橡胶件。排气管和驱动轴垂直相遇，部分车型的布置中，排气管离万向节防尘罩很近，此时，防尘罩处的温度场就较高。一般在主机厂的整车温度场试验中，驱动轴万向节防尘罩处是温度采集的重要点。表 3-92 是部分车型万向节防尘罩在温度场试验过程中的最高温度。

表 3-92　部分车型温度场试验中驱动轴万向节防尘罩处的温度　　（单位：℃）

车型	工况 1	工况 2	工况 3	工况 4
车型 1	119.6	96.8	93.2	91.9
车型 2	94.1	77.2	75.5	72.9
车型 3	88.9	89.7	76.3	70.8
车型 4	88.4	101	80.3	75.3
车型 5	116.5	113.5	106.5	95
车型 6	81.1	48.7	59.2	58.2

由表 3-94 可以看出，不同车型的万向节防尘罩处的温度，相差约 30℃ 左右。一般情况下，采用普通级别的 CR 可以满足万向节防尘罩的高温要求，但是如果温度场试验中温度超过 100℃，就应该采用耐热性更好的 CR。

目前，国内大部分的车型驱动轴固定端防尘罩主要采用 TPC 材料，而伸缩端（移动端）还主要采用 CR 材料，而国外欧美车型基本以 TPC 为主。

TPC 替代不仅能提升防尘罩耐疲劳、高温、耐候等性能，还能减轻零件重量。由于 TPC 具有密度低、强度高、耐磨损、耐疲劳、耐老化等性能，且有更好的尺寸稳定性。因此 TPC 防尘罩能在 CR 防尘罩的基础上减小尺寸和壁厚，从而能有效地降低防尘罩的重量。某车型驱动轴防尘罩开始采用 CR，后改用 TPC 材料后，防尘罩重量由 138g 降低为 78g。

（2）火花塞护套　发动机火花塞护套是一个要求较高的零件，除具有防尘罩零件需要的耐候、耐臭氧等性能外，还需具有良好的防水性、防尘性、防湿气性，另外，还需优良的电气绝缘性、高电击穿强度、耐热性等。

绝缘层主要选用绝缘和热性能较好的 EPDM 或 VMQ 橡胶。

早期的火花塞护套材料有 CM、CR、EPDM，其中 EPDM 较多，现在一般采用耐热更好的 VMQ，少部分车型还是采用 EPDM。图 3-83 为某火花塞护套及其结构示意图。

（3）线束护套　一般的线束橡胶护套均在 100℃ 以下使用，但发动机线束护套处于前舱，长期使用温度较高，最高常用温度一般在 120℃ 左右，短期最高温度可到 150℃ 左右。因此，对于发动机线束橡胶护套，最好选用耐热的 EPDM，根据具体车型的温度场，其耐热温度需要达到 125℃，甚至 150℃。

在实际使用过程中，也经常发生普通级别的 EPDM 或 NR 发动机线束橡胶护套因高温老

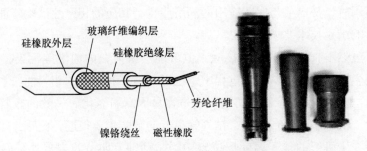

图 3-83 某火花塞护套及其结构示意图

化而开裂的现象。某前舱护套高温老化开裂如图 3-84 所示。

图 3-84 前舱护套高温老化开裂

3. 防尘罩的标准

表 3-93 为国内外部分主要的防尘罩标准。

表 3-93 国内外主要的防尘罩的标准

标准号	标准名称	备注
SAE J2028—2016	前轮驱动等速万向节引导密封件	—
GB/T 29615—2013	汽车液压制动系统用橡胶护罩	修改采用 ISO6117：2005 和 ISO4927：2005
ISO 6117—2005	道路车辆 用于非石油基液压制动液的鼓式液压制动轮缸用弹性体护罩（最高工作温度 100℃）	—
ISO 4927—2005	道路车辆 用于非石油基液压制动液的鼓式液压制动轮缸用弹性体护罩（最高工作温度 120℃）	—

由于防尘罩多而杂，各主机厂相应的标准也比较多，这里不单独列出。

4. 部分车型主要防尘罩选材

国内外部分车型防尘罩用材情况见表 3-94。

表 3-94 部分车型主要防尘罩选材

	火花塞护套	左驱动轴防尘罩	右驱动轴防尘罩	转向横拉杆护套	转向球头销防尘罩	前减防尘罩	后减防尘罩	制动主缸防尘罩
奥迪 A3	VMQ	TPC	TPC	—	CR	PUR	POM	—
奥迪 A6	VMQ	TPC	TPC	—	CR	PA6	PA6	PP + EPDM
别克 ENCORE	—	TPC	TPC	TPV	CR	EPDM	—	EPDM

(续)

	火花塞护套	左驱动轴防尘罩	右驱动轴防尘罩	转向横拉杆护套	转向球头销防尘罩	前减防尘罩	后减防尘罩	制动主缸防尘罩
大众 CC	VMQ	TPC	TPC	—	CR	PUR	PP/PE	PP + EPDM
大众 GOLF	VMQ	TPC	TPC	—	CR	PUR	TPO	PP + EPDM
大众帕萨特	—	TPC	TPC	PP + EPDM	CR	PUR	PP	PP + EPDM
大众 polo	—	CR, TPC	CR	TPV	CR	PUR	PP5	—
大众途观	VMQ	TPC	TPC	—	CR	PUR	TPV	PP + EPDM
斯柯达 RAPID	—	TPC	TPC	TPV	—	PUR	PP	
沃尔沃 XC60		TPC	TPC	TPC	CR	—		PP + EPDM
雪佛兰 AEVO	—	TPC	TPC	TPV	CR	EPDM	PP	EPDM
雪佛兰 TRAX	—	TPC	TPC	TPV	CR	EPDM	—	
福特蒙迪欧		TPC	TPC	PP + EPDM	—	PP + EPDM	PA6	EPDM
本田 ACCORD	EPDM	TPC	TPC				TPV	
本田 VEZEL	—	CR	TPC, CR	TPV		PP + EPDM	EPDM	
丰田卡罗拉		CR	CR	TPV		NR + BR	PP	
丰田威驰	—	CR, TPC	CR, TPC	TPV		NR + SBR	PP	
现代 ix35		CR, TPC	TPC	PP + EPDM		TPEE	TPE	
现代瑞纳		CR, TPC	TPC	PP + EPDM		PP + EPDM		TPE
日产 TRAIL	—	CR, TPC	CR, TPC	TPV	CR	NR + BR		
长安 CS75	—	TPC	TPC	TPV		TPC		
吉利 GS	—	CR	CR	—		PP + EPDM	PP + EPDM	
长城 VV5	VMQ	TPC	TPC	—		TPC	PP + EPDM	PP + EPDM
奇瑞艾瑞泽 7	VMQ	CR, TPC	TPC	TPV	CR	TPV	PE	EPDM
哈弗 H2	—	TPC	TPC	PP + EPDM	CR	PP + EPDM	PP + EPDM	PP + EPDM

5. 防尘罩的未来发展趋势

随着弹性体技术的发展，在很多地方也开始逐渐替代传统的橡胶防尘罩。

目前在转向机带横拉杆防尘罩、驱动轴防尘罩、减振器防尘罩方面，已经大量应用 TPE 防尘罩。另外，线束过孔防尘罩、制动主缸防尘罩、线束护套等也逐渐开始采用 TPE 材料。图 3-85 为某车型 TPV 线束过孔护套。

图 3-85 TPV 线束过孔护套

途观/朗逸/晶锐等车型的汽车线束护套都采用了 TPV 材料。

3.3.4 其他密封件

除以上的密封圈、密封条、防尘罩等主流密封件外，汽车上还有隔膜、堵盖、护套、胶塞等密封件。

另外，电池包是电动车最重要的零件之一，电池包的密封对电池性能影响极大。这里就把电池包密封单独进行分析。

1. 电池包的密封

动力电池包是纯电动汽车唯一的动力能量来源，作为纯电动汽车的核心部件。电池包的密封性，不仅影响电池的寿命，还对整车的安全性有极大的影响。

电池包一般都布置在车身底部，图 3-86 为典型电池包的布置图。车辆在行驶过程中，难免会经过水洼、积水路面等而造成电池包与水接触。电池包的开发过程中，涉水试验是考察密封性能的关键项目之一。

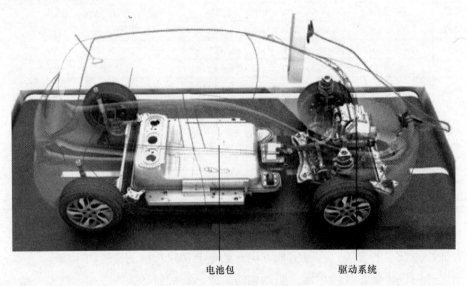

图 3-86 电池包的布置图

电池包如果密封不严，水汽就容易进入电池包内部，水汽凝结在电池组上就容易造成短路。对于强制风冷的电池包，如果密封不好，冷气流的进入容易造成电池模块工作温度的不一致，从而导致性能一致性的恶化。

另外，如果密封不严，造成冷却液的泄漏，对电池的性能也会造成极大的影响。

电池包密封面的设计对密封性能极其重要。电池包上下盖以往主要为钢板通过焊接连接。箱体所用的钢板一般较薄，一般采用电焊。点焊前，在两个钢板搭接边的内侧涂 30mm 宽的点焊胶。焊接完后再在搭边处涂密封胶。电池包上下盖除钢板材料外，现在上下盖多为铝板或复合材料，或者上盖复合材料、下盖铝板。不管上下盖是哪种材料，密封性能都尤为重要。

为保证良好的密封，电池包上下盖之间的密封件格外重要。上下盖之间的密封结构一般有三种。

图 3-87 中 a)，上下盖通过螺钉连接，靠上下盖之间的翻边平面挤压密封，上下盖翻边之间加密封垫。该结构需要预紧力特别大，对两翻边的平面度要求比较高。

图 3-87 中 b)，上下盖通过螺钉连接，靠上下盖竖直面密封，上下盖之间加密封垫。该结构也需要较大的预紧力，但对两竖直面的平面度要求较低。

图 3-87 中 c)，电池包密封面的左右方面的面为一个斜面，前后方向的面是一个带翻边的斜平面，点对四周都是等高密封面结构。该设计虽然加大了设计和制作难度，但对电池包的密封效果起到了很大的作用。另外，当车外有少量液体落到电池包密封斜面上时，斜面能够避免液体流到电池包内。

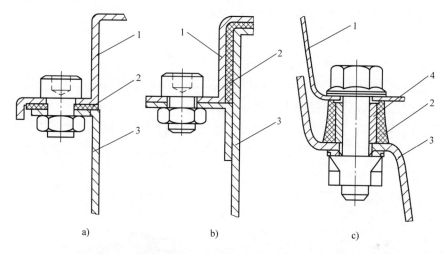

图 3-87 电池包上下盖密封形式
1—电池上盖 2—密封垫 3—电池下盖 4—金属导管

电池包的密封材料主要有密封剂、海绵胶、橡胶圈（密实胶）三种。某电池包的密封示意图如图 3-88 所示。

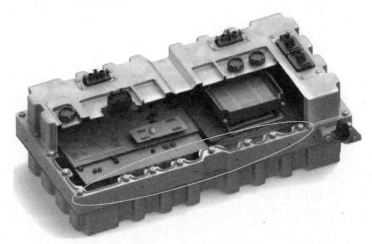

图 3-88 电池包密封

电池包密封的材料要求如下：①良好的弹性；②良好的压缩永久变形性能；③良好的耐高低温性能；④良好的耐老化性能。

橡胶密封圈价格较低，且可重复利用。不过，橡胶密封圈对电池包上下盖平整度的要求较高，如果不平整，就容易造成表面不贴合。相对来说，EPDM 是密封圈最理想的橡胶材料。另外，VMQ 性能也较好，不过价格较贵。

海绵胶一般选用 EPDM 或聚氨酯发泡胶。EPDM 和聚氨酯发泡胶均具有极好的弹性、压缩性能、高低温性能等，生产制造工艺成熟且在汽车上大量应用，如汽车门窗密封条、座椅海绵等。

密封剂密封效果较好，适合机器人自动化操作，不过固化时间较长，且维修拆解需要重新涂胶。目前常用的密封剂有硅胶、聚氨酯、PVC 胶等。

2. 膜片

膜片是一种结实、多用途的动态密封件，基本上能消除 O 形圈、波纹管等带来的缺点限制。膜片能保证零泄漏、零摩擦、高敏感度，且无须维护或润滑。

橡胶膜片的主要应用有真空助力器膜片、液压悬置皮膜、油泵皮膜等。用于制造膜片的材料需要具有的特性有：柔顺性、不渗透性、好的弹性和足够的强度，在使用过程时具体的变形情况下，不被撕裂，且在外力消失后能够恢复原有的形状。比较适合膜片的橡胶材料有 CR、NBR、VMQ、FVMQ、EPDM、SBR 等。

（1）真空助力器膜片　某车型真空助力器膜片示意图如图 3-89 所示。

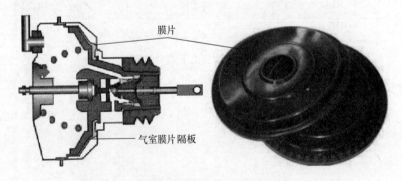

图 3-89　真空助力器膜片示意图

目前，部分车型真空助力器膜片采用 NBR 材料，NBR 材料虽然具有优良的耐油性、耐磨性等，但耐热性能一般，而且胶料混合时能耗大、成本高，制得的橡胶膜片力学性能还有待提高。NBR 膜片硫化温度为 175℃，硫化时间为 180s，而 EPDM 等橡胶材料，硫化温度可提高到 195℃，进而缩短硫化时间，通过高温短时间硫化，从而提高生产效率。

由于膜片薄且大，在产品加工过程中容易出现撕裂，特别是采用 EPDM 的膜片，由于过氧化物硫化 EPDM 的热撕裂性能较差，制品出模时易出现细微的锯齿状。对于过氧化物硫化的 EPDM 膜片，脱模后等产品稍微冷却后再撕边效果更好。如果采用 NBR 或 SBR 橡胶，撕裂性能就相对更好。

目前，真空助力器膜片以 EPDM 材料为主，但也有部分是采用 NBR 或 SBR 材料。如万都提供的真空助力器采用的膜片，均有采用 EPDM、SBR、NBR 不同的橡胶。通用真空助力器皮膜标准（GMW 14746）中，两类橡胶材料分别是 EPDM（长期使用温度125℃时）和 SBR（长期使用温度100℃时）。

（2）液压悬置膜片　发动机悬置安装在发动机与汽车底盘之间，主要用于支撑动力总成和隔离发动机振动能量向底盘传播。目前，发动机悬置主要分为橡胶悬置和液压悬置，其中液压悬置示意图（双通道液压悬置）如图3-90所示。

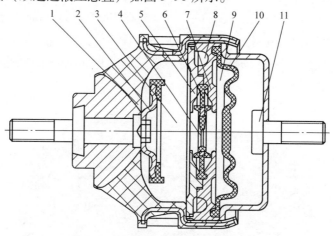

图 3-90　双通道液压悬置膜片示意图
1—主体　2—翼板　3—主液室　4—高频通道　5—流道上盖板　6—可动板　7—流道下盖板
8—低频通道　9—从液室　10—膜片　11—下底板总成

液压悬置内有一个橡胶膜片，用于阻隔阻尼液和空气，目前，膜片用材主要为 NR 橡胶，与悬置主体橡胶胶种相同。

另外，还有汽油泵、燃油压力调节器等零件上也用到膜片密封。汽油泵膜片密封空气与汽油，其与汽油接触的一面需要极好的耐油性能，常用 FKM、NBR 等橡胶，而与大气接触的部位，则可采用 NBR + PVC 等橡胶。图3-91为汽油泵膜片示意图及用材。

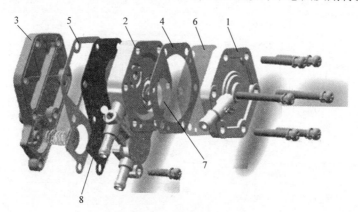

图 3-91　汽油泵膜片示意图
1—负压盖　2—油泵总成　3—底盖　4—负压密封垫　5—油仓密封垫
6—PET 负压盖膜片　7—PET 透明膜片　8—橡胶油仓膜片

3. 堵盖

（1）车身堵盖 车身上有大量的工艺孔、装配孔。这些孔中，一部分需要在电泳、焊装、总装等过程中进行封堵，以确保整车的电泳、NVH等性能。

堵盖可选用的材料较多，如橡胶（EPDM等）、热塑性弹性体TPE（TPV、TPC、TPO等）、软质塑料（PVC、PP、PE、PP+EPDM、PP/PE、PA）等均可以。

堵盖主要在涂装、总装、焊装三个工艺线安装，其中涂装、焊装安装的堵盖需要经过电泳槽，并进入烘烤房，烘烤房温度较高，一般需要在180℃保持3min左右，所以涂装安装的堵盖一般采用传统的橡胶或耐热温度较高的PA、TPC类。

也有一些堵盖主体部分采用塑料，四周边缘用于密封部位采用塑料，通过二次注塑而成。图3-92为某二次注塑的堵盖。

图3-92 某车型堵盖

表3-95为国内外部分车型四门两盖堵盖用材情况。

表3-95 部分车型四门两盖堵盖用材

车型	前门	后门	后尾门	顶盖
奥迪A3	PDM/PP	EPDM/PP	软质塑料	TPC
奥迪Q3	TPE，TPV	TPE	—	TPC
奥迪A6	TPC	EPDM/PP	EPDM，PP/SEBS	PA6
别克ENCORE	EPDM TE（PEBBS+PP）	TE（PEBBS+PP）	塑料	—
现代ix35	EVA+LDP	EVA+LDP	EPDM	—
斯柯达RAPID6	PA6	PA6	—	PA6
丰田卡罗拉	POM	POM	—	POM
丰田汉兰达	PP，EPDM	PP+EPDM	EPDM	—
丰田凯美瑞	EPDM，PP+EPDM	塑料	—	—
大众CC 2.0	TPC	EPDM+PP，TPC	—	TPC
大众途观	TPC	EPDM	橡胶	PA6

（续）

车型	前门	后门	后尾门	顶盖
大众迈腾	EPDM + PP, EPDM	EPDM + PP, EPDM	EPDM, PA66, PP + PE	—
比亚迪唐 2	塑料	EPDM	PP	—
长安 CS75	塑料	塑料	EPDM	—
腾势 EV	LDPE, PA6	LDPE, PA6	—	—
广汽传祺	EPDM	EPDM	EPDM	—
吉利博越	塑料	塑料	EPDM	—
观致 3	TPE	TPE	—	PA6, TPE
长城 VV5	NR, EPDM	NR, EPDM	NR	NR

表 3-96 为国内外部分车型白车身堵盖用材情况。

表 3-96 部分车型白车身堵盖用材

车型	后轮罩	室内地板	车身后部	车身底部	发动机舱
奥迪 A3	TPC	PA6	EPDM + PP	TPC	TPC
奥迪 Q3	TPC	TPC	EPDM	EPDM	TPC
奥迪 A6	PA6, TPC	PA, EPDM	TPE, EPDM	PA6	TPE, PP + EPDM
别克 ENCORE	EPDM	PA6, EVA	EPDM	TPC	—
现代 ix35	EPDM	EPDM	PE, EPDM, NBR	EPDM, NBR	橡胶
斯柯达 RAPID6	TPC	PA6	PA6	PA6	TPC
丰田卡罗拉	EPDM, POM	EPDM	EPDM	EPDM, PVC	TPO
丰田汉兰达	TPO, EPDM	EPDM, TPO	TPO, EPDM	TPO, EPDM, PVC	EPDM
丰田凯美瑞	EPDM	EPDM, TPO	EPDM	EPDM, PVC	塑料
大众 CC 2.0	EPDM + PP	PA6	TPV, TPC	TPC	TPC
大众途观	TPV	TPC, TPV	TPC, EPDM	TPV, TPC, LDPE	TPC
大众迈腾	EPDM/PP, TPC	PA6, TPV	TPV, TPC, PA6, PA66	TPC, TPV, LDPE	TPC
比亚迪唐 2	EPDM	PA6	EPDM, PP	EPDM, PP	塑料
长安 CS75	EPDM	PA6	EPDM	EPDM	EPDM
腾势 EV	塑料	TPE, TPC, PA6	TPE, TPC	TPE, EPDM, PA6	TPE, PA6, TPC
广汽传祺	EPDM	EPDM	EPDM	EPDM	EPDM
吉利博越	塑料	PA6, PA6 - GF30	TPE, PA6 - GF30	PA6, TPE	PA6
观致 3	塑料	PA6, TPE	TPE, LDPE, PA6	TPE	PA6
长城 VV5	EPDM	PA6 - GF30	EPDM	EPDM	—

（2）前照灯后堵盖　前照灯的灯泡等零件的安装和更换，都是通过大灯后壳体上的开孔进行的。安装和更换后，孔需要配合使用堵盖（或叫防尘罩）进行密封，以防止水、水汽及灰尘从此进入灯具内部。

前照灯后堵盖材料的选用，需要考虑开孔的大小、壳体的结构等因素。在开孔比较大、需要一定强度才能确保堵盖不掉落的情况下，一般选用增强的 PP、PA 等材料。如果开孔较小，或堵盖不易脱落时，则选用强度较低的橡胶、热塑性弹性体或软质塑料。

图 3-93 为某车型前照灯壳体堵盖。

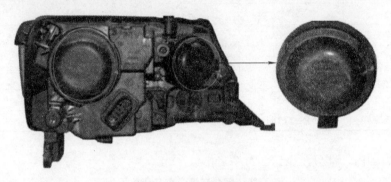

图 3-93　前照灯堵盖

前照灯后堵盖位于前舱，温度较高，所以堵盖一般采用耐热、耐老化较好的材料。目前主要采用 PP 类材料（如 PP、PP-T20、PP-T30 等），少数车型采用 PA6、POM 等。在橡胶堵盖中，以 EPDM 居多，主要是 EPDM 耐热、耐候、耐臭氧等性能均较好。

如果堵盖为塑料的，为达到良好的密封效果，往往还配合密封圈。密封圈与堵盖的配合，有断面配合密封，有侧面配合密封。密封圈一般选用耐热、耐候、耐臭氧性能较好的 EPDM 橡胶。图 3-94 为车灯堵盖图。

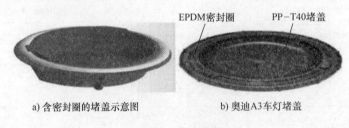

a) 含密封圈的堵盖示意图　　b) 奥迪A3车灯堵盖

图 3-94　车灯堵盖

（3）其他堵盖　加油口盒也算是一个大的堵盖，其主体材料一般采用增强 PP 塑料，而边缘及中间密封部分，则采用 TPV 材料。TPV 和 PP 类材料有极好的黏接性，可直接通过二次注塑在一起。图 3-95 为某车型加油口盖堵盖。

另外，汽车上还有大量这种件，如减压排气孔、空调出风口阀门等，都是采取将 TPV 二次注塑在增强 PP 上，其中，TPV 起到密封的作用。图 3-96 与图 3-97 为某车型减压排气孔、空调出风口阀门密封。

4. 线束端子/接插件密封

随着汽车技术的发展，整车智能化越来越高，电气娱乐/服务等功能也越来越多。这离不开大量的电子/电器设备。这些设备的连接，离不开大量的线束端子、接插件等。

在线路接插件中，都有橡胶密封件，以保护接插件不受外界和车内极端温度、气流、振

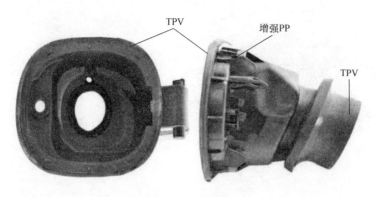

图 3-95 加油口盖堵盖

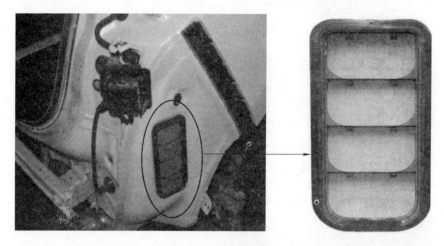

图 3-96 减压排气孔

图 3-97 空调出风口阀门

动等环境的影响,保证工作的稳定性。

图 3-98 与图 3-99 为线束端子/接插件密封示意图。

线束端子/接插件密封件不仅需要有极好的绝缘性,还要有极高的耐热性能,因为接插件在有水等杂物时容易导致短路,从而温度会急速升高。另外,接插件密封材料还需要有极

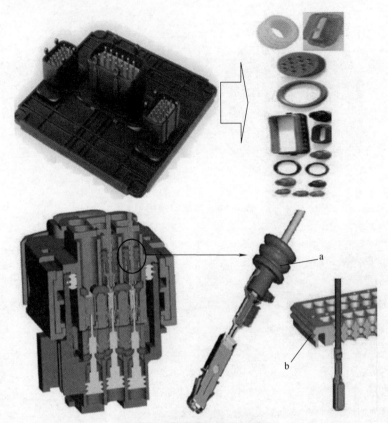

图 3-98　线束端子/接插件密封

好的憎水性和自润滑性。

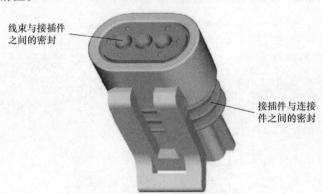

图 3-99　线束端子/接插件密封件

目前，常见接插件密封材料主要有 VMQ、EPDM 等。VMQ 耐热性能远优于 EPDM，所以在对耐热性能要求比较高的汽车线束接插件中，主要以 VMQ 为主。

硅橡胶有着极好的电绝缘性能，常温下其体积电阻率优于其他橡胶，和 EPDM 相当，而且外界环境（如潮、频率变化和温度变化）对其的绝缘性能影响较小。

几种常用橡胶的体积电阻率见表 3-97。

由表 3-97 可以看出，硅橡胶 VMQ 和 EPDM 的体积电阻率都较大，所以 EPDM 和 VMQ

都可用于电路系统绝缘密封件。相比较于 EPDM 橡胶，VMQ 对温度的依赖性更小，由低温至高温均表现出优异的电性能，而且一旦燃烧而形成的残留二氧化硅仍可保持电绝缘性，所以电路系统中，常用其作绝缘橡胶件，如线束端子软垫、开关垫片、点火线圈、高压线等。

表 3-97　常用橡胶的体积电阻率

橡胶	NR	SBR	EPDM	CR	NBR	VMQ
体积电阻率	$10^{14} \sim 10^{15}$	$10^{14} \sim 10^{15}$	$10^{15} \sim 10^{16}$	$10^{12} \sim 10^{13}$	10^{10}	$10^{13} \sim 10^{16}$

3.4　减振橡胶件

NVH（Noise、Vibration and Harshness）问题是所有汽车企业最关心的问题之一。乘用车整车故障中约有 1/3 的故障与汽车的 NVH 问题有关，改善汽车的 NVH 特性，不仅能提高驾乘舒适度，还能减少汽车故障率及事故率。随着社会的发展，汽车已逐步从高档消费品变为日常消费品，人们对汽车的性能要求也越来越高，特别是舒适性、稳定性等，这就需要大量应用减振橡胶件来提高整车的减振性能。橡胶材料由于其特有的高弹性、高阻尼性能等大量应用在汽车减振零件上，用以提高零件、系统或整车的 NVH 性能。

减振橡胶件是指以防止振动、冲击的传递或其缓冲作用为目的而采用的橡胶制品。从狭义上讲，减振橡胶件主要是指以减振、缓冲为主要功能的橡胶件，从广义上讲，基本所有的橡胶件都有一定的减振作用。本章节主要介绍以减振、缓冲为主要作用的橡胶件。

整车减振橡胶件主要有发动机系统的橡胶悬置、底盘行驶系统的减振器缓冲块及稳定杆/拖曳臂/摆臂/拉杆等各种衬套、传动系统/转向系统等的各种衬套、各种阻尼减振器、各种支架软垫、垫块、防撞块等。

橡胶作为减振零件，主要是由其特有的性能所决定的。其主要原因如下：

① 橡胶的弹性模量与金属相比非常小，隔离振动的性能优越。

② 橡胶是近似不可压缩的物质（指压缩过程中体积基本保持不变），泊松比约 0.5，在应力和变形之间产生时间上的延迟，具有非线性的性质，作为减振材料是有效的。

③ 减振过程中，金属弹簧内部摩擦产生的能量衰减较小，且会诱发固有的振动，出现一种冲击性的谐振现象，而减振橡胶没有这种问题。

④ 具有能自由选择性质的优点，可适当选择三方向的弹簧常数比。

⑤ 容易和金属牢固地黏接在一起，可使减振橡胶本身体积小，重量轻，而且支撑方法也简单。

⑥ 安装后不需要补充润滑油，不需进行保养。

⑦ 橡胶弹簧不变的情况下改变其弹簧常数，或者在弹簧常数不变的情况下改变其形状。

由于橡胶分子中的长链分子结构以及分子间存在较弱的次级力，使得橡胶材料呈现独特的黏弹性能，因而具有良好的减振、隔声和缓冲性能。但橡胶的阻尼作用也导致橡胶材料生热的不利一面，产生于橡胶的滞后特性和变形时的内摩擦使振动的机械能转变为热能，导致橡胶生热。

橡胶的滞后和内摩擦特性通常用损耗因子表示，损耗因子越大，橡胶的阻尼和生热越显著。橡胶材料的损耗因子大小不仅与橡胶本身的结构有关，而且与温度和频率有关。在常温下，NR 和 BR 的损耗因子较小，SBR、CR、EPR、AU 和硅橡胶的损耗因子居中，IIR 和 NBR 的损耗因子较大。

橡胶材料的损耗因子远远低于金属、塑料等材料，在无特殊需求的情况下，各种橡胶均可以作为防振橡胶。由于 NR 和 BR 橡胶的损耗因子较低，所以常用的减振橡胶零件，就是采用损耗因子较小的 NR，或与 BR 并用的 NR 橡胶。

损耗因子是影响零件减振性能的重要因素，除此之外，还与使用环境因素有关，如是否和油液接触、高温环境、低温环境等。最新的防振橡胶材料标准（HG/T 3080—2009）中将防振橡胶材料分为 5 类：①一般硫化胶：NR、SBR、IR 以及它们的并用胶；②耐油硫化胶；③耐天候硫化胶；④对振动衰减大的硫化胶；⑤耐热硫化胶。

在一般情况下，从耐疲劳性能和蠕变性能考虑，建议采用一般硫化胶。其中，使用最为广泛的是 NR、SBR、BR 等。NR 有优异的弹性、耐寒性、电绝缘性，另外，物理性能好，损耗因子低，从综合性能来考虑是最为适合减振橡胶的材质之一。其耐热、耐候等性能较差，主要是通过 NR 改性或与其他胶种并用的方式来提升。

在 NR 中并用少量 BR，可以大大提高胶料的动态疲劳性，德墨西亚疲劳龟裂次数（6级裂口）在单用 NR 时为 37.4 万次，而 NR/BR 应用时可达 193.6 万次。

SBR 比 NR 耐热性能好，和金属件摩擦也不发粘。BR 的特点是动态发热小，但强度稍差，所以一般不单独使用，而是和 NR 与 SBR 并用。

CR 具有优良的耐候性能，但耐低温性能较差，因此也采用改性或与 NR、SBR 并用的方式提高其性能。CR 常用于耐天候要求较高的减振零件。

EPDM 耐候、耐臭氧老化、电绝缘性、耐热及耐寒等性能均优异，近年来受到广泛的关注。EPDM 常用于耐天候、耐热要求较高的减振零件。

聚氨酯弹性体具有优良耐磨性、耐曲挠性和对烃类燃料以及大部分有机溶剂的抵抗能力，同时具有很高的物理性能，良好的绝缘性、黏接性能和耐老化性能，但其耐高温、水解、酸碱等能力较差。与传统的橡胶相比，聚氨酯制作的弹性体缓冲块，具有非常高的可压缩性和变形能力、优良的力学性能以及突出的耐动态疲劳性。

NBR 由于具有极好的耐油性能，常用于耐油要求较高的减振零件。

3.4.1 橡胶悬置

1. 橡胶悬置分类与结构

使用橡胶悬置的零件主要有发动机、变速器、电池等，其中以发动机橡胶悬置为主，因为发动机橡胶悬置使用条件及环境最为苛刻。

发动机是通过悬置系统与车身相连接，发动机是振动源，车身是防振对象，这就要求发动机悬置能够有效地吸收振动或降低振动。

一般在汽车上采用三点及四点悬置系统。点式悬置与车架的顺从性最好，因为三点决定一个平面，不受车架变形的影响，而且固有频率低，抗扭转振动的效果好。四点式悬置的稳定性好、能克服较大的转矩反作用力，不过扭转刚度较大，不利于隔离低频振动，但通过设计，都能满足发动机要求。图 3-100 为某车型四点悬置示意图。

理想的发动机悬置，为衰减路面和发动机怠速燃气压力不均匀引起的低频大幅振动，应具有低频高刚度、大阻尼的特性；为降低车内噪声，提高操纵稳定性，应具有高频小刚度、小阻尼的特性，所以总体上要求悬置具有频变和幅变的特性。

最初的发动机橡胶悬置出现在 20 世纪 30 年代，通过近百年的发展，目前橡胶悬置技术取得很大的发展。选择适当的橡胶硫化在金属骨架上，可形成各种不同的橡胶悬置，通过悬置橡胶的形状、尺寸可以使其在 3 个方

图 3-100　四点悬置示意图

向（垂直、横向、纵向）的刚度系数达到所希望的数值，并通过橡胶分子之间以及橡胶与添加剂之间相互作用产生的内摩擦衰减作用，有效地隔除发动机的振动。硫化橡胶的内摩擦比金属弹簧大 1000 倍以上，能够有效地降低谐振时的振幅，并使自由冲击产生的衰减振动尽快停止。图 3-101 为 3 种典型的橡胶悬置示意图。

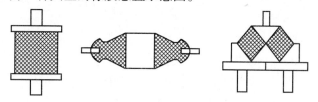

图 3-101　3 种典型的橡胶悬置

橡胶悬置在高频时具有较大的动刚度，当激振频率高于 200Hz 时，橡胶悬置的动刚度就会突然增加，这就导致在低频和高频的环境中会顾此失彼，从而导致减振降噪能力的损失。

为了改善橡胶悬置的性能，达到高频低动刚度、低频高阻尼系数的特殊要求，采用液体封入结构形式（即液压悬置），能达到较好的效果。最早的液压悬置是 1979 年大众公司在奥迪车型上开发的，目前液压悬置已经广泛使用。

液压悬置由橡胶主簧、上腔室、下腔室、阻尼液和惯性通道组成。上下腔内充满了阻尼液，橡胶主簧承载重量，同时构成上腔室壁。当橡胶主簧受压时，橡胶的弹性变形对液体施加压力，将液体挤到下腔室，下腔室的底部是一个橡胶膜片，刚度很低。下腔室就像一个液体容器，两个腔体用惯性通道隔开，上下腔室中的液体可以自由地通过惯性通道。通过液体在惯性通道的流通，从而起到阻尼的作用。

液压悬置结构复杂，价格较贵，已从最初的第一代液压悬置（惯性通道式）发展为第二代（惯性通道+解耦盘式）和第三代（惯性通道+解耦盘式+节流盘式）液压悬置。

近几年，在液压悬置的基础上，增加了控制系统，从而形成了半主动悬置和主动悬置。总体来说，发动机悬置的发展趋势如图 3-102 所示。

2. 橡胶悬置的材料选用

根据发动机悬置的使用环境，悬置主体橡胶材料的选用要求如下：

对于发动机悬置，其工作温度一般在 -40 ~ 70℃，所选择橡胶材料的使用温度要能满足要求。对于这个使用温度来说，一般的橡胶（如 NR、IR、BR、EPDM、CR、SBR 等）基本都能满足要求。NR、BR 一般长期使用温度在 70℃ 以下，由于悬置位于发动机附近，经常会出现工作温度超过 70℃ 的现象。此时，就需要采用耐热更好的特殊配方或其他胶种。

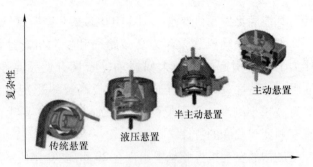

图 3-102　发动机悬置的发展趋势

悬置是由橡胶材料和金属骨架硫化而成，要求选择的橡胶材料具有较高的粘合强度。一般来说，极性橡胶的粘合性能好，极性越大，粘合指数越高，易于橡胶与金属骨架粘合。常用的橡胶如 NBR、CR 为极性橡胶，NR、SBR、EPDM 和 IIR 为非极性橡胶。NR 和 SBR 分子链中含有大量的双键，粘合也很容易；非极性橡胶如 EPDM 和 IIR 由于活性低，难于与黏接剂粘合。

悬置在使用中会接触水、盐水、臭氧、泥浆、发动机冷却液、车窗洗涤液等，选择的橡胶材料有抵抗这些物质的能力。对于液压悬置，工作腔内还有一定黏度的阻尼液（一般为乙二醇和水 1:1 的混合液），因此，橡胶的耐阻尼液性能也是必需的。

另外，为了满足减振和寿命的要求，要求选择的橡胶材料必须具有高弹性、低蠕变、低动态生热和优越的屈挠疲劳性能。

在所有橡胶材料中，NR 橡胶除抗溶剂性、耐候性和耐热性（NR 的长时间使用温度上限在 70℃ 附近，通过并用其他耐热橡胶及配方改性可以适当提高耐热性）上面稍差外，其他方面的性能都非常优越，因此，NR 或 NR 并用胶成了悬置橡胶的首选材料。

3. 部分车型橡胶悬置用材

目前，大部分车型的悬置橡胶都是采用 NR 材料，部分车型的采用 NR 并用胶或 EPDM 橡胶。部分采用车型的悬置橡胶材料见表 3-98。

表 3-98　部分车型悬置用材

序号	悬置橡胶材料	应用车型
1	NR + BR	大众 POLO、Golf 7、丰田卡罗拉、威驰
2	EPDM	奥迪 A3，别克 Lacrosse，雪佛兰 Malibu，丰田威驰，沃尔沃 XC60，观致 3，吉利博瑞，荣威 RX5
3	NBR	大众途观

采用 NBR 橡胶的悬置比较少，目前仅发现大众途观采用该橡胶。图 3-103 为大众途观橡胶悬置图。

4. 橡胶悬置的用材趋势

橡胶悬置材料的选择和设计不只要满足最基本的材料性能要求，更重要的是满足悬置动

图 3-103　大众途观橡胶悬置

静刚度的匹配和寿命要求，只有这样才能最终满足整车使用要求。对于传统的燃油车而言，由于发动机逐渐紧凑，涡轮增压发动机逐渐大量普及，汽车发动机舱温度的不断升高，为适应汽车长寿命和可靠性的要求，需要提高减振制品的耐热性和耐久性，甚至要求减振制品能伴随汽车同时报废，此时，用 NR 材料和 NR 为主体并用材料的发动机悬置已不能满足 120℃，甚至 150℃高温减振要求，EPDM 作为新的发动机橡胶悬置材料开始步入市场。对于减振制品行业来说，今后主要的研究方向是提高减振胶料的耐热性，从目前的 100℃提高到 120℃，甚至 150℃，将来则要求提供超耐热材料（300℃以上）和开发可变弹簧常数的橡胶，则需采用耐热更好的硅橡胶。图 3-104 为某展览会上的硅橡胶悬置。

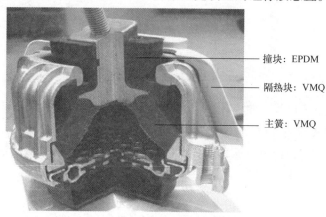

图 3-104　硅橡胶悬置图

对于电动车而言，取代发动机的电池包，虽然重量大，但动力输出平稳，也就不需要悬置这种减振零件。

3.4.2　悬架缓冲块

为防止金属零件之间的接触碰撞，进而造成异响、零件损坏等问题，一般在运动件之间经常设计橡胶缓冲块、软垫等。橡胶缓冲块、软垫等能有效地减低振动、减少噪声，提高整车的舒适性。汽车上最为典型的该类零件是悬架缓冲块（也叫减振器缓冲块）。

悬架缓冲是为了防止悬架被击穿所造成的撞击，在轮子上调到一定的行程时，与主弹性元件（如螺旋弹簧、钢板弹簧）并联一个非线性很强的弹性元件。通过缓冲块来限制悬架行程，以吸收从车轮传到车身上的冲击载荷。当悬架运动到上跳极限，缓冲块应停止变形，以充分保护住弹性元件。

1. 悬架缓冲块的材料选用

悬架缓冲块现在主要有两种：①橡胶缓冲块：通过橡胶硫化作用，固定在金属底板上；②聚氨酯（PUR）缓冲块：将 PUR 缓冲块卡紧在托盘上。图 3-105 为典型的悬架缓冲块示意图。

目前，轿车上一般使用 PUR 缓冲块。虽然橡胶价格最低，但性能最差，PUR 价格最高，在耐磨性、耐臭氧、缓冲性能方面有极大的优势。

图 3-105　悬架缓冲块

PUR 材料制成的多孔型缓冲块具有以下橡胶所不能比拟的优点：

① 具有比邵尔 A 硬度 40 的软橡胶材料还要好的柔性。

② 具有非常高的可压缩和变形能力。当圆柱形零件被压缩到高度的 50% 时，微孔 PUR 零件压缩变形横向尺寸增大的量只有原尺寸的 12%，而橡胶零件变形增大的量则达到原尺寸的 40%。

③ 优良的力学性能。微孔 PUR 具有低的压缩变形和蠕变性能，优良的耐气候性、耐低温性、耐腐蚀性、耐磨性和耐老化性能，具有较好的化学稳定性，使用寿命更长。

④ 非常优秀的耐动态疲劳性能。微孔 PUR 缓冲块在往复压缩产生的内生热少，而且分散热量的速度也比橡胶快，因此在实际应用中有更好的耐久性。在 2Hz 的高频，在大位移设计形变下往复压缩可以超过 100 万次。这是传统橡胶材料远不能达到的。

⑤ 优良的柔度曲线。不用的作用力产生的形变可平稳地过渡，提供的形变曲线比橡胶的更加平稳、柔和，与减振器结合使用能充分体现缓冲、限位的作用。

⑥ 重量更轻。微孔 PUR 的密度范围 0.35~0.70，典型橡胶缓冲块密度在 $1.2g/cm^3$ 左右。实际应用中，PUR 缓冲块的重量比橡胶减重 50% 以上。

⑦ 优良的降低噪声性能。汽车内的噪声水平与减振系统元件和一般达到 15~20Hz 的路

面噪声之间的共振频率有关，减振零件的共振频率离 15~20Hz 越远越好。试验表明，典型的橡胶缓冲块共振频率大约为 50~55Hz，微孔 PUR 缓冲块共振频率约为 70Hz。

由于以上特点，PUR 材料制成的多孔型缓冲块，比橡胶材料能更好地吸收冲击载荷，所以现在轿车基本上替代了传统橡胶。

用于缓冲块的 PUR 材料主要有 NDI 和 MDI 两类。NDI 熔点更高，分子的刚性、规整性和高对称性，可从根本上提高高聚氨酯的相分离程度，使得 NDI 基 PUR 获得更为优异的机械性能和物理性能。在具体使用性能上，与 MDI 相比，NDI 优点如下：①在静态和长期动态负荷下压缩永久变形较小；②更好的抗低温和耐湿热老化性能，使用寿命更长。③高耐磨、耐热、高强度；④回弹性优良；⑤内生热小。

2. 部分车型悬架缓冲块用材

目前，基本上所有的汽车悬架缓冲块都是用 PUR 材料，少数车型还是使用传统的橡胶缓冲块。如丰田的威驰、雅力士，长城的 C30，雪铁龙的爱丽舍等，是采用传统的 NR 或 NR 并用胶，如 NR + SBR 等。

3. 缓冲块的用材趋势

从性能上讲，PUR 的可变形能力、耐动态疲劳、力学性能等，是 NR 所不能比拟的，这也是 PUR 广泛应用的原因。随着人们生活水平的提高，对汽车的性能要求越来越高，特别是 NVH 性能，因此，未来的缓冲块还是以性能更好的 PUR 为主。

NDI 目前价格较贵，但其压缩永久变形、耐疲劳、抗老化性能方面优于 MDI。从未来的汽车性能要求来看，NDI 在缓冲块上的应用前景更好。

3.4.3 橡胶衬套

衬套分为常规橡胶衬套和液压橡胶衬套，属于汽车底盘橡胶制品件，是车身各零部件之间铰接点，其弹性特性及衰减特性优越，能承载载荷、隔离、衰减振动、降低噪声，保证乘坐舒适性，对汽车悬架设计有重要影响。衬套在汽车上使用部位主要有：①控制臂；②稳定杆；③减振器；④副车架；⑤拖曳臂；⑥拉杆等。

图 3-106 为底盘几种典型的衬套示意图。

由于受载，安装位置、环境条件等要求不同，衬套骨架数量不同，包括：纯橡胶衬套、单骨架衬套、双骨架衬套、三骨架衬套和多骨架衬套等。根据骨架形状，又可以分为：①圆柱型；②圆筒型；③球型；④长方体型；⑤异型。根据实际定位安装及减重等要求，往往在骨架上挖孔，如图 3-107 中⑥所示；法兰结构会增加轴向刚度，达到限位作用，如图 3-107 中⑦所示；另外，还会在骨架两端设计锯齿状，以增加螺栓连接摩擦力，如图 3-107 中⑧所示。

衬套的作用：①承受载荷：依据安装的位置不同，衬套的受力有所不同，有轴向、径向等。②降低噪声：橡胶是声音的不良导体。③消除振动：连接底盘各个铰接点，消减不平路面带来的大振幅、振动传到车身，消除不舒服。④限位：防止产品受到异常载荷时损坏，且可以避免底盘上金属部件的刚性接触。

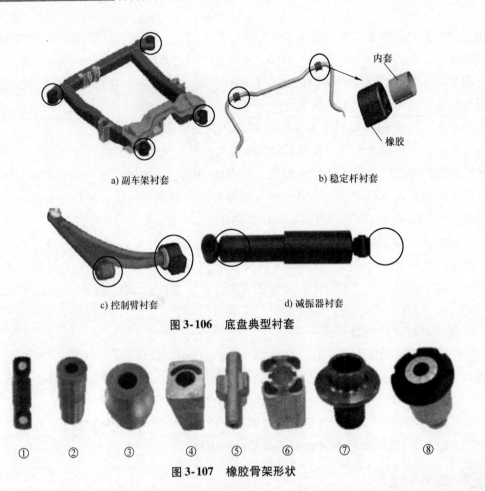

a) 副车架衬套　　b) 稳定杆衬套

c) 控制臂衬套　　d) 减振器衬套

图 3-106　底盘典型衬套

图 3-107　橡胶骨架形状

衬套属于底盘件，离热源较远，一般工作温度在 -40~70℃ 之间，所以一般橡胶都能满足耐热要求。衬套橡胶材料的选用，主要以综合的力学性能为主，目前大部分车型的衬套橡胶都是采用一般硫化胶，如 NR 或并用胶。

以稳定杆橡胶衬套为例，常用 NR、NR + BR、SBR + BR 等，部分车型温度杆衬套用材料见表 3-99。

表 3-99　部分车型温度杆衬套用材料

序号	衬套材料	典型应用车型
1	NR	大部分车型
2	NR + BR	奥迪 A6、福特蒙迪欧、长城 H2、现代悦动、荣威 RX5、丰田凯美瑞
3	SBR + BR	斯柯达 Rapid、大众 Polo、朗逸、桑塔纳

3.4.4　橡胶阻尼块

高分子材料在呈周期性变化的应力作用下，链段运动跟不上外力变化，形变落后于应力，有一个相位差，这种现象称为"滞后"。由于高分子材料的滞后存在，就产生了内耗，消耗的功以热能形式散发掉，内耗越大，吸收的振动能也就越多，这就是高分子材料的阻尼作用。

因为阻尼可使结构传递的振动能量衰减,还可减弱共振频率附近的振动,因而起到减振的作用。

阻尼性能的大小可用包括储能模量和损耗因子表征的动态力学性能,而损耗因子是表征阻尼的特征值。损耗因子越大,随时间衰减得越快。一般认为,损耗因子小于0.1的材料不能用于减振。

从表3-100可以看出,橡胶材料的损耗因子远高于其他材料,且各种橡胶基本都适用于减振。

表3-100 常用材料的损耗因子

材料	损耗因子	材料	损耗因子
钢、铁	$1 \times 10^{-4} \sim 6 \times 10^{-4}$	有机玻璃	$2 \times 10^{-2} \sim 4 \times 10^{-2}$
有色金属	$1 \times 10^{-4} \sim 2 \times 10^{-3}$	木	$0.8 \times 10^{-2} \sim 1 \times 10^{-2}$
铅	10^{-4}	胶合板	$1 \times 10^{-2} \sim 1.3 \times 10^{-2}$
铜	2×10^{-3}	木纤维板	$1 \times 10^{-2} \sim 3 \times 10^{-2}$
钢	2×10^{-3}	混凝土	$1.5 \times 10^{-2} \sim 5 \times 10^{-2}$
锡	2×10^{-4}	砂(干砂)	$1.2 \times 10^{-2} \sim 6 \times 10^{-2}$
锌	10^{-4}	软木	$0.13 \sim 0.17$
铝	$0.5 \times 10^{-3} \sim 2 \times 10^{-3}$	砖	$1 \times 10^{-2} \sim 2 \times 10^{-2}$
玻璃	$0.6 \times 10^{-3} \sim 2 \times 10^{-3}$	石	$5 \times 10^{-3} \sim 7 \times 10^{-3}$
塑料	$5 \times 10^{-3} \sim 1 \times 10^{-2}$	黏弹性材料	$2 \times 10^{-3} \sim 5 \times 10^{-3}$

表3-101 常用橡胶损耗因子

橡胶	损耗因子	橡胶	损耗因子
NR	$0.05 \sim 0.15$	CIIR	$0.25 \sim 0.4$
SBR	$0.15 \sim 0.3$	AU	$0.15 \sim 0.3$
CR	$0.15 \sim 0.3$	VMQ	$0.15 \sim 0.3$
NBR	$0.25 \sim 0.4$	EPDM	$0.15 \sim 0.3$
IIR	$0.25 \sim 0.4$	BR	$0.05 \sim 0.15$

相对来说,丁基橡胶的分子链段上存在大部分甲基侧链,有较大的弹性滞后、耗能作用和阻尼作用,尤其是其突出的阻尼性能,使其在阻尼零件中广泛使用。

从表3-101可以看出,在通用橡胶中,IIR和NBR的阻尼系数较大;SBR、CR、VMQ、AU、EPDM的阻尼系数中等,而NR、BR的阻尼系数最小。

一般减振零件,都利用了阻尼性能,不过阻尼类型不同,有系统的阻尼、结构阻尼和材料阻尼。橡胶材料用于减振零件,都或多或少地利用了橡胶材料的阻尼性能。本节的阻尼块主要指通过阻尼性能降低振动能量,从而减弱共振附近的振动橡胶件。

橡胶阻尼块主要有贴在车身上的各种阻尼片、减振垫、驱动轴阻尼块等。

1. 车身阻尼贴片

汽车起动及运行过程中,会产生大量的振动和声音,这种由发动机所产生的振动传递到汽车外壳上,使其产生振动噪声,同时,汽车发动机的振动也影响汽车其他部件产生振动噪声。为解决这一问题，关键是降低汽车振动，一方面提高汽车发动机的质量，另一方面用阻尼材料吸收振动能量。目前，阻尼材料的吸收振动能量减重方法就是汽车使用车身阻尼贴片减振。

车身阻尼贴片分为自粘压敏贴合型阻尼板、磁性吸附热熔贴合型阻尼板和热熔贴合型阻尼板三种。

自粘压敏贴合型阻尼板是由主体材料和辅助材料，经专用设备混炼成柔软的胶料，再经压型机压延成一定规格尺寸的阻尼板。

磁性吸附热熔贴合型阻尼板是由主体材料加入增韧、增塑、增粘、磁性材料和填料等助剂，经专用混合设备混炼成均匀的胶料，再经两辊压型机压延成一定规格的阻尼板，最后冲切成专用的阻尼板。

热熔贴合型阻尼板是由主体材料加入增塑、增韧、增粘和填料等助剂，经压延成一定规格的阻尼板，最后经冲切成车用阻尼板。

目前，阻尼主体材料主要配方基本以沥青为主，添加少量 SBS、机油和大量的各种添加剂。

基本上，所有的汽车上都大量使用阻尼贴片，一般一款车使用阻尼贴片大约 5~10kg，部分车型达到 15kg 左右，如丰田凯美瑞、五菱宏光等。图 3-108 为某车型车身阻尼贴片图，图 3-109 为广汽 GS 车身阻尼减振垫示意图。

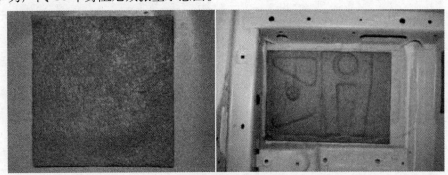

图 3-108　车身阻尼贴片

阻尼贴片材料主要有以下要求：①有较高的损耗因子；②有较好的粘接性能；③在强力振动下不脱落、不老化；④在特殊环境下，要求耐高温、油污等。

阻尼片贴在车身上，其贴合度与阻尼性能有极大的影响。图 3-110 是某垫片的贴合度与阻尼性能的特征曲线。可以看出贴合度≥70%时，阻尼系数基本恒定；≤70%时，阻尼性能则随贴合度的减少而降低。在工程上，一般要求阻尼片的贴合度超过 70%。

图 3-109　广汽 GS 车身阻尼减振垫示意图

阻尼片的贴合度与烘烤温度和时间有较大的关系，一般来说，温度越高，贴合度越好；在高温下的时间越长，贴合越好。不同的阻尼材料，固化时间不一样，其贴合快慢也不同，因此要确保阻尼片有足够的贴合温度和时间。

目前，阻尼贴片主要是热熔贴合型阻尼板，阻尼贴片与车身一起经过烘烤线时，截面上的阻尼材料熔融并贴在车身钢板上；部分采用自粘压敏贴合型阻尼板，即在阻尼材料的黏接面上，涂一层热溶胶，增加粘合强度；对于车身顶棚、侧面等易受重力影响的部位，还有采用磁性吸附热熔贴合型阻尼板。

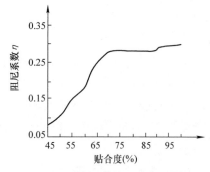

图 3-110　贴合度与阻尼性能的曲线

传统的阻尼片以沥青为主要基料，并辅以无机填料、其他添加剂等。该材料气味或 VOC 容易超标，且密度较大。近几年一些车型开始采用水性阻尼材料，水性阻尼材料密度小，不含有有机溶剂，可降低 VOC 排放，气味容易控制。

2. 传动轴阻尼块

传动轴振动一直是改善汽车乘坐舒适性需要解决的问题，通过在传动轴上安装阻尼块，可以调节系统刚度及损耗振动能量，从而有效地降低振动和噪声。

阻尼块是一个质量弹簧阻尼系统，其作用是调节传动轴一阶弯曲模态引起的异常振动，但不会影响传动轴的平衡、扭转等特性。恰当地调节阻尼块的质量、刚度、阻尼参数，可以阻断异常振动的传播路径，取得优异的降噪防振效果。某车型传动轴阻尼块示意图如图 3-111 所示。

阻尼块的阻尼大小对其使用效果起着举足轻重的作用。汽车传动轴本身的阻尼主要来源于等速节内部的摩擦损耗，其一阶弯曲模态的损耗因子一般为 0.1~0.15。增大阻尼块的损耗因子可以减少传动轴的共振峰值，如图 3-112 所示。

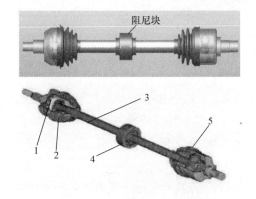

图 3-111　传动轴阻尼块示意图
1—固定端万向节　2—万向节防尘罩　3—轴杆
4—阻尼块　5—移动端万向节

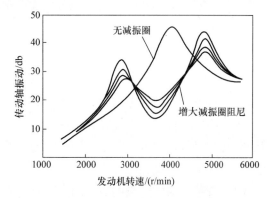

图 3-112　阻尼比的作用效果

当阻尼块的损耗因子等于或小于传动轴本身的损耗因子时，组合系统的一个或两个共振峰值将非常接近原传动轴的一阶共振峰值。因此，阻尼块的损耗因子不能小于0.12，最好大于0.2。

对于阻尼块而言，基本各种橡胶都能满足其阻尼性能要求，目前各车型常用NR、NR + SBR、NR + IIR、CR等橡胶。

一般情况下，采用NR或NR并用胶就可以满足，但是在一些车型上，由于阻尼块离排气管较近，使工作时环境温度可能超过70℃，此时就应采用耐热较好的SBR、CR、EPDM等。

部分车型传动轴阻尼块用材见表3-102。

表3-102 部分车型传动轴阻尼块用材

车型	现代ix35	丰田凯美瑞	奇瑞瑞虎5	荣威RX5	众泰Z500
材料	NR + IIR	NR + SBR	NR	NR	CR

3.4.5 排气管吊耳

排气管吊耳作为排气系统的承重与隔振部件，起悬挂排气系统作用，并把来自排气系统的激励与车身隔离起来。排气管吊耳对整车的NVH性能具有重要的作用。

吊耳的基本使用要求是：具有合理的动静刚度，能够支撑排气系统的同时隔离其振动激励；应具有足够的强度和一定的使用寿命，以保证其使用可靠性。

某车型排气管吊耳示意图如图3-113所示。

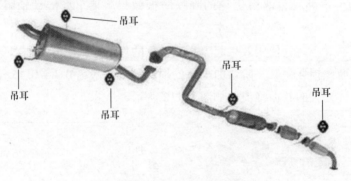

图3-113 排气管吊耳示意图

排气管吊耳一般由上轴销孔（或称车身侧轴销孔）、下轴销孔（或称排气管侧轴销孔）、上下限位块，弹性体支持橡胶和金属骨架。其主要部分是弹性体支撑橡胶。另外，金属骨架可有效提高吊耳的强度，限制橡胶被过度拉伸，使吊耳可承受更大的载荷而不易发生破坏。某车型排气管吊耳结构如图3-114所示。

排气管吊耳对支撑橡胶材料的主要要求有：①耐较高的温度。由于吊耳在排气管两侧，温度较高，高温一般都在100℃以上，根据不同的设计，有的甚至超过150℃。②有较好的耐低温性能，即使在-40℃，吊耳仍要保持较好的弹性。③较好的耐候耐水性能。作为外露的底盘件，经常受到泥水、各种脏污、臭氧、各种气候等腐蚀，因此吊耳需要较好的耐候耐水性等性能。④好的阻尼性能。

目前，排气管吊耳主要选用 EPDM、VMQ、NR 等橡胶。

EPDM 是另一种优良的橡胶减振材料，广泛应用于各种减振产品中。它具有较好的耐氧化、抗臭氧和抗侵蚀的能力。EPDM 对各种恶劣气候的适应能力较强，其物理性能稳定，且成本较低。EPDM 基本能满足在 -40~150℃ 之间长期使用，目前大部分车型排气管吊耳的环境温度在该范围内，所以目前主要车型均是采用 EPDM 橡胶。

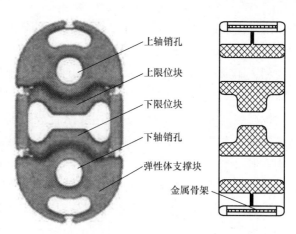

图 3-114 典型吊耳结构

VQM 具有硅氧链状结构，其键能是 443.5kJ/MOL，比一般碳碳键能（355kJ/MOL）高得多，因此 VQM 具有极好的耐高、低温特性，其工作温度区间为 -60~300℃，使得 VQM 吊耳可以适应排气系统的高温恶劣工况。VQM 还具有较好的耐臭氧特性和生物惰性，使吊耳不易因氧化失效，且使用过程中不释放对人体有害的物质。

VQM 的缺点是价格较 EPDM 贵，成本要高。鉴于 VQM 的优缺点，多将 VQM 材料的吊耳布置在工作温度较高而质量相对较轻的排气系统热端或柔性节附近。EPDM 的缺点是耐高温性能不如 VQM，可承受的最高工作温度为 150℃，多将 EPDM 材料的吊耳布置在工作温度相对较低的排气系统冷端。在选择吊耳的材料时，需要依据吊耳的实际工况和安装位置来决定。

NR 由于长期使用温度一般在 70℃ 以下，所以主要适用于温度场较低的场合下。

部分车型排气管吊耳使用材料见表 3-103。

表 3-103 部分车型排气管吊耳用材

序号	吊耳材料	典型应用车型
1	NR	卡迪拉克 ATS，雪佛兰 Malibu，别克 Lacrosse
2	EPDM	大众 POLO，丰田凯美瑞，吉利博越，奇瑞艾瑞泽 5，长安 CX71，广汽传祺
3	VMQ	大众 POLO，现代瑞纳，起亚 K4，福特蒙迪欧，观致 3，长城 H6

3.4.6 橡胶空气弹簧

汽车橡胶空气弹簧是利用橡胶弹性和空气压力获得综合吸振、减振、隔振、降噪和缓冲性能，从而起到承载负荷的弹性支撑作用。橡胶空气弹簧作为悬架减振系统的核心部件，其性能的好坏直接影响整车的舒适性。

橡胶空气弹簧是由空气和橡胶构成的，内部摩擦小，不会因弹簧本身的固有振动而影响隔离高频振动的能力。此外，橡胶空气弹簧没有金属间的接触，因此能隔声，防噪声效果也很好。由于空气弹簧只承受垂直载荷，所以对车轮垂直跳动具有很好的缓和作用。

空气弹簧在国外高速客车和豪华城市客车上的使用率达到100%，在乘用车上，国外一些高端车型也逐渐使用，如宝马X5、丰田雷克萨斯LS400、奔驰S系列2000型轿车等。宝马X5空气弹簧如图3-115所示。

橡胶空气弹簧是一种橡胶、网线贴合成的曲形胶囊。气囊是空气弹簧最为关键的部分之一。气囊囊皮结构一般如图3-116所示。

橡胶气囊的内外层橡胶主要作用及材料要求如下：

气囊内层胶主要作用是气密性保持层，需要有极好的气密性、耐臭氧龟裂性，且与帘布有较好的粘合性能。

图3-115 宝马X5空气弹簧

气囊外层胶主要起保护帘布层的作用，对其要求是耐臭氧老化、耐天候老化、耐屈挠、与帘布层胶粘合性能好；此外，还要求其具有一定的耐油性和耐清洗液（酸液或碱液）性能。此外，外层胶的耐老化性能直接影响着橡胶气囊的使用寿命。

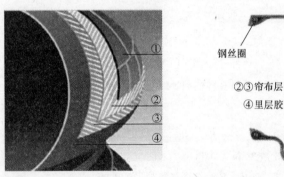

图3-116 空气弹簧气囊囊皮结构

目前，车用悬架橡胶气囊的主要标准有GB/T 13061。在GB/T 13061—1991中对橡胶气囊内外胶的常态拉伸强度、拉断伸长率、扯断永久变形、硬度、屈挠龟裂及老化后的抗张积百分变化率等有详细的要求。在GB/T 13061—2017中，增加了气囊内外胶的压缩永久变形、耐低温性能、热空气老化、耐臭氧老化等要求。

国产的空气弹簧橡胶气囊，主体材料以NR、NR/BR和SBR/BR为主。近年来有用NR/CIIR（改善气密性）和CR（提高耐臭氧和耐热老化性）。国外的橡胶气囊则以CR或CR/NR为主。帘布层使用轮胎用的PA66浸胶帘布，胶囊用尼龙帘布都经过浸RFL浸渍液和热伸张处理，不过国产尼龙帘布浸渍液的胶乳则是氯丁胶乳，使帘布层和胶层有更好的粘合强度，以改善疲劳性能，延长使用寿命。

另外，研究还发现，GRT型CR的粘合强度和屈挠强度比较好。GRT型CR有较好的烧焦性能，低温性能也比GNA型好，同时粘合性能、擦胶效果均较好，因此多选用GRT型CR。

表3-104为部分汽车空气弹簧橡胶气囊使用的材料和性能。

表 3-104 部分汽车空气弹簧材料和成品性能比较

	项目		材料及性能					标准	
			车型 1	车型 2	车型 3	车型 4	车型 5	GB/T 13061	德国 Contitech 公司
材料构成	外层胶		NR	NR/BR	NR/CIIR	NR	CR		
	内层胶		NR	NR/SBR/BR	NR/IIR	NR	CR		
	帘布胶		NR	NR					
	尼龙帘布规格			1870dtex/2	1400dtex/2	1870dtex/2			
胶料性能	常态性能	邵尔 A 硬度/度	59	58	60	66	65	60±5	60±5
		拉伸强度/MPa	24	23.2	18.8	25.8	17.8	≥15	≥15
		拉断伸长率 (%)	580	620	581	640	662	≥500	≥450
		拉断永久变形 (%)	8	12	29			≤35	
		屈挠龟裂次数 (3 级) /万次	105 (未裂)	57.7	50 (1 级)			≥50	
	热空气老化 (100℃, 168h)	硬度变化度			-1.5	+21	+6		≤+10
		拉伸强度变化率 (%)				-65	-11		≥-20
		拉断伸长率变化率 (%)			-3.7	-56.6	-24		≥-30
	耐臭氧性能 (50×10⁻⁸, 40℃, 48h)					3 级	0 级		
胶囊成品性能	24h 内压降/MPa		0.003	0.006				≤0.02	
	破坏内压/MPa		2.2					≥2.0	
	粘合强度/ (kN/m)		8					≥6	
	台架寿命/万次		650 (破坏)					≥300	

3.4.7 其他减振橡胶件

1. 各种防撞缓冲块

在四门两盖、加油口盖、手套箱等处需动态开关的零件,为防止两零部件之间的直接碰撞,往往需要增加防撞缓冲块。各种防撞缓冲块虽小,但数量较多,以奇瑞艾瑞泽为例,四门两盖、加油口盖、杂物箱一共设有防撞缓冲块 18 个,约 0.6kg。图 3-117 为长城 H6 前舱盖防撞块,图 3-118 为各种典型的防撞缓冲块。

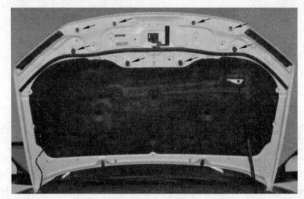

图 3-117 长城 H6 前舱盖防撞块

图 3-118 各种防撞缓冲块

四门两盖、加油口盖、杂物箱的防撞块一般都比较小,而后悬架系统中,为防止车架和副车架等零件碰撞,所采用的防撞块一般就比较大。如丰田 Fortuner,两个缓冲块共重约 2.4kg(含金属骨架)。图 3-119 为几款车型的车身防撞块。

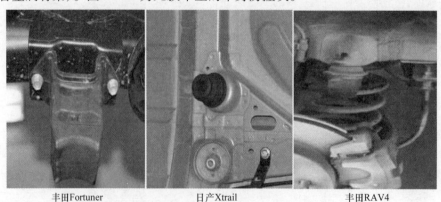

丰田Fortuner　　　日产Xtrail　　　丰田RAV4

图 3-119 车身防撞块

四门两盖、加油口盖、杂物箱等较小的防撞块一般选用传统的 EPDM 橡胶为主,另外也有选用 TPV、TPS 等热塑性弹性或一些软质塑料，如 PP、PE、PA 等。而悬架系统的防撞块，对橡胶的综合力学性能等要求较高，则主要以 NR 或 NR 并用胶（如 NR + BR）为主。

另外，在一些非动态的零件上，也大量应用了各种缓冲块。如部分车型在油箱上贴了大量的减振垫，以防止油箱和车身的直接接触，保护油箱，提升 NVH 性能。该减振垫主要采用 EVA、EPDM、NR 等橡胶。图 3-120 为某车型油箱缓冲块。

图 3-120　油箱缓冲块

2. 限位器防撞块

限位器橡胶缓冲块是车门限位器中比较重要的零件，其示意图如图 3-121 所示。因工作环境比较恶劣，又要考虑橡胶的低温特性、弹性、耐油脂性等，限位器橡胶缓冲块一般采用 NBR 橡胶。

NBR 在低温硬度变大，弹性降低，为提高低温性能，也有采用 VMQ 橡胶的。

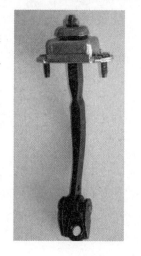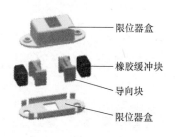

图 3-121　门锁限位器橡胶缓冲块

3. 换挡底座缓冲块

换挡底座通过螺栓固定在车身上，部分车型换挡底座固定处有橡胶缓冲块，其示意图如图 3-122 所示。由于该缓冲块处于车身上，且处于乘客舱内，因此温度较低，且不受油液腐蚀。目前，缓冲块材料主要采用 EPDM、NR 等橡胶。

图 3-122　换挡底座缓冲块

4. 散热器缓冲块

散热器通过螺栓固定在车身上,缓冲块起减振的作用,其示意图如图 3-123 所示。由于散热器附件温度较高,一般采用 EPDM 橡胶。一些该位置温度场控制比较好的车型,也有选用 NR 橡胶。

图 3-123 散热器风扇缓冲块

3.5 表皮/垫片及护套

3.5.1 仪表板表皮

仪表板是内饰最重要的零件之一。仪表板总成好似一扇窗户,随时反映车子内部机器的运行状态。同时,它又是部分设备的控制中心和被装饰的对象,是驾驶室内最引人注目的部件,也是整车风格的代表之一。

1. 仪表板表皮材料要求

作为内饰最大的、最重要的零部件之一,仪表板表皮给人一种高档的感觉,其材料在视觉、触觉、嗅觉等方面都有较高的要求。

(1) 低的光泽度　仪表板是视觉主要的区域,为确保视觉疲劳,一般要求低光泽度,可通过亚光材料或亚光皮纹来实现。

(2) 耐高温　因夏季长时间光照,车厢内温度比较高,要求内饰件材料具有高耐热性。特别是仪表板部分处于光线的直射下,在夏天正午阳光直射情况下,温度可高达 100℃。

图 3-124 为某款车型在曝晒试验中的全年温度统计分布图,从图中可以看出,仪表板上部 110~115℃ 之间共约 10h,超过 100℃ 共约 280h。

(3) 耐刮擦　仪表板区域大,且是重要的外观件,要求材料有较好的耐刮擦性能。

(4) 好的触感　人体经常和仪表板接触,要求有较好的触感。一般来说,采用软质材料,能获得较好的触感。

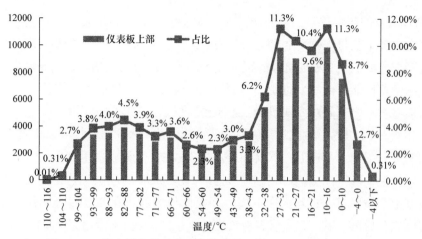

图 3-124 某车型在曝晒试验中仪表板上部 10 年温度统计分布图

（5）低气味、低 VOC 散发性　仪表板面积大，其气味性、VOC 对整车的贡献比较大。随着环保要求的提高，一般都要求采用低气味、低 VOC 散发性的材料。

（6）耐老化　主要包括热老化和光照老化。一般要求长期在 100℃ 左右及光照的情况下，不变色，性能变化小。

2. 仪表板表皮材料选用

目前，仪表板有硬塑仪表板、软质仪表板。软质仪表板表皮常用搪塑成型、阴模真空成型两种，另外还有手工包覆成型。

搪塑成型工艺是一种成熟且应用广泛的成型工艺，具有工艺简单、操作方便等特点。目前常用的材料有 TPU、PVC、TPO 等。

TPU 是一种环保型材料，其结合了橡胶的力学性能，因此利用其进行仪表板表皮成型加工，可以充分体现优良的力学性能、耐化学性、耐老化性、抗磨损性能。

TPU 搪塑成型的过程中，无须添加任何增塑剂，其本身应用的性能就可以达到仪表板塑性效果。

TPU 搪塑粉料分为芳香族聚氨酯和芳香族聚氨酯两种，其中芳香族聚氨酯是由氰酸酯 MDI 及聚醚组成的，在 TPU 搪塑成型加工前期，适当地喷涂芳香族聚氨酯，可以防止仪表板表皮变黄或粉化。而芳香族聚氨酯则由脂肪族氰酸酯 HDI 或 IPDI 和聚酯或烯酸聚醚组成，具有良好的抗紫外线、耐光性等特点，能有效地提高仪表板表皮的耐光性和舒适性等。

如丰田汉兰达、华晨 BS4 等车型，采用的是 TPU 仪表板表皮。

TPO 是一种新型的聚烯烃材料，相对有 TPU 来说，应用并不广泛，主要是由于 TPO 搪塑成型工艺有一些缺点，导致仪表板表皮性能不佳。主要是表皮耐刮擦性差、脱模时易产生明显脱模痕迹，加工后的仪表板表皮耐油性较差。

PVC 是仪表板最常用的材料之一，其具有价格实惠、手感佳、耐热、耐光照老化等优势，所以其在市场上的占比较大。PVC 搪塑表皮加工，可以提高仪表板表皮的应用性能，为使汽车更加安全、环保的应用奠定了基础。但是，PVC 材料玻璃化温度较高，低温发脆，汽车在高温爆破时气囊区域的 PVC 表面容易出现破碎的情况，将危及驾乘人员的生命安全。

使用PVC表皮的车型较多，如大众速腾、奥迪Q3、大众高尔夫等。

阴模真空成型工艺与普通真空成型工艺相似，需要先对材料进行加热处理，再在镍壳真空模中进行真空成型加工，如此可以保证表皮表面无皮纹或皮纹均匀，同时表皮具有良好的力学性能、耐刮擦性能、低散发性能、可循环回收特性等。目前主要采用TPO材料，TPO在阴模真空成型过程中充分发挥其塑性，才能提高仪表板表皮加工效果。

另外，还有PU表皮模塑成型，PU模塑表皮与PVC材料相似，可以代替PVC材料使用，但是因其加工工艺水平有限，所以PU模塑表皮在仪表板表皮生产应用方面未得到广泛的应用。相对来说，PU表皮模塑成型工艺是一种比较成熟的成型工艺，其工艺流程是：首先与表皮成型上下喷脱模剂；其次在下模表面喷涂模内漆，在此之后合模并浇注聚氨酯原料；最后待模熟化后再起模，完成仪表板表皮加工生产。基于以上工艺所加工的仪表板表皮具有多种优点，如重复生产能力强、花纹结构多变、力学性能佳、抗老化性能好等。

3.5.2 车用电线电缆绝缘与线束护套

随着人们对汽车安全、舒适等性能的要求越来越高，车用电气电子装置也越来越多。一般来说，一辆普通汽车的电线电缆用量在500m左右，较好的汽车在1km以上，而高档轿车用量则可到2km以上。以一款B级轿车估算，整车电线电缆约25~30kg。

普通的家用电线是铜质单芯软线，而汽车电线主要是铜质多芯软线，有些软线细如毛发。几条乃至几十条铜线包裹在绝缘管内，形成总的线束，如图3-125所示。

汽车使用电线按用途主要分为三种：

低压线为一种广泛应用于汽车上的电缆，包括电线和绝缘层。

屏蔽线主要是为了保护免受外部信号干扰，应用领域为无线电天线、点火信号线、氧传感器信号线等。

高压线为用作汽油发动机点火系统的电线，这种线包括表面带有一厚层橡胶绝缘层的导电芯，橡胶绝缘层主要是防止高压泄漏。

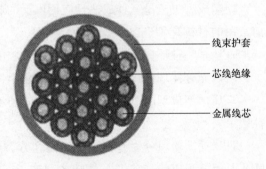

图3-125 线束截面示意图

汽车使用电线按零件系统，可以分为转向灯线束、前部电器线束、发动机舱主线束、发动机线束、制动片磨损检测线束、ABS线束、仪表板线束、空调线束、顶灯线束、后顶灯线束、车门线束、后门线束、座舱线束、中间线束、后刮水器线束、后灯线束、背门（行李箱）线束等。

上述子线束可集成若干把主线束，高等级轿车还有更多的消遣娱乐系统、导航与安全系统线束，典型的汽车线束如图3-126所示。

1. 电线电缆绝缘与线束护套材料的要求

电线电缆绝缘与线束护套主要在绝缘性能、耐高温性能、耐磨性能、耐油、防水、防腐蚀、抗氧化、阻燃等方面有一定的要求。

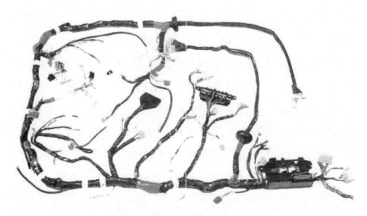

图 3-126 汽车线束示例

（1）电性能　一般要求较好的绝缘性能和高的比体积电阻。目前，常用的绝缘材料有 PVC-P（增塑聚氯乙烯）、PE（聚乙烯）、PA（尼龙）、PP（聚丙烯）、PP-FR（阻燃聚丙烯）、TPU、TPC、TPV、EVA（乙烯-醋酸乙烯共聚物）、XPVC（交联聚氯乙烯）、XPE（交联聚乙烯）、VMQ 等。

（2）耐高温性能　根据线束布置位置，可以分为乘客舱内地板处、舱内顶部以及发动机舱线束等几个部位，一般其最高环境温度为 85℃、100℃ 和 125℃ 左右。

（3）耐油性能　一些可能与油气接触的线束，要求有较好的耐油性能。

（4）阻燃性能　线束绝缘层和护套，一般都需要良好的阻燃性能，以防止燃烧起火。

（5）耐磨性能　一些线束在使用过程中和车体有摩擦，特别是在过孔等地方，因此，需要较好的耐磨损性能。

2. 电线电缆绝缘与线束护套材料的选用

各种可用于电线电缆绝缘与线束护套材料性能如表 3-105 所示。

表 3-105　电线电缆绝缘与线束护套常用材料及性能

材料	密度 /（g/cm³）	卤素含量 （%）	比体积电阻/ Ω·cm DIN 53482	介电强度/ (kV/mm) DIN 53481	耐腐蚀性能 ISO 6722	阻燃性 ISO 6722
PVC-P（增塑聚氯乙烯）	1.24~1.45	30~35	>10¹²	>10	+	+
PE（聚乙烯）	0.92~0.95	0	>10¹⁶	>30	+	--
PA（尼龙）	1.05~1.16	0	>10¹²	>10	++	-
PP（聚丙烯）	0.90~0.93	0	>10¹⁶	>30	+	--
PP-FR（阻燃聚丙烯）	1.05~1.30	10	>10¹⁴	>20	+	+
TPU（聚氨酯弹性体）	1.12 左右	0	>10⁹	>10	++	-
TPC（聚酯弹性体）	1.16~1.25	0	>10⁹	>10	++	-
TPO（聚烯烃弹性体）	0.95~1.25	0~10	>10¹⁴	>20	-	+/-
EVA（乙烯-醋酸乙烯）	1.30~1.40	0	>10¹⁰	>10	-	-
XPVC（交联聚氯乙烯）	1.35 左右	30	>10¹²	>10	++	+
XLPE（交联聚丙烯）	1.1 左右	10	>10¹⁴	>20	+	+
VMQ（硅胶）	1.20~1.30	0	>10¹⁵	18~36	++	++

注：++ 为非常好；+ 为好；- 为一般；-- 为差。

汽车线束由于布置位置不同，使用环境不同，要求也就不同，表 3-106 为各类线束环境温度、适用环境、应用范围。汽车线束常用的电线种类有日标（AVSS 等）、国标（QVR）、德标（FLRY）、美标等几大系列，各种标准的线束代号见表 3-107。AVSS 电线的特点是薄皮绝缘，柔韧性较好；QVR 的特点是绝缘皮厚，比较柔软，延展性好；德标电线绝缘皮更薄，柔韧性好；美标电线绝缘皮一般为热塑性或热固性弹性体，还有经过辐照工艺加工的。可根据用户的需求和不同的工作环境选取适当类型的电线。如发动机舱线束要求耐油、耐高温；行李舱盖及车门线束要求使用低温耐弯折的柔软细电线等。

表 3-106　各线束环境温度、适用环境、应用范围

线束类型	环境温度	试验温度	适用环境	日标准适用线型	德标适用线型
前部电器线束　仪表板线束 车门线束　　　后门线束 座舱线束　　　后刮水器线束 中间线束　　　背门（行李舱）线束	(85±2)℃	(100±2)℃	置于中等热源附近	AVS AVSS	FLRY
顶灯线束　　　后顶灯线束 转向灯线束　　空调线束 后灯线束	(100±2)℃	(125±3)℃	置于强热源附近，热源不对准线束	AV AVX	FLY
发动机舱主线束 发动机线束	(125±3)℃	(150±3)℃	置于强热源附近，热源不对准线束	AEX	FLR2X
ABS 线束 制动片磨损检测	(250±4)℃	(300±4)℃	等同于高温的热源		

表 3-107　各线束标准代号含义

国标	德标	日标	美标
JB/T 8139—1999	DIN 72551—1995	JASO D611—2009 JIS C3406—1993	SAE J1128—2016
Q：汽车用 V：PVC 绝缘 R：软结构 F：PVC-丁腈复合物	FL：无屏蔽低压电缆 R：薄壁绝缘 Y：PVC 绝缘	A：汽车用　V：聚氯乙烯 S：薄壁　　SS：超薄壁 E：聚乙烯　X：交联	T：薄壁 WP：热塑性绝缘 G：通用型 XL：交联聚烯烃

目前，普通的汽车电线绝缘层及线束护套以 PVC 为主，另外，LSZH（低烟无卤材料）、TPE、XLPE、硅橡胶等材料也越来越多地应用在电线电缆绝缘材料和护套上。

对几种常用的电线绝缘层及护套材料比较见表3-108。

表3-108 几种常用的电线绝缘层及护套材料比较

材料	性能	适用范围
PVC	耐温、耐油、耐磨、防水、防腐蚀、抗氧化、阻燃等方面有较好的性能，但含卤素，且容易带入铅，环保性能较差	一般低压电线绝缘层及护套；一般工作温度超过80℃，采用交联PVC
LSZH	该类材料的配方中有大量的$Al(OH)_3$、$Mg(OH)_2$无机阻燃剂，从而使该电缆料具有较好的阻燃、低烟、无卤、低毒等特性，但同时也使其在力学性能、电气性能以及挤出工艺性能等方面与其他非阻燃材料及含卤阻燃材料存在较大的差异	低压电线绝缘层及护套
XLPE	XLPE主要用于耐温等级为75℃左右的普通PE交联而成，其耐热可高达150℃，并具有优良的力学性能、抗过载能力及寿命长等，但其不阻燃	一般低压电线绝缘层及护套；前舱电线绝缘层及护套
TPE	一种兼具橡胶及热塑性塑料性能的材料，分为TPV、TPS、TPU等，其中TPS、TPV耐磨性能、耐油性能等均较差；TPS在强度、耐候等方面较差；TPU在耐油、耐磨性能等方面比较优越	TPV：一般低压电线绝缘层及护套 TPU：耐磨要求较高时的护套
VMQ	VMQ有较高的击穿电压，绝缘性能良好，耐电弧、耐漏电，同时耐臭氧、耐高低温，阻燃。在高湿下还有极好的稳定性、阻燃性等	高压电线绝缘层及护套

电动车高压电缆是最重要的电缆之一，包括动力快充高压线束总成、电池-高压分线盒高压线束总成、高压分线盒-电机控制器高压线束总成、高压电流变换线束总成、高压地板线束总成等。电动汽车高压线缆示意图如图3-127所示。

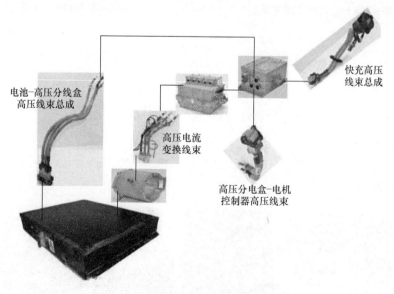

图3-127 电动汽车高压线缆示意图

高电流传输的结果导致高功耗和组件的加热，因此电动车高压电缆设计为可承受较高的温度。相比之下,目前传统车辆通常使用电缆的额定温度到105℃就足够了,只要电缆不是用在发动机舱或其他温度较高的区域。电动汽车高压电缆通常要高于这个温度,如125℃或150℃。

电动汽车高压电缆绝缘层在满足高压大电流、抗电磁干扰的同时,还要满足耐磨、阻燃等性能,目前电动汽车高压电缆绝缘层主要采用 VMQ 材料,其示意图如图 3-128 所示。

电动汽车高压电缆护套可选用的材料较多,如 TPV、PVC、TPC、TPU、XLPE、VMQ 等。从轻量化、价格等多方面考虑,选择 TPV 材料比较适合。在护套外面,一般还有一个波纹管或热塑管进行保护,波纹管或热塑管一般采用 PP 或 PA(PA6 或 PA66)材料。

车外充电端的电动汽车高压电缆由于经常移动,会与地面摩擦,需要采用耐磨、耐候、耐油、高强度的材料,一般选用 TPU 材料。某电动汽车充电桩高压电缆如图 3-129 所示。

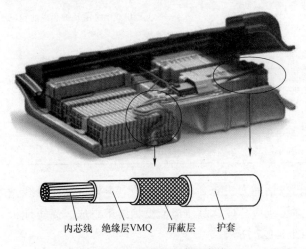

图 3-128　电动汽车高压电缆

图 3-129　电动汽车高压电缆
（充电桩部分）

3.5.3　内饰垫片

汽车内饰大量使用了各种垫片,如脚踏垫、地垫、车门杂物盒垫片、副仪表板杂物盒垫片、烟灰缸垫片、行李舱垫片等,部分内饰垫片如图 3-130 所示。

这些垫片的主要作用包括:①遮挡安装孔,提供好的外观;②与人体接触时提供良好的触感;③提供 NVH 性能。

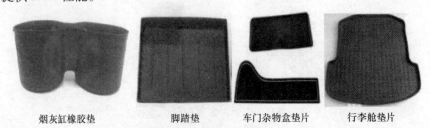

图 3-130　内饰 TPE 垫片

内饰垫片等零部件，对材料的气味要求较高，一般较少采用传统的橡胶，多采用 PVC、TPS、TPV 等。其中，脚踏垫/地垫除采用 PVC、TPS、TPV 材料外，还有化纤、亚麻等材质。

另外，传统车型的变速杆球头、驻车制动杆护套，由于经常和手接触，除一些采用皮革外，很多采用软质 PVC 塑料，也有部分车型采用 TPS、TPV 等。如大众的速腾驻车制动杆护套为 TPS 材料。部分车型变速杆手柄球头和驻车制动杆护套如图 3-131 所示。

图 3-131　变速杆手柄球头和驻车制动杆护套

3.5.4　钥匙护套

无论是遥控钥匙，还是非遥控钥匙，都是人体长期接触的零件。为提高感官质量，一般钥匙外部都做成具有软触感，或采用弹性体。

目前最常用的是采用 VMQ（常简称为硅胶）护套。VMQ 不仅有良好的手感，而且在所有的橡胶中，生理惰性最好，即长期和人体接触的情况下，不会对人体造成不良的影响。正是因为这一优点，VMQ 用于各种医用制品、日用制品、整容制品，如婴儿奶嘴、人体整容植入假体等。部分车型钥匙护套如图 3-132 所示。

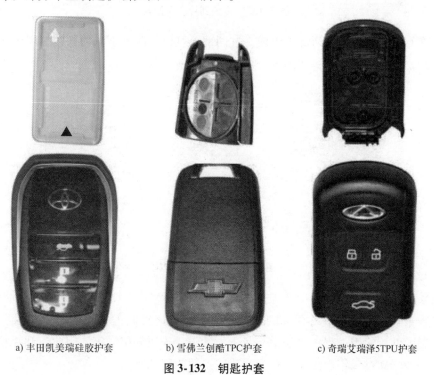

a) 丰田凯美瑞硅胶护套　　b) 雪佛兰创酷TPC护套　　c) 奇瑞艾瑞泽5TPU护套

图 3-132　钥匙护套

另外，钥匙需要有较好的耐磨性能。TPC、TPU 等材料强度较高，耐磨性能较好，所以也有部分钥匙护套采用 TPC、TPU 等弹性材料。

3.6 刮片胶条/传动带/安全气囊盖板

3.6.1 刮片

为保证风窗玻璃的洁净和驾驶人的视野，汽车均配有刮水器。刮水器由电动机、连杆、摇臂和刮片四部分组成。在工作过程中，通过刮片刮净风窗玻璃上的雨水、泥沙、灰尘、雪花、昆虫等杂物。

目前，刮片主要有传统刮片（有骨刮片）和平刮片（无骨刮片），无论哪种刮片，在工作过程中和玻璃直接接触的均是橡胶胶条。传统刮片和平刮片示意图如图 3-133 所示。

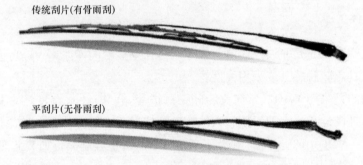

图 3-133 传统刮片和平刮片

刮片胶条由底部和唇边两部分组成，这两部分可以由两种不同的橡胶材料组成，也可以采用一种橡胶。刮片胶条结构如图 3-134 所示。

图 3-134 刮片胶条结构

如果采用两种橡胶，则其生产工艺如图 3-135 所示。

刮片胶条是刮水器中最易损坏的零件，使用环境比较恶劣，如太阳光直射、夏天温度高、冬天温度低，使用过程中，经常与灰尘、沙子、碎屑等接触等。因此，刮片胶条使用寿命较短，一般不超过 2 年。图 3-136 为刮片胶条的使用环境。

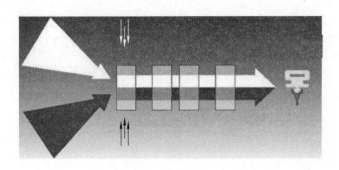

图 3-135　刮片胶条生产工艺

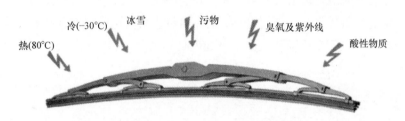

图 3-136　刮片胶条的使用环境

刮片胶条橡胶的一般要求如下：

1）耐臭氧老化性能。空气中存在一定浓度的臭氧，臭氧活性高，极易与橡胶中间的双键等活性基团发生反应，从而造成橡胶硬化、开裂、弹性降低、恢复形变能力差等，这些变化均会造成刮片在使用过程中出现异响、刮不干净等现象。

2）压缩永久变形性能。刮片在长期的往复使用过程中，都受到一定的压缩。长期的动态压缩下，刮片胶条橡胶弹性下降，恢复性能的能力变差。压缩永久变形性能的下降，会降低刮片与玻璃之间的压力，从而导致难以刮干净。

3）热老化性能。夏季太阳照射下，风窗玻璃处温度较高。橡胶易在高温下老化，造成硬化、弹性降低、恢复形变能力差等，这些变化均会造成刮片在使用过程中出现异响、刮不干净等现象。

4）橡胶耐液体老化性能。刮片长期与雨水、洗涤液等液体接触，在接触过程中，液体介质易与橡胶发生物理、化学等变化，从而造成刮片强度降低、弹性降低、恢复形变能力差等，这些变化均会造成刮片在使用过程中出现刮不干净等现象。

5）橡胶的强度和伸长率。橡胶强度越大，在相同的变形下，橡胶与玻璃之间压力越大，越容易刮干净。

刮片胶条，使用的材料种类较多，一般有 NR、SBR、CR、EPDM、NR 并用胶等。20 世纪 70 年代，主要采用二烯烃橡胶（NR、SBR、BR、CR），之后主要采用耐候、耐热较好的 EPDM 橡胶，如今又有以 CR 或其并用胶材料为主的趋势。

部分车型的刮片胶条材料见表 3-109。

表3-109　部分车型刮片胶条材料

主机厂	车型	胶条材料	主机厂	车型	胶条材料
奥迪	A3	CR	长城	C30	CR
宝马	X5	CR	奇瑞	艾瑞泽7	EPDM
丰田	卡罗拉	CR		瑞虎5	CR
本田	CRV	NR + CR	比亚迪	唐	CR
现代	悦动	CR	众泰	Z500	EPDM
日产	天籁	NR + CR	日产	逍客	SBR

刮片胶条的表面润滑处理十分重要，主要的方法有：含固体润滑剂（石墨或二硫化钼）的涂料涂覆、用酸和氯化剂等处理。EPDM刮片耐热、耐氧化、耐紫外线和耐臭氧老化性能远优于二烯烃橡胶，但EPDM刮片表面不易处理且不爽滑，刷拭效果差，这也是现在又逐渐以CR为主要材料的原因之一。

3.6.2 传动带

对于传统的发动机而言，发动机的动力传递方式有带传动、链传动和齿轮传动。其中传动带可分为摩擦型传动带和啮合型传动带（同步带）。

1. 摩擦型传动带

（1）多楔带　多楔带是指以平带为基体，内表面排布有等间距纵向40°梯形楔或三角形楔的环形橡胶传动带。多楔带的工作面为楔的侧面，图3-137所示为多楔带。

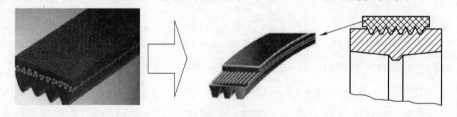

图3-137　多楔带

多楔带主要由顶布、粘合胶、强力层和楔胶组成，其基本结构如图3-138所示。

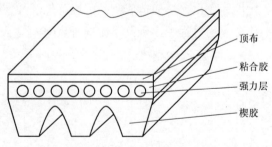

图3-138　多楔带基本结构

多楔带的主要优点：①多楔带与带轮的接触面积和摩擦力较大，因而传动效率高；②工作应力小,可在较小带轮上工作;③传动时振动小、散热快、运转平稳,使用伸长小而寿命长;④带体薄,柔软,适合高速传动;⑤耐热,耐油,耐磨。

(2) 平带　平带的截面为平面矩形,工作面为内表面。平带示意图如图3-139所示。

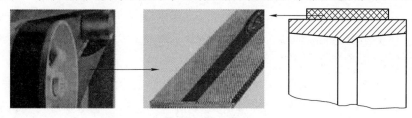

图3-139　包布平带

(3) V带　V带截面为梯形,两侧面为工作表面。V带示意图如图3-140所示。

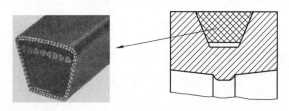

图3-140　V带示意图

V带主要由伸张层、强力层、压缩层和包布层组成。V带基本结构如图3-141所示。V带各层的材料与作用见表3-110。

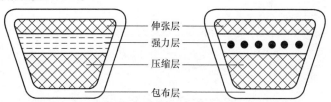

图3-141　V带基本结构

表3-110　V带各层的材料与作用

层	材料	作用
伸张层	橡胶	弯曲时起到伸张作用
强力层	多层帘布、粗线绳或合成纤维	承受基本拉力
压缩层	橡胶	弯曲时承受压力
包布层	多层橡胶帆布	保护层

V带的主要优点:①具有良好的弹性,起到吸振、缓冲作用;②过载时,V带与带轮之间会出现打滑,可防止其他零件损坏;③结构简单,安装和维护要求不高,不需要润滑,成本低。

V带的主要缺点:①传动效率低;②V带对轴与轴承的压力较大;③使用寿命较短,不适合高温及有油和水的场合。

(4) 圆带　圆带的截面是圆形，只适用于小功率传动。

目前，汽车上主要使用 V 带（包括多楔带）和同步带，极少使用平带和圆带。

V 带（包括多楔带）是通过楔胶与带轮间的摩擦传递动力的，这就要求楔胶具有较好的耐磨性、耐疲劳性能以及较低的压缩永久变形和足够高的硬度。通常会在橡胶中加入一定量的短纤维，以保持橡胶的高弹性，又能使橡胶在低伸长时有比较高的模量，同时还可以保证足够的刚性，而在长方向上又具有较好的弹性。

V 带（包括多楔带）主要用于一些辅助的传动系统，如水泵、风扇、空调压缩机等，其中以多楔带为主。过去，CR 在多楔带的应用中占主要地位，但是随着发动机舱的空间变得越来越小，工作温度可达 150℃，在这种情况下，就需采用耐热性更好的 EPDM 橡胶。某车型附件皮带示意图如图 3-142 所示。

图 3-142　某车型附件传动带示意图（多楔带，EPDM 材料）

目前，汽车用多楔带基本以 EPDM 为主，CR 很少应用，只是在一些微型汽车上，如比亚迪 F0 的附件多楔带，如图 3-143 所示。

图 3-143　比亚迪 F0 的附件 CR 多楔带

2. 啮合型传动带（同步带）

同步带的工作面为齿形的环状传动带，主要由橡胶、抗拉体线绳、齿面包布组成。图 3-144 为同步带示意图。

图 3-144　同步带示意图

同步带的主要优点：①传递功率大；②传动比准确；③对轴作用力小；④结构紧凑；⑤耐磨、耐油性能好，抗老化性能也好。

早期的同步带采用浇注法用聚氨酯橡胶制造，但由于聚氨酯橡胶的耐热和耐水性能差，在80℃左右就发黏，在潮湿环境中易水解，强度下降明显。因此，聚氨酯同步带一般只应用在办公机械、家电等低速轻负荷传动机构中。

后期的汽车多楔带主要以 CR 橡胶为主。CR 橡胶具有较高的强度和动态耐疲劳性能，还具有优良的耐天候老化、耐油、阻燃以及突出的粘合性能。从同步带的结构上看，虽然有带齿胶与带背胶之分，但因带体很薄，且两种胶的性能要求相近，为了便于生产，一般都采用同一个 CR 橡胶配方。但 CR 的缺点是贮存稳定性及工艺性能差，易胶烧和粘辊，而耐热差是作为制造同步带材料的最大弱点。CR 同步带的使用温度范围是 -30~120℃，现代机械传动箱小型化、轻量化、高效化发展，尤其是发动机对转速、功率和耐热提出了较高的要求，CR 的性能难以满足要求。HNBR 橡胶基本能满足这些要求。HNBR 有优良的耐高温（175℃）和耐低温（-40℃）性能，还有优异的力学性能、高弹性以及耐臭氧、耐曲挠龟裂、耐油和耐磨性能，另外还有良好的加工工艺性能，所以同步带胶料逐渐向 HNBR 发展。

汽车同步带主要是正时带，目前基本采用 HNBR 橡胶，另外也有部分车型的附件传动带采用 HNBR 同步带。图 3-145 为某车型正时带图。

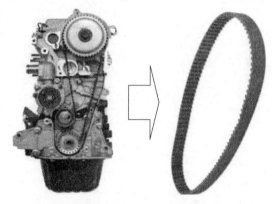

图 3-145　某车型正时带

3.6.3 安全气囊盖板

安全气囊是汽车重要的安全部件。1973 年，通用汽车公司的奥兹莫比尔 Toronado 成为第一款装备安全气囊的市售轿车。在发达国家，安全气囊基本已成为汽车的标准配置。特别是欧、美、日等国家和地区的汽车安全标准较高，安全气囊的安装率已经达到 100%。除前排气囊外，侧气囊也成为标准配置。目前，我国的安全气囊安装率并不理想，尤其是微型车（包括大量的微型电动车）尚未配备安全气囊。

以驾驶员安全气囊为例，结构示意图如图 3-146 所示。

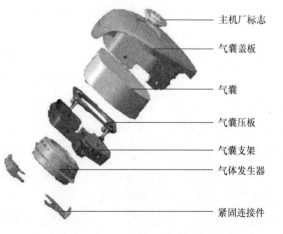

图 3-146　安全气囊结构示意图

安全气囊是安全件，其上面的每一个零件都十分重要。其中，盖板是安全气囊中最为重要的部件之一，因为在高速碰撞时，气囊会爆破，冲破盖板与人体直接接触，极易造成人身伤害。为避免盖板对人造成的额外伤害，盖板需要按设计的方式爆破，无碎屑、无尖锐棱角等。

盖板材料的主要要求如下：①耐爆破，在85℃时具有足够的刚性；②耐低温，在-30℃左右时不脆化，低温爆破时不能有尖锐的棱角；③有较好的抗撕裂强度。

目前，安全气囊盖板基本由高硬度的热塑性弹性体取代了工程塑料，主要有TPO(TPV)、TPU、TPC、TPS。TPO (TPV)、TPU、TPC、TPS的性能比较如表3-111。

表3-111　TPO（TPV）、TPU、TPC、TPS的主要性能比较

项目	TPO（TPV）	TPU	TPC	TPS
柔韧性	一般~良	较差~一般	一般	优
力学强度	一般	良	优	较差
耐压缩永久变形	一般	优	良	优
耐热性	良	一般	优	较差
耐低温性	优	一般~良	优	较
脆性温度	-40℃左右	-35℃左右	-40℃左右	-40℃左右
耐溶剂性	较差	优	优	较差
耐寒性	优	一般	优	优
耐候性	优	一般	优	较差
耐热水性	优	一般	一般	良
加工性	良	一般	良	良

从表3-111可以看出，TPC的综合性能优于TPO（TPV）、TPU、TPS。特别值得一提的是TPC的低温性能特别突出，低温柔顺性好、冲击强度高，另外，TPC还有很好的耐热性能，在110~140℃连续加热10h基本不失重。图3-147为某车型TPO安全气囊盖。

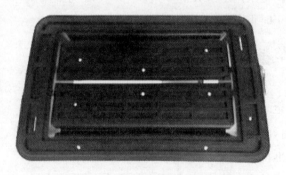

图3-147　某车型TPO安全气囊盖

在低应变条件下，TPC的弹性模量比相同硬度的其他TPE高，且有优异的耐疲劳性；压缩弹性模量与拉伸弹性模量比TPU高很多。TPC最大的问题是柔韧性一般，耐热水性能差，且价格较高。

由于价格较贵，TPC、TPU一般使用在高端车型上，目前，国内车型气囊盖板主要采用TPO（包括TPV）、TPS等。

气囊盖板是TPE的重要零件，从目前市场来看，单车的标准配置（驾驶人气囊和前排乘客席气囊）约需200~600g，按目前每年2000万辆计算，每年需要约1万t左右。

参考文献

[1] 萧楠. 汽车用橡胶制品与材料生产现状及发展趋势（一）[J]. 橡胶科技, 2004 (22): 3-5.

[2] 于清溪. 乘用车轮胎设计开发技术纵观 [J]. 世界橡胶工艺, 2015, 6 (42): 26-53.

[3] 郑正仁, 王洪士, 毛寿昌. 子午线轮胎技术与应用 [M]. 北京: 中国科学技术出版社, 1994.

[4] 丁剑平, 俞淇, 林惠音, 等. 子午线轮胎用纤维骨架材料的发展概况 [J]. 橡胶工业, 2004, 51 (5): 302-308.

[5] 杨清芝. 实用橡胶工艺学 [M]. 北京: 化学工业出版社, 2005.

[6] 钱伯章. 世界轮胎业的发展趋势 [J]. 现代橡胶技术, 2016 (1): 1-7.

[7] 朱熠, 滕腾. 特种橡胶材料在汽车涡轮增压胶管上的应用 [J]. 汽车工艺与材料, 2014 (8): 56-59.

[8] 吴驯. FKM 和 AEM 软管结构在增压空气冷却器上的应用 [J]. 橡塑技术与装备, 2014 (16): 24-29.

[9] 刘训堃, Simon, Ting. 阿科玛多层燃油管技术 [J]. 汽车工艺与材料, 2011 (4): 64-67.

[10] 张禾, 吴莉萍. 汽车燃油胶管材料的发展 [J]. 汽车工艺与材料, 2005 (3): 25-27.

[11] 奚颖颖. 汽车非导电燃油管路的静电释放技术研究 [D]. 上海: 上海交通大学, 2011.

[12] 刘玉田. 汽车制动软管 [J]. 世界橡胶工艺, 2003, 31 (4): 15-17.

[13] 刘世平. 国外胶管新产品介绍 [J]. 橡塑技术与装备, 2004, 30 (2): 24-27.

[14] 谢忠麟. 汽车用胶管的技术进展 [J]. 橡胶工业, 2007, 54 (2): 114-123.

[15] 郭晓春. 汽车制动管路中尼龙管的应用探究 [J]. 科技创新与应用, 2015 (18): 130-130.

[16] 王佩山. 液压制动软管材料及耐腐蚀性分析 [J]. 电动自行车, 2016 (10): 46-47.

[17] 孙克俭. 汽车用胶管的发展 [J]. 橡胶科技, 2014, 12 (1): 5-8.

[18] 李志虎. 汽车用橡胶零件失效分析与预防 [M]. 长春: 吉林大学出版社, 2017: 102.

[19] 张劲. 汽车用橡胶软管的运用和发展 [J]. 橡塑资源利用, 2007 (4): 32-34.

[20] 肖军. 车用橡胶软管及其行业的发展方向 [J]. 中国橡胶, 2011, 27 (3): 13-17.

[21] 黄家明, 涂学. 用过氧化物硫化 EPDM 汽车冷却液胶管技术 [J]. 橡胶工业, 2000, 47 (6): 341-347.

[22] 郭江荣, 吴峰. 锂离子动力电池冷却技术研究进展 [J]. 可持续能源, 2016 (6): 122-129.

[23] 纪云鹏. 乘用车自动变速箱冷却方案研究 [J]. 电子世界, 2014 (9): 100-101.

[24] 王衍. 制冷剂的替代对汽车空调的影响 [J]. 交通科技与经济, 2004 (5): 46-47.

[25] TREXLER H E. Resistance of polymer to permeation by air conditioning refrigernats and water [J]. Rubber Chemistry and Thechnology, 1983, 56 (1): 105-112.

[26] HARMSWORTH N, 黄向前. 空调系统胶管所用的弹性体 [J]. 橡胶业, 2001, 48 (7): 428-438.

[27] 黄励. 新型汽车空调软管复合材料的研究 [D]. 广州: 华南理工大学, 2005.

[28] 戴磊. 汽车天窗排水管总成设计方法 [J]. 汽车零部件, 2014 (6): 68-70.

[29] 张亮. 海洋非粘接柔性管接头密封系统分析与设计 [D]. 大连: 大连理工大学, 2016.

[30] 陈黄梅. 汽车空调 O 型圈的设计和校核 [J]. 科技视界, 2015 (5): 97.

[31] 龚步才. O 型圈在静密封场合的选用 [J]. 流体传动与控制, 2005 (4): 49-53.

[32] 肖军. 谈液压橡胶密封件的结构性能及使用 [J]. 橡塑技术与装备, 2010, 36 (1): 28-35.

[33] 谢忠麟. 汽车用橡胶密封制品的技术进展 [J]. 橡胶工业, 2007, 54 (6): 367-377.

[34] 蓝恒. 浅析油封及其油封渗漏 [J]. 汽车实用技术, 2012 (10): 58-60.

[35] 北京橡胶工业研究所. 橡胶密封结构设计和使用的一些问题 [J]. 工程机械, 1976 (6): 51.

[36] 吴向东. 试验油、燃油及耐油橡胶 [J]. 广东橡胶, 2015 (6): 1-12.

[37] KINRO H, AKIO M, KIYOSHI H, et al. Specialty Elastomers for Automotive Applications [J]. Rubber Chemistry and Technology, 1998, 71 (3): 449~519.

[38] 北京橡胶工业研究所. 橡胶密封结构设计和使用的一些问题 [J]. 工程机械, 1976 (5): 63-72.

[39] 崔俞, 冯圣玉, 杜华太, 等. 橡胶压缩永久变形性能影响因素分析及研究 [J]. 航天制造技术, 2014 (3): 2~5.

[40] 邵天敏. 压缩永久变形对 O 形圈密封性能的影响 [J]. 润滑与密封, 1997 (4): 47-49.

[41] 北京橡胶工业研究所. 橡胶密封结构设计和使用的一些问题 [J]. 工程机械, 1976 (6): 50.

[42] 陆婷婷. 橡胶密封圈粘弹特性研究 [D]. 北京: 北京化工大学, 2015.

[43] 张殿荣. 油封的设计和应用 [J]. 橡胶参考资料, 1976 (4): 2-3.

[44] 王广东. O 型圈用于旋转密封 [J]. 火控雷达技术, 1981 (1): 34-42.

[45] 户原春彦. 防震橡胶及其应用 [M]. 牟传文, 译. 北京: 中国铁道出版社, 1982.

[46] 郭建华. 特种橡胶在汽车密封制品中的应用 [J]. 橡胶科技, 2014 (11): 18.

[47] 宫文强, 王金焕. 浅议气门油封的密封 [J]. 汽车零部件, 2010 (9): 77-78, 80.

[48] 彭高宏. O 形密封圈密封技术在汽车空调中的应用 [J]. 液压气动与密封, 2014, 34 (5): 41-45.

[49] 陈黄梅. 汽车空调 O 型圈的设计和校核 [J]. 科技视界, 2015 (5): 97.

[50] 陈维芳. 美研究报告预测密封圈的需求将强劲增长 [J]. 中国橡胶, 2007 (9): 42-42.

[51] 范成高. 密封条在汽车上的设计趋势 [J]. 汽车零部件, 2010 (2): 68-69.

[52] 何伟. 汽车密封条行业现状及发展趋势 [J]. 中国橡胶, 2010, 26 (19): 12-14.

[53] 问庆武. 浅谈我国汽车密封条的现状和发展 [J]. 橡胶技术, 2006 (15): 9-11.

[54] 陈丁桂, 范新凤, 肖雪清, 等. 汽车密封条用动态硫化 EPDM/PP 热塑性弹性体的研究进展 [J]. 橡塑技术与装备, 2009, 35 (5): 18-23.

[55] 田永, 韦俊. 汽车车门玻璃导槽的断面设计和成型工艺研究 [J]. 机械制造, 2013, 51 (3): 72-75.

[56] 张龙, 于涵. 汽车车门外挡水条密封条的设计解析与研究 [J]. 汽车实用技术, 2017 (5): 42-46.

[57] 于涵, 高宇燕. 汽车门框密封条设计解析与研究 [J]. 汽车实用技术, 2017 (8): 61-65.

[58] 王玉恒. 车门密封条设计研究 [J]. 上海汽车, 2013 (3): 29-32.

[59] 王斌, 戴芳, 张振英. 汽车用塑料的研究进展 [J]. 工程塑料应用, 2006, 34 (4): 76-80.

[60] 张瑞造, 陈巧娜, 石楠. 绿色环保汽车密封条胶料配方设计 [J]. 中国橡胶, 2015, 31 (6): 40-44.

[61] 闫伟涛, 潘坡, 郭恒如, 等. 磁性橡胶在汽车密封中的应用 [J]. 汽车工艺与材料, 2016 (4): 56-59.

[62] 杨清芝. 实用橡胶工艺学 [M]. 北京: 化学工业出版社, 2005.

[63] 赵颖, 孙华锋, 薛海彬. 浅谈汽车冬季试验场 [J]. 城市建设理论研究: 2014 (13): 2.

[64] 陈双辉, 冯丽, 张志平. 热塑性聚酯弹性体在汽车防尘罩中的应用 [J]. 塑料工业, 2013, 41 (s01): 133-135.

[65] 李文杰, 张兰英, 周伟东. 润滑脂基础油类型对 CR/TPEE 橡胶相容性的影响 [J]. 石油商技, 2015

(1): 40-43.

[66] 李志虎. 汽车用橡胶零件失效分析与预防 [M]. 长春: 吉林大学出版社, 2017.

[67] 马小鹏, 袁玉虎, 徐加勇. 一种汽车真空助力器用橡胶膜片: CN103351538A [P]. 2013-10-16.

[68] 沈云. 橡胶膜片撕边模具的设计和应用 [J]. 特种橡胶制品, 2006, 27 (6): 51.

[69] 韦春. 汽车灯具的密封结构设计分析研究 [J]. 企业科技与发展, 2014 (4): 17-20.

[70] 庚晋, 白彬. 发展中的减震橡胶制品 [J]. 橡塑技术与装备, 2002 (10): 16-20.

[71] 易太连, 翁雪涛, 朱石坚. 不可压缩橡胶体的静态性能分析 [J]. 海军工程大学学报, 2002, 14 (1): 76-80.

[72] 姜其斌, 贾德民, 杨军, 等. 橡胶材料在减震器中的应用 [J]. 橡胶工业, 2004, 51 (2): 114-119.

[73] 户原春彦. 防震橡胶及其应用 [M]. 北京: 中国铁道出版社, 1982: 125-126.

[74] 谢忠麟. 国内外汽车用橡胶减震制品及其它制品的概况 [J]. 橡胶科技, 2008, 6 (5): 6.

[75] 赵季勇, 李晓武, 刘彩萍. 汽车发动机橡胶悬置产品的结构介绍 [J]. 特种橡胶制品, 2006, 27 (2): 47-49.

[76] 陈齐, 董小瑞. 发动机悬置技术的研究综述 [J]. 内燃机与配件, 2014 (3): 5-7.

[77] 张卫昌. 增强橡胶与金属骨架材料的粘合技术 [J]. 橡胶科技, 2009, 7 (5): 20-24.

[78] 史荣波, 张吉光, 李志虎. 悬置橡胶材料的选择、设计及发展趋势 [J]. 上海塑料, 2016 (3): 22-26.

[79] 郭长城, 马骁姣. 某商用车橡胶缓冲块优化设计 [J]. 机械工程师, 2014 (12): 194-196.

[80] 王亚萌. 轿车用微孔聚氨酯减振缓冲块 [J]. 汽车与配件, 2001 (23): 25-26.

[81] 赵军峰, 陈庆丰. 汽车悬架缓冲块的设计开发策略 [J]. 黑龙江科学, 2017, 8 (16): 26-27.

[82] 刘菁. NDI 基聚氨酯弹性体及其研究进展 [J]. 山西化工, 2011, 31 (6): 20.

[83] 李晓武. 汽车用橡胶衬套介绍 [J]. 特种橡胶制品, 2015 (2): 55-59.

[84] 常冠军. 粘弹性阻尼材料 [M]. 北京: 国防工业出版社, 2012.

[85] 冯俊儒. 高分子材料阻尼减震制品的研制及性能研究 [D]. 天津: 天津大学, 2014.

[86] 胡小锋, 巍伯荣. 阻尼橡胶 [J]. 特种橡胶制品, 2002 (5): 21.

[87] 徐丰辰, 李洪林, 刘福. 汽车用阻尼材料及其与车身的粘接 [J]. 粘接, 2007, 28 (5): 22-23.

[88] 何彬, 肖其弘, 李旋, 等. 新型水性阻尼材料在汽车涂装中的应用 [J]. 涂料工业, 2014, 6 (44): 61.

[89] 朱卓选. 减振圈解决汽车传动轴的 NVH 问题 [J]. 上海汽车, 2003 (7): 14-16.

[90] 黄志, 范让林, 段小成, 等. 汽车排气系统吊耳及设计原则 [J]. 噪声与振动控制. 2009, 2: 110-113.

[91] 刘波. 汽车空气弹簧悬架及其市场前景 [J]. 智能制造, 2008, 6 (Z1): 44-45.

[92] 张建文, 庄德军, 林逸, 等. 汽车用空气弹簧悬架系统综述 [J]. 公路交通科技, 2002, 19 (6): 151-155.

[93] 方波平. 汽车用空气弹簧橡胶气囊的研制 [J]. 橡胶工业, 1995 (1): 42-44.

[94] 王付胜, 朱鹏刚, 李吉刚. 空气弹簧橡胶气囊外层胶配方优化设计 [J]. 橡胶工业, 2011, 58 (5): 301-306.

[95] 谢忠麟. 国内外汽车用橡胶减震制品及其它制品的概况 [J]. 橡胶科技, 2008, 6 (5): 6-9.

[96] 刘贺, 马晓乐. 分析仪表板表皮成型工艺概述及发展 [J]. 中小企业管理与科技, 2016 (4):

174-175.

[97] 刘有志. 浅析汽车线束电线的选型设计 [J]. 汽车实用技术, 2015 (5): 30-32.

[98] 何营刚, 孙丰超, 韩龙韬, 等. 汽车线束新型橡胶护套的设计 [J]. 汽车实用技术, 2016 (7): 69-71.

[99] 谷孝卫. 汽车线束设计及线束用原材料 [J]. 汽车电器, 2006 (10): 16-19.

[100] 张斌. 汽车线束设计策略及原材料选用方法 [J]. 科技创新导报, 2015 (23): 132-134.

[101] 许书铭. 汽车线束设计浅谈 [J]. 科技风, 2014 (11): 64-64.

[102] 陆才华, 王超, 苏建, 等. 电动乘用车高压线束的设计 [J]. 光纤与电缆及其应用技术, 2016 (5): 20-24.

[103] 黄靖. 多楔带及其生产工艺和设备 [J]. 橡胶工业, 2002, 49 (2): 94-96.

[104] 张传智. 同步带用材料的现状和发展 [J]. 特种橡胶制品, 1997 (1): 9-11.

[105] 朱敏慧. 未来安全气囊产业发展的关键 [J]. 汽车与配件, 2009 (36): 16-19.

[106] 朱笑初, 徐新民, 钱志国, 等. 热塑性弹性体在汽车安全气囊系统中的应用及性能特征 [J]. 工程塑料应用, 2007, 35 (9): 49-51.

第 4 章
乘用车用橡胶的轻量化

轻量化是现代汽车设计制造的重要方向之一。轻量化对减轻汽车整车自重、提高整车燃料经济性和节能环保至关重要,通过对国内近 4000 款乘用车型数据分析得知,整车质量在 750~2500kg 时,质量降低 10% 时,油耗降低 7.5%~9%。

乘用车橡胶零件主要有汽车轮胎、管路、密封条、减振制品、传动带、防尘罩、油封、堵件等,整车橡胶约占整车重量的 5%~6%。除轮胎外,橡胶零件均较小。以某款 A0 车型为例,传统的非金属材料(塑料、纤维、橡胶、泡沫等)共约 200kg,其中,各部分重量比例如图 4-1 所示。由于橡胶使用比例较小,在整车轻量化的研究中,之前一直不受重视。

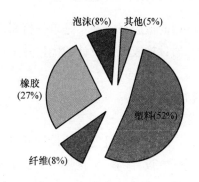

图 4-1 某款 A0 车型传统非金属材料应用比例(见彩插)

近几年来,随着国家对传统乘用车的油耗要求越来越高以及电动汽车的发展,主机厂越来越重视轻量化。为了更好地实现轻量化,各主机厂已将整车重量及轻量化控制作为重要的整车开发属性进行管控,将轻量化的理念融入产品的开发设计中。此前不被重视的橡胶轻量化技术,也被不断地开发和推进。同时,如何开展橡胶制品的轻量化,也成为橡胶行业的新课题。

橡胶零件的轻量化可从零件结构的优化、配方的优化、热塑性弹性体 TPE 替代传统橡胶、软质塑料替代传统橡胶、新工艺应用等方面进行,橡胶常用的轻量化方案见表

4-1。

表 4-1 橡胶常用的轻量化方案

序号	轻量化方向	轻量化方案	
1	材料轻量化	配方设计	低密度的配方设计
		低密度材料替代高密度材料	热塑性弹性体替代传统橡胶
			软质塑料替代传统橡胶
2	设计轻量化	尺寸优化	
		结构优化	
		拓扑优化	
3	工艺轻量化	发泡工艺	
		变截面工艺	

本章主要从材料、设计、工艺等方面，对橡胶弹性体的轻量化技术进行详细的分析。

4.1 通过橡胶材料的配方优化实现轻量化

与树脂材料不同，制品上使用的橡胶材料并不是单一材料，而是通过加入数量较多的各种配合剂来达到所要求的功能。通过橡胶配方设计的优化并采用低密度的添加剂，能降低橡胶产品的密度。

图 4-2 为常用橡胶类聚合物的密度。

表 4-2 是常用配合剂的密度。

橡胶制品材料实现低密度化，关键是通过配方的设计开发出低密度的橡胶。目前橡胶的配方系生产厂家独创，因此通过配方设计的轻量化技术主要掌握在生产厂家手中。

以车门密封条 EPDM 材料为例，为了达到所要求的强度和硬度，往往需要采用胶体状炭黑作为补强剂，该胶体状炭黑密度为 $1.86g/cm^3$。另外，矿物油系操作油的软化剂密度为 $0.9g/cm^3$。为了实现低密度化，需要增加操作油的填充料。目前开发出高吸油量炭黑，既提高了对橡胶的补强性，又将更多的操作油包含在该机构中。通过采用这种炭黑，可以开发出低密度的车窗密封条用 EPDM 橡胶。

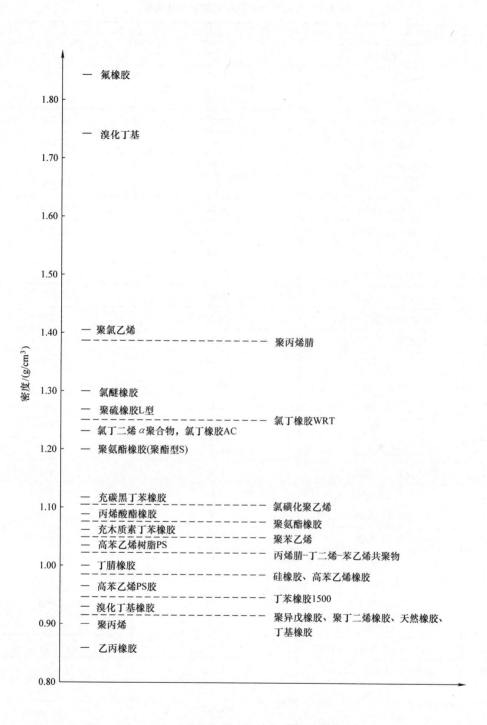

图 4-2 常用橡胶类聚合物的密度

表 4-2 常用配合剂的相对密度与比体积

序号	配合剂种类	相对密度/(g/cm³)	比体积
1	氧化锌	5.57	0.179
2	透明锌白（碳酸锌）	3.33	0.30
3	硬脂酸锌	1.05	0.952
4	活性氧化锌	5.2	0.192
5	锌钡白（30%ZnS）	4.15	0.241
6	二氧化钛（锐钛型）	3.9	0.258
7	二氧化钛（金红石型）	4.2	0.236
8	碳酸镁（碱性）	2.22	0.450
9	钛酸钙（重质）	2.70	0.370
10	碳酸钙（轻质）	2.62	0.382
11	碳酸钙（胶体）	2.55	0.393
12	碳酸钡（重质）	4.45	0.224
13	沉淀法硫酸钡（轻质）	4.3	0.232
14	熟石灰〔Ca(OH)$_2$〕	2.20	0.454
15	一氧化铅	9.35	0.107
16	煅烧氧化镁	3.2	0.313
17	滑石粉	2.72	0.367
18	炭黑（槽法）	1.80	0.555
19	炭黑（炉法）	1.86	0.548
20	炭黑（热裂法）	1.88	0.532
21	气相白炭黑	2.15	0.465
22	沉淀白炭黑	1.95	0.513
23	含水硅酸钙	2.05	0.488
24	硬质陶土	2.60	0.385
25	软质陶土	2.60	0.385
26	古马隆-茚树脂	1.11	0.905
27	松焦油	1.08	0.926
28	操作油（芳香族）20℃	0.97	1.032
29	操作油（环烷族）20℃	0.92	1.086
30	硬脂酸	0.85	1.176
31	石蜡	0.90	1.111
32	石油膏	1.08	0.926
33	黑油膏	1.04	0.962
34	硫黄	2.07	0.483

4.2 通过低密度材料替代高密度材料实现轻量化

在满足产品性能要求的情况下,通过低密度的材料替代高密度的材料,是最直接、最常用的轻量化方案。

随着热塑性弹性体(TPE)技术的发展,其逐渐在汽车上大量使用。TPE 材料由于密度较低,近十年来逐渐成为橡胶轻量化的宠儿,如车窗密封条的轻量化、进气软管、中冷软管的轻量化等。

橡胶制品材料的密度大体趋势与常用橡胶类聚合物的密度相同。一般来说,PVC、CR 的密度较高,而 EPDM、NR 等的密度则较低。因此通过这些材料之间的替换,比较容易实现轻量化。

软质塑料,如 PP 类、PE 类等,密度较低,在一些场合,也可以替代传统的橡胶件,并实现轻量化。

4.2.1 TPE 替代传统橡胶

近几年 TPE 材料在汽车上的应用发展迅速,这得益于其特有的性能,如低密度、高强度、加工简便、美观舒服、无毒无害和能回收利用等优点。TPE 的大量应用也推动了橡胶轻量化技术的发展。

与传统橡胶相比,TPE 材料密度小,强度高,TPE 制作的零件比传统的橡胶零件壁厚更薄,甚至可以替代部分金属件。TPE 的应用可有效地实现轻量化。

表 4-3 常用 TPE 密度

项目	TPO(TPV)	TPU	TPC	TPS	TPA
密度/(kg/m³)	0.90~1.05	1.05~1.25	1.1~1.2	0.90~1	1.0~1.15

基本上常用的橡胶零件都可以采用 TPE 替代。表 4-4 为常用的 TPE 轻量化方案。

表 4-4 常用的 TPE 轻量化方案

产品分类		零件名称	传统的材料规格	轻量化材料
密封件	车身密封条	导槽	EPDM、PVC	TPV
		角窗胶条	EPDM、PVC	TPV、TPS
		风窗玻璃下饰板胶条	EPDM	TPV
		内外挡水条	EPDM、PVC	TPV
	防尘罩	驱动轴防尘罩	CR	TPC
		转向横拉杆防尘罩	EPDM	TPV
		减振器防尘罩	EPDM、NR	TPV
	堵盖	车身堵盖	PVC、EPDM、NR	TPV、TPS

(续)

产品分类		零件名称	传统的材料规格	轻量化材料
胶管	燃油系统	燃油管路	FKM/NBR/ECO、NBR、PVC/CSM 等	树脂材料化/TPE 化
		漏斗颈管	NBR、PVC、FKM/NBR	—
		通气管	NBR、PVC、FKM/NBR	—
	转向管路	动力转向管路	橡胶＋金属	TPU、TPC
	制动管路	制动真空管	NBR/CR	TPC
	空气系统	进气软管	EPDM	TPV
		涡轮增压软管	橡胶（ACM、AEM、CSM）＋金属	TPC
	冷却/排水管	冷却软管	EPDM	TPV
		洗涤管路	EPDM	TPV
		排水管	PVC	TPV
表皮垫片护套等	表皮	仪表板等内饰表皮	PVC	TPO、TPU
		线束表皮	PVC	TPS、TPV
	护套	制动手柄护套	PVC	TPV、TPS
		天线护套	PVC、EPDM	TPV
	垫片	内饰各种垫片	PVC	TPV

1. TPE 密封条

车窗密封条是 TPE 替代 EPDM、PVC 最成功的案例之一。其中，密封条用 TPE 有 TPV、TPS、TPU 等，以 TPV 最常见。TPV 替代 EPDM 密实胶以及 PVC 材料，目前并无多大难度，但在 EPDM 海绵胶方面，还有一定难度，这主要是 TPV 的发泡技术尚有一定难题待解决。传统的 EPDM 海绵胶性能还远优于 TPV 的发泡胶。不过 TPV 的发泡胶可替代 EPDM 密实胶。发泡与低密度的双重轻量化优势，使 TPV 在密封条的应用范围越来越广（图 4-3）。

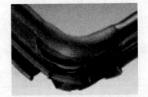

图 4-3　TPV 密封条接角

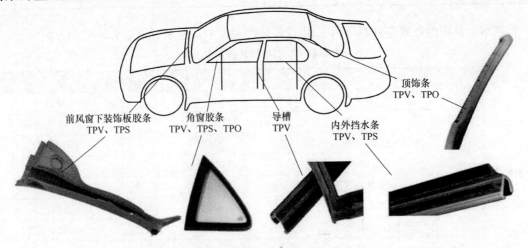

图 4-4　TPE 在密封条上的应用

(1) 单一 TPE 密封条　TPE 目前还无法达到 EPDM 海绵胶的性能，因此，目前能全部替代的主要是内外挡水条、导槽、角窗胶条等。另外，前风窗玻璃密封胶条，基本是采用 TPV 或 TPS 二次注塑在前风窗上。

导槽对材料的强度、老化性能等均要求比较高，目前还主要采用 TPV 材料挡水条、顶饰条和角窗胶条，除 TPV 材料外，还可以采用 TPS、TPO 等。

TPV 替代 EPDM，不仅仅是材料的替换，还需要在结构方面做一定的优化。以某款车型导槽为例，在设计前期采用 EPDM 材料，后来改用 TPV 材料，其应用实例如表 4-5 所示。

表 4-5　TPV 替代 EPDM 应用实例

序号	设计前期	更改后
材料	EPDM	TPV
密度/(g/cm³)	1.15	0.94
重量/kg	1.84	1.04
减重	0.8kg，约减重 43%（TPV 替代 EPDM 后，结构有更改）	

通过表 4-5 可以看出，如果单纯地替换材料，理论上减重仅有 0.34kg 左右，实际上通过材料替换、结构优化后，可减重 0.8kg，采用 TPV 后结构优化带来的减重效果较替换材料本身的减重效果更大。

(2) 橡胶和 TPE 复合密封条　用 EOR（乙烯 - α - 链烯烃橡胶）的硫化橡胶制成橡胶部件，将它和由 TPE 制成的 TPE 部件直接进行黏接形成橡胶/TPE 复合体，该复合体特别适合于制备汽车门窗密封条等产品。

通过 TPE 和 EPDM 海绵胶共挤复合，即可确保密封条的密封性能，还可实现密封条的轻量化。

2. TPE 防尘罩

TPE 撕裂强度高，耐候性好，非常适合各种防尘罩类产品，尤其是带有波纹的防尘罩。TPE 在防尘罩上的大量应用在客观上也推动了防尘罩的轻量化。

目前，传动轴防尘罩、转向器横拉杆防尘罩、减振器防尘罩等，均有 TPE 的成熟应用。

(1) 驱动轴防尘罩　最初，防尘罩主要使用橡胶材料，因为橡胶材料韧性好、耐冲击、耐磨损，具有较好的力学性能，而且价格便宜。随着汽车性能的提升，对防尘罩的要求也越来越高。如汽车速度提高后，就会使驱动轴更频繁地运动，这就要求防尘罩有更高的强度以保证高速运动下的尺寸稳定性；大的转向角度要求防尘罩有更高的力学性能；对防尘罩耐油脂渗透性的要求也在提高。环保方面的因素，还要求防尘罩的材料可回收，对环境污染小。TPC 材料的出现，能较好地解决这一系列问题。

TPC 材料密度小，制品重量更轻。另外，通过缩小波纹管的尺寸不仅可以减小防尘罩本身重量，还可以相应地减少防尘罩内油脂的用量。这主要是因为与 CR 材料相比，TPC 材料强度高，韧性好，尺寸稳定且耐油脂，在满足防尘罩性能要求的情况下，仍有减少尺寸的余地，万向节防尘罩如图 4-5 所示。

a) CR防尘罩　　b) TPC防尘罩

图 4-5　万向节防尘罩

（2）减振器防尘罩　如图 4-6 所示，减振器防尘罩的主要功能是保护减振器活塞杆、油封、缓冲块等部件免受或少受外界灰尘、泥沙等的污染，避免灰尘、泥沙进入内部对减振器功能造成影响甚至造成减振器功能失效。

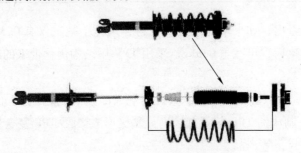

图 4-6　减振器防尘罩

目前，减振器防尘罩用材比较混乱，包括软质塑料、传统橡胶、热塑性弹性体等均有应用。部分车型前、后减振器防尘罩用材分别见表 4-6 和表 4-7。

表 4-6　部分车型前减振器防尘罩用材

序号	材料	典型应用车型
1	TPV（含 PP + EPDM）	丰田凯美瑞，现代瑞纳，荣威 350，宝骏 730，吉利 GS
2	TPC	吉利博越，长安 CS75，起亚 K2，现代 IX25，哈弗 H6
3	TPU	奔驰 E 级
4	PA6/PA66	奥迪 A6、Q5
5	PP/PE	大众速腾、迈腾
6	NR	比亚迪唐
7	NR + SBR	丰田威驰，日产 X – trail，宝马 3 系
8	NR + BR	本田 RAV4、普瑞维亚、卡罗拉
9	NR + EPDM	丰田花冠
10	EPDM	日产天籁，雪佛兰爱唯，别克 Encore，三菱 Alivio
11	PUR	大众高尔夫、宝罗、帕萨特、速腾、迈腾等，奥迪 A3，斯柯达 Rapid

表4-7 部分车型后减振器防尘罩用材

序号	材料	典型应用车型
1	TPV（含PP + EPDM）	大众途观，本田CRV，现代IX35，宝马X5
2	POM	奥迪A3
3	PA6/PA66	奥迪A6，福特蒙迪欧
4	PP	大众速腾、波罗、丰田卡罗拉、奥迪Q3、宝马3系
5	PP/PE	大众CC、迈腾、速腾
6	PE	沃尔沃C60、奔驰E级、观致3、长城C30
7	NR	丰田凯美瑞，比亚迪唐
8	NR + SBR	日产天籁
9	EPDM	本田Vezel

由于TPE材料硬度相对较大，强度较高，所以制品壁厚较薄。橡胶制品防尘罩厚度则较厚，质量也大。以上传统橡胶（EPDM、NR及NR并用胶）前防尘罩重量基本在120~250g，而TPE防尘罩重量基本在50~90g，减重基本在50%以上。以本田CRV和比亚迪唐前后减振器防尘罩为例，两者前后减振器防尘罩尺寸类似，其中，CRV采用的是TPV防尘罩，而比亚迪唐采用的是NR防尘罩，具体尺寸及重量见表4-8。

表4-8 本田CRV和比亚迪唐前后减振器防尘罩尺寸及重量

车型	项目	前减振器防尘罩	后减振器防尘罩	总重
比亚迪唐	结构与尺寸	 148mm, 218mm	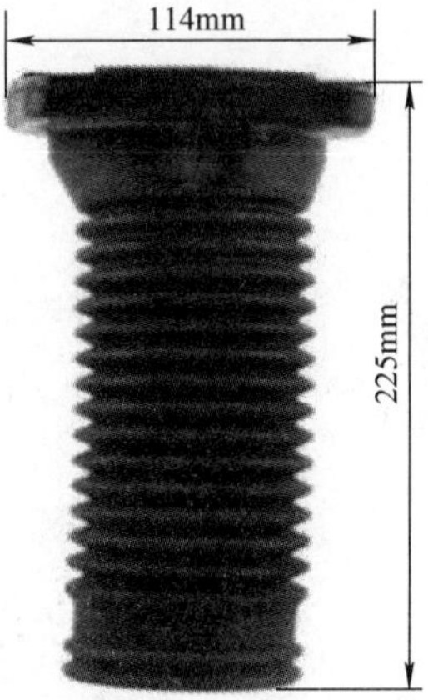 114mm, 225mm	1040g
	材料	NR	NR	
	重量	225g	295g	

(续)

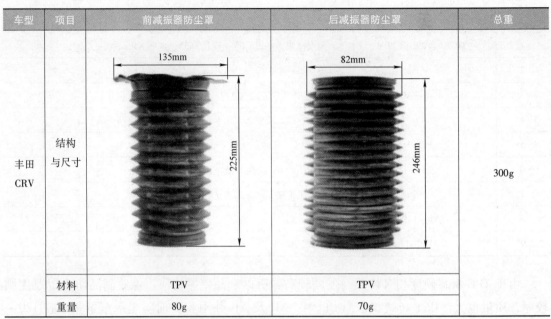

车型	项目	前减振器防尘罩	后减振器防尘罩	总重
丰田 CRV	结构与尺寸	135mm / 225mm	82mm / 246mm	300g
	材料	TPV	TPV	
	重量	80g	70g	

由表4-8可以看出，结构尺寸类似的两款防尘罩，采用TPV的防尘罩比采用NR的防尘罩减重700g左右，减重超过70%。

3. 制动真空管

目前，制动真空管主要分为橡胶段和塑料段，其中常用的橡胶软管材料为NBR/CR，另外也有AEM、ECO、GECO、EPDM等材料；塑料段主要是尼龙管。

最近几年部分车型开始采用TPC材料，用以替代尼龙管路，或全部替代尼龙管和橡胶管。如雪佛兰TRAX、福特蒙迪欧、沃尔沃XC60、凯迪拉克ATS等。

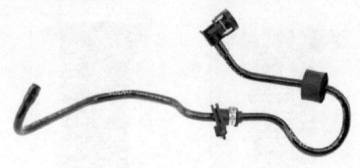

图4-7 沃尔沃TPC制动真空软管

TPC密度约为$1.1 \sim 1.2 g/cm^3$，低于一般橡胶制品的密度。另外，由于TPC强度较大，力学性能好，所以TPC软管壁厚远低于橡胶软管壁厚，为单层管，不需要增强纤维。

由表4-9可以看出，TPC制动真空管外径在12mm左右，橡胶管外径约为18mm，TPC制动真空管外径约为橡胶制动真空管外径的2/3。

不同材料的5款车型制动真空管重量对比见表4-9。

表4-9　5款车型制动真空管重量对比

序号	车型	材料	真空管长度/mm	真空管外径/mm	重量/g	单位长度重量/(g/mm)
1	雪佛兰 TRAX	TPC	500	11	44	0.09
2	福特蒙迪欧	TPC	630	12	55	0.09
3	凯迪拉克 ATS	TPC	340	12	40	0.12
		EPDM	330	19	68	0.21
4	现代 ix35	NBR/CR	370	18	80	0.22
5	长城 C30	ECO	615	18	156	0.25

注：TPC 软管均含接头的重量，橡胶软管不含接头的重量。

从单位长度的重量来看，TPC 真空制动管约为 0.09～0.12g/mm，而橡胶制动真空管均超过 0.2g/mm。通过采用 TPC 替代橡胶材料，制动真空管可以减重约 50%。

4. TPC 进气软管

进气软管是用于连接发动机节气门（发动机进气口）和空气滤清器（空滤）出口的部件，其作用首先是连接发动机本体和空滤，引导经过空滤过滤后的空气进入发动机并与燃油混合燃烧，其次是为了衰减发动机通过节流门体向外辐射的声波，从而降低发动机辐射噪声并缓解由此产生的剧烈振动。

通过引气管、空滤之后，在进气软管内空气的温度均较高，因此进气软管选材要求有较高的使用温度，一般要求在 120～150℃ 范围内能长期使用，所以进气软管常选用耐热材料。

目前，进气软管常用的材料有 NBR+PVC、EPDM、PP+EPDM、AEM 等。EPDM、AEM 进气软管最为常用。EPDM 价格便宜，但回收困难，利用率较低，密度大。在一些高档车型上，常采用 TPC 或 TPV。TPV、TPC 材料密度较小，力学性能好，零件壁薄，质量轻，而且较 EPDM 外观好。

进气软管内有较大的负压，如果软管强度不够，就容易出现软管吸瘪、破裂等现象。EPDM、AEM 橡胶进气软管，为了确保足够的强度，一般壁厚较厚，从而导致进气软管质量较大。采用 TPE 材料，不仅能减薄壁厚，还因 TPC 密度小，能显著地降低制品重量。

a) EPDM 进气软管　　　b) TPC 进气软管

图 4-8　橡胶进气软管和 TPC 进气软管

某车型开始使用 EPDM 进气软管，后开发 TPC 进气软管，在满足性能要求的情况下，减重 60% 左右，具体对比数据见表 4-10。

表4-10 某车型 EPDM 进气软管与 TPC 进气软管对比数据

序号	项目	橡胶进气软管	热塑性弹性体进气软管
1	材料	EPDM	TPC
2	密度/（g/cm³）	1.21	1.16
3	厚度/mm	8	2.5
4	重量/g	670	271

5. 中冷管路

中冷管路和进气软管一样，大而粗，常用的橡胶材料密度较大，因此软管整体重量较大。如哈弗 H2 空气管路重约 5kg，其中软管重约 2.2kg；吉利博越空气管路重约 2.5kg，其中软管重约 2.1kg。

> **提示** 通过采用 TPV 或 TPC 替代传统的橡胶，能有效地降低软管的重量。相对于传统的橡胶，TPC 不仅密度小，而且强度更大，其制成的软管可以使壁厚更薄。

由于工作温度较高，中冷进气管，主要以"橡胶+金属"为主。压缩空气经过冷凝器后，温度降低，因此中冷出气管可以采用 TPC 管路替代传统的橡胶管路，甚至可以替换"橡胶+金属"管路。

目前，已经采用 TPC 材料的中冷出气管车型有宝马 3、荣威 RX5 以及雪佛兰迈锐宝等。

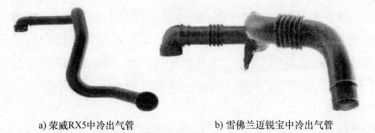

a) 荣威RX5中冷出气管   b) 雪佛兰迈锐宝中冷出气管

图 4-9 TPC 中冷管路（出气管）

图 4-10 为某款车型的中冷系统冷却管路，用 TPC 替代铝管后，零件重量由 2.35kg 降低为 1kg。

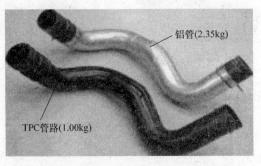

图 4-10 TPC 替代铝管

> **提示** TPC 管路一般采用吹塑成型、加工工艺简单，能够直接回收利用，是一种生产效率高、装配简单、环保、可靠性很强且能实现减重的管路，是中冷管路轻量化的未来方向。

6. TPE 线束表皮和护套

电动汽车高压电缆护套可选用的材料较多，如 TPV、PVC、TPC、TPU、XLPE、VMQ 等。采用 TPV 材料能有效地实现轻量化，如图 4-11 所示。

另外，还有波纹管和过孔橡胶护套。波纹管常用 PVC、PA、PP、PE 等。一般情况下，波纹管采用价格较便宜的 PVC，需要耐热、耐磨损时采用 PA。从轻量化的角度，优先采用 PP（或 PP + EPDM）、TPV 和 PE 材料。

图 4-11 TPV 高压线电缆

7. 内饰表皮/护套/垫片

内饰属于车内空间，是车内人员长期所处的环境。内饰零部件大量采用软质表皮，这对提升内饰零件的感官质量（包括触觉、嗅觉、听觉）、提升乘客的舒适度有重要的影响。PVC 由于价格便宜，触感较好，故而一直用于内饰表皮/垫片等，另外，部分零件也有采用 EPDM 橡胶。

由于 PVC 密度较大，且是含卤材料，环境性能较差，近几年大量采用密度低、环保性能更好的 TPE 材料。

相对于 PVC 和 EPDM 材料，TPV 密度较低，因此能实现轻量化。

以副仪表板为例，上面可以采用 TPE 的零件就有储物盒垫片、滑块、变速杆球头、驻车制动杆护套、驻车制动器防尘罩、烟灰缸垫片、扶手箱垫片等，如图 4-12 所示。

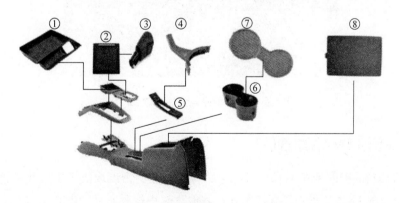

图 4-12 副仪表板上的 TPE 零件

图 4-12 中各 TPE 零件对应的材料见表 4-11。

表 4-11 副仪表板上的 TPE 零部件所用的材料

序号	零件名称	目前常用材料	可以采用的 TPE 材料	备注
①	杂物盒垫片	PVC、EPDM	TPV、TPS、TPO	—
②	滑块	TPC、TPU	TPC、TPU	—
③	变速杆球头	PVC	TPV、TPS、TPO	—
④	驻车制动杆护套	PVC	TPV、TPS、TPO	—
⑤	驻车制动器防尘罩	PVC、TPV	TPV、TPS、TPO	—
⑥	烟灰缸垫片	PVC、EPDM	TPV、TPS、TPO	—
⑦	烟灰缸面板	TPV	TPV、TPS、TPO	烟灰缸面板一般为塑料，很少车型采用 TPE。采用 TPE 时无需垫片
⑧	扶手箱垫片	PVC、EPDM	TPV、TPS、TPO	—

除副仪表板上的 TPE 表皮/垫片外，其他采用 TPE 表皮/垫片的有仪表板表皮、门护板表皮、四门拉手盒垫片、烟灰缸盖包胶、防滑垫、踏板垫等。

8. 冷却/排水管

目前，冷却软管主要采用 EPDM 材料，EPDM 材料有极好的耐水性能、耐冷却液性能和耐高温性能。对于使用温度较低的排水管（包括天窗排水管、冷却液洗涤管路等），则常用 PVC、EPDM 等。从轻量化的角度，可以采用 TPV 材料。TPV 也有极好的耐水、耐冷却液和耐高温性，且密度比 EPDM、PVC 均低。蔚来电池冷却管路采用的是 TPV 材料。

图 4-13 蔚来电池冷却软管

4.2.2 软质塑料替代传统橡胶

主要软质塑料的密度见表 4-12。实际上，橡胶制品的密度取决于生胶和各种配合剂的组合。一般来说，除 FKM 这种高密度橡胶外，其他汽车用橡胶制品密度在 $1.05 \sim 1.4 \text{g/cm}^3$。这远远高于常用的 PP、PE 等软质塑料，甚至大部分橡胶制品的密度也是高于 PA 材料的。

另外，PVC 也属于最常用的软质塑料之一，不过其密度较大。在轻量化设计中，PVC 往往是被 TPE 或其他软质塑料替代的对象。

表 4-12 主要软质塑料的密度

序号	材料种类	材料	密度范围/(g/cm³)	备注
1	PE 类	HDPE	0.93~0.97	—
		LDPE	0.91~0.94	—
2	PP 类	无填充 PP	0.90~0.93	—
		PP/PE	0.89~0.93	—
		PP + EPDM	0.86~0.92	—
		低填充的 PP/PE	0.92~0.97	滑石粉填充 10% 以下
		低填充的 PP + EPDM	≤1.0	滑石粉填充 10% 以下
3	PA 类	PA6	1.07~1.15	—
		PA66	1.07~1.15	—
		PA11	1.02~1.06	—
		PA12	1.00~1.04	—
		PA612	1.03~1.06	—
4	PVC 类	PVC	1.25~1.50	根据不同的配方，密度差异较大

常用的软质塑料替代传统橡胶的轻量化方案见表 4-13。

表 4-13 常用的软质塑料替代传统橡胶的轻量化方案

序号	零件种类	零件名称	材料规格	材料动向
1	密封件	前后减振器防尘罩	EPDM、CR	PE 类、PP 类
		堵盖	EPDM	PE 类、PP 类
2	管路	燃油橡胶管路	FKM/ECO、ECO 等	PA11、PA12、PA612 等
		制动软管	EPDM	PP 类、PA612 等
		进气软管	EPDM	PP + EPDM 等
		冷却软管	EPDM	PA612 等
		排水管	EPDM、PVC	PP 类
		风窗洗涤管路	EPDM、PVC	PP 类
3	表皮护套	管路/线束护套管	EPDM	PE 类、PP 类、PA 类

1. 前、后减振器防尘罩

前、后减振器防尘罩，是目前用材最为繁杂的零件之一，目前采用的橡胶材料有 NR 类（包括 NR + BR、NR + SBR、NR + EPDM 等）、EPDM、PUR 等；采用的 TPE 材料有 TPC、TPU、TPO、TPV 等；采用的软质塑料有 PA（包括 PA6、PA66 等）、PP 类（包括 PP + EPDM、PP/PE 等）、PE、POM 类等。

从技术发展上看，传统的橡胶防尘罩有被取代的趋势。无论是 TPE 还是软质塑料，相对传统橡胶而言，都能达到较好的轻量化效果。

相对来说，软质塑料的尺寸稳定性更好，强度更高，做成防尘罩，尺寸更小、厚度更薄。即使是同尺寸，由于密度相对较小，也能实现 10% 以上的减重。

以日产天籁和哈弗 H2 后减振器防尘罩为例，两者尺寸相当，哈弗 H2 后减振器防尘罩采用 PP + EPDM，日产天籁后减振器防尘罩采用 NR + BR 橡胶，两者重量比较见表 4-14。

表 4-14　PP + EPDM 和 EPDM 后减振器防尘罩重量比较

项目	日产天籁	哈弗 H2	长城 C30
结构与尺寸	62mm，246mm	65mm，244mm	63mm，275mm
材料	NR + BR	PP + EPDM	PE
重量/g	116	48	47

哈弗 H2 较日产天籁防尘罩重量减轻率为：（116g - 48g）/118g = 59%

长城 C30 较日产天籁防尘罩重量减轻率为：（116g - 47g）/118g = 60%

通过表 4-14 可以看出，在尺寸基本相同的情况下，采用软质塑料的哈弗 H2 后减振器防尘罩较采用橡胶的日产天籁重量减轻 60% 左右。长城 C30 比日产天籁尺寸大，减轻约 60%，如果换算成同长度，重量减轻达 64%。

2. 堵盖

车身堵盖目前用材种类也比较多，包括橡胶（EPDM 等）、热塑性弹性体 TPE（TPV、TPC、TPO 等）、软质塑料 PVC、PP、PE、PP + EPDM、PP/PE、PA 等。

前照灯后堵盖根据结构和要求的不同，采用的材料也比较多，主要采用 EPDM 橡胶、软质塑料也有采用增强塑料的。

通过 PP 这类低密度的软质塑料，替代常用的 EPDM 堵盖，也能实现轻量化（表 4-15）。

表 4-15　堵盖用材

序号	堵盖材料	车型
1	PP	哈弗 H5、本田 CRV、江淮 S5
2	EPDM	奥迪 A6、上汽 GS4、吉利博瑞、斯柯达 Rapid、荣威 350

3. 管路

通过软质塑料替代传统的橡胶，是管路轻量化的有效途径。

（1）燃油管路　受轻量化趋势及排放法规的影响，燃油管路逐渐塑料化，其中，多层尼龙管是目前最主要的燃油管路。在轻量化方面，相对于金属和橡胶管路，多层尼龙管降低50%左右。另外，虽然在排放方面，多层尼龙管不如金属管路（金属管路属于零排放），但相对于橡胶管路，排放量显著减少。

目前，一款车型燃油管路长度大约是10m，除少部分采用金属和橡胶管路外，大部分采用塑料管路，部分车型采用全塑燃油管路。

以江淮S5为例，整车燃油管长度大约是12m，其中橡胶燃油管长度大约是1m，其余均为塑料管路。

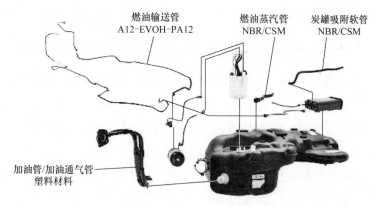

图4-14 江淮S5燃油管路示意图

塑料燃油管的材料主要有PA11、PA12、PA612、PA6等。

（2）制动真空管 除燃油管外，制动真空管的材料也普遍被尼龙材料替代，只留下一小段橡胶管用于调节系统的NVH性能。

如采用TPC替代橡胶软管一样能实现减重一样，采用尼龙材料同样可以实现轻量化。表4-16为几款采用尼龙材料制动真空管的零件质量。

表4-16 尼龙制动真空管质量比较

序号	车型	材料	真空管长度/mm	真空管外径/mm	重量/g	单位长度重量/(g/mm)
1	比亚迪唐	PA11	715	12	65	0.88
2	上汽大通EG10	PA12	1275	12	115	0.89
3	大众高尔夫7	PA612	930	10	45	0.47

由表4-16可以看出，采用尼龙管，外径在12mm左右，与TPC真空制动管相当，低于橡胶软管的外径（橡胶软管外径为18mm左右）。尼龙管的单位长度重量基本在1g/mm以内，相对于橡胶约减重50%以上。其中，大众高尔夫7的PA612真空管外径只有10mm左右，单位长度重量为0.47g/mm，轻量化效果极其明显。

（3）离合管路 离合管路主要包括连接制动储液罐和离合主缸的主缸进油软管、连接离合主缸和离合器的离合高压管路。

奇瑞艾瑞泽7采用的是舍弗勒的离合器，其中主缸进油软管采用PP波纹管，离合高压管采用全塑的PA612软管，如图4-15所示。PA612离合高压管的外径约为8mm，壁厚约为

2.3mm，相较于传统的 EPDM 胶管，明显地减小了管路的尺寸。PP 材质的主缸进油软管，外径和壁厚也均有降低。另外，由于 PA612 和 PP 密度小于传统的 EPDM，且原来的金属段高压管也被 PA612 管替代，所以轻量化效果明显。通过采用 PA612 和 PP 软管，离合系统管路重量由原来的超过 250g 降低至 50g 以下。

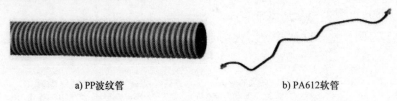

a) PP波纹管　　　　　　b) PA612软管

图 4-15　奇瑞艾瑞泽 7 的 PP 主缸进油软管及 PA612 离合高压管

（4）冷却管路　冷却管路材质目前以 EPDM 为主，近几年也有尼龙软管的应用案例，特别是电动汽车，如特斯拉、蔚来冷却管路就采用了 TPV、PA612 等材料。一款电动汽车电池外的冷却管路重约 0.5~1kg，而传统燃油车冷却管路重量，一般在 1~2kg，如果冷却管路大部分采用尼龙管，则也有较好的轻量化效果。

变速器冷却管路，目前主要采用"金属 + 橡胶"组合，其中橡胶主要采用 ACM、AEM 材料。部分车型采用全塑管路，如哈弗 H6、吉利博越等。3 款采用塑料和橡胶管路的车型及重量见表 4-17。

表 4-17　3 款采用塑料和橡胶管路的车型及重量

序号	车型	材料	长度/mm	重量/g	单位长度的重量/(g/mm)	图片
1	吉利博越	PPA	980	135	0.14	
2	哈弗 H6	PA11	1310	120	0.09	
3	大众途观	AEM + 金属	1060	450	0.42	

由表 4-17 可以看出，采用塑料的冷却管路，比传统的"金属 + 橡胶"管路减重达 50%。

(5) 排水管　排水管（包括天窗排水管、风窗洗涤液胶管、前照灯清洗胶管等）目前主要采用 PVC、EPDM 材料，如果改用密度较小的材料（纯 PP 或 PA 等），在不改变结构的情况下可减重 10% 以上。

以天窗排水管为例，市场上采用 PVC、EPDM、PA6、PP + EPDM 材料的排水管重量比较见表 4-18。

表 4-18　天窗前排水管重量比较

序号	车型	材料	长度/mm	外径/mm	重量/g	单位长度的重量/(g/mm)
1	吉利博越	EPDM	1140	17	310	0.27
2	广汽 GS5	EPDM	1400	14	260	0.19
3	奥迪 Q3	EPDM	1455	15	365	0.25
4	奥迪 Q5	PVC	1445	16	325	0.24
5	荣威 RX5	PVC	1360	14	205	0.15
6	凯迪拉克 CTS	PA6	1170	10	105	0.09
7	别克君越	PA6	1180	11	95	0.08
8	丰田汉兰达	PP + EPDM	1320	14	205	0.16
9	大众速腾	PP + EPDM	1030	13	155	0.15

由表 4-18 可以看出，EPDM 排水管单位长度的重量最大，PA6 排水管单位长度的重量最小。也就是说，采用 PA6 替代 EPDM 排水管有明显的轻量化效果，减重 50% 以上。

另外，风窗洗涤软管目前主要采用 EPDM、PVC 等，部分车型采用 PP 管。PP 风窗洗涤管路相对于 EPDM、PVC 等材料而言，管径略小，内径一般在 5~6mm 左右，减重效果明显。

4. 表皮护套

线束、管路较长，经常需要经过不同的环境区域，某些环境容易对线束、管路等造成损害，如高温加速线束的老化、过孔处的尖锐易造成表面的划伤、与其他零件的动态接触容易造成表面的磨损等。

橡胶和 PVC 由于有较好的柔性，常用于生产各种表皮、护套等。对于减振、缓冲等要求不高的表皮护套，往往可以采用 PP、PE 或 PA 类软质塑料替代，从而达到轻量化效果。

4.2.3　低密度橡胶替代高密度橡胶

在图 4-2 中，列举了主要生胶的密度，最终的橡胶制品密度与配合体系有一定的关系，但总体来说，生胶的密度对最终的制品密度影响最大。

常用的 FKM、CR、PVC、ECO 密度较大，从轻量化的角度来看，在满足使用要求的前提下，可以按表 4-19 选用低密度橡胶进行替代。

表 4-19　低密度橡胶替代高密度橡胶的常用方案

序号	材料	主要零件	可替换的材料
1	FKM	耐热制品	VMQ、AEM 等
		耐油制品	ECO、AEM、NBR 等
2	CR	防尘罩	EPDM 等
		密封圈	NBR 等
3	PVC	密封条、堵盖	EPDM 等
4	ECO	密封圈	NBR、AEM 等

4.2.4　发泡橡胶替代密实橡胶

发泡橡胶制品以橡胶为基材,采用物理发泡或化学发泡的方法进行生产,从而得到海绵状的橡胶多孔结构品。这一技术在目前已经被广泛地应用在各行业中,如汽车、飞机、船舶、家电等。

通过橡胶发泡实现轻量化,在汽车行业已经是一种很成熟的轻量化技术。目前,成熟应用的有车窗密封条、悬架缓冲块、各种密封泡棉等。

1. 悬架缓冲块

以前,悬架缓冲块主要采用传统的橡胶材料,如 NR 或 NR 并用胶,现在基本已经被发泡 PUR(聚氨酯)替代。还在使用传统橡胶缓冲块的车型有丰田的威驰、雅力士,长城的 C30,雪铁龙的爱丽舍等,这些车型的缓冲块尺寸普遍较小。

与传统的橡胶相比,发泡 PUR 重量更轻,其密度为 $0.35 \sim 0.70 \text{g/cm}^3$,典型橡胶缓冲块密度在 1.2g/cm^3 左右,在实际应用中,同等尺寸的 PUR 缓冲块,其重量比橡胶减重 50% 以上。

表 4-20　传统橡胶和 PUR 缓冲块

项目	长城 C30	众泰 E200	三菱 ALIVIO
结构与尺寸	40mm、41mm	40mm、50mm	37mm、98mm
材料	NR + BR	PUR	PUR
重量	33g	22g	35g

表 4-20 所示为传统的橡胶缓冲块和发泡 PUR 缓冲块,由表中可以看出,如果换算成同等尺寸,发泡 PUR 缓冲块减重 50% 左右。

2. 发泡 TPV 替代传统橡胶

传统的 EPDM 发泡密封条，已经是应用很成熟的轻量化技术。目前 TPV 密封条大量替代 EPDM，在密实胶方面大量应用。但是在海绵胶上，TPV 由于发泡后的综合性能难以和发泡 EPDM 媲美，基本还是以 EPDM 为主。

除密封条海绵胶部分外，大多数 EPDM 密实胶零件，从理论上都可以用 TPV 替代。而 TPV 发泡技术在 TPV 的基础上，还能有效地减轻产品重量，实现轻量化。

4.3 结构的轻量化

结构优化的主要任务是在满足工艺要求的前提下进行结构形状和尺寸设计，主要包括尺寸优化、结构优化、拓扑优化等。

材料轻量化往往都伴随着结构的变化。而结构的变化，往往也伴随着材料的一些变化。橡胶零件结构轻量化主要是指结构上做了比较大的变动的轻量化。

目前，比较典型的结构优化案例有如轮胎的结构优化、空气弹簧替代金属螺旋弹簧等；尺寸优化包括线束的薄壁化、零件的小型化；拓扑优化包括衬套、缓冲块、防尘罩等各种橡胶件的优化。严格地说，尺寸优化、拓扑优化等都属于结构优化。

4.3.1 轮胎的轻量化

传统的轻量化技术是通过轮胎的子午线、轮胎胎体、带束层、冠带层、钢丝圈、胎面、胎侧、三角胶等部分的优化，可在保证轮胎性能的前提下，有效减轻轮胎的重量。而轮胎的质量，受胎面胶质量大小影响较大。如 195/95R15 轮胎，通过结构的优化，质量最大相差 0.92kg。

除传统橡胶外，关于 PUR 轮胎的研究表明通过 PUR 材料和结构的双重变化，与同规格的全钢子午线轮胎相比，减重约 22%，车辆省油 9.95%，磨耗降低 51%。不过，PUR 还只是用于实验阶段且速度低于 50km/h 的低速轮胎，离量产还有距离。

PUR 轮胎虽然减重效果明显，但技术尚不成熟，目前还主要是在一些专用车领域的试验阶段。

图 4-16 中，图 a 是米其林 2009 年推出，2014 年量产的 Tweel 型 PUR 轮胎；图 b 是韩泰在 2013 年法兰克福国际车展上推出的 iFlex 免充气概念轮胎，这种轮胎的重量比平常的轮圈加轮胎的重量还轻，而且它不需要充气；图 c 是韩泰的 iFlex 免充气轮胎，据称该轮胎已经在电动车上完成 130km/h 的高速测试；图 d 是网络上展现的 PUR 发泡轮胎。

4.3.2 空气橡胶弹簧替代传统的金属弹簧

空气橡胶弹簧在国外高速客车和豪华城市客车上普遍使用，国外一些高端乘用车也逐渐开始使用，如宝马 X5、丰田雷克萨斯 LS400，奔驰 S 系列等。目前普通乘用车还是采用传统的金属弹簧。

a) 米其林Tweel型轮胎

b) 韩泰iFlex免充气概念轮胎

c) 韩泰的iFlex免充气轮胎

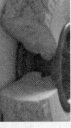
d) PUR发泡轮胎

图 4-16　聚氨酯轮胎

空气橡胶弹簧由空气和橡胶构成，内部摩擦小，不会因弹簧本身的固有振动而影响隔离高频振动的能力。此外，橡胶空气弹簧没有金属之间的接触，因此能隔声，效果很好。由于空气弹簧只承受垂直载荷，所以对车轮垂直跳动具有很好的缓和作用。

除以上特点外，空气弹簧还有一个突出的优点即轻量化，相对于传统的金属系统，减重超过50%。以宝马X3和X5为例，宝马X3后减振器为金属螺旋弹簧，宝马X5后减振器为空气弹簧，相对于宝马X3的金属弹簧，宝马X5空气弹簧减重74%左右（表4-21）。

表 4-21　宝马 X3 和 X5 后减振器弹簧比较

系统	宝马 X3 后减振器	宝马 X5 后减振器
零件	金属螺旋弹簧	空气弹簧
零件图片		
重量/kg	4.2	1.1
减重率	74%	

4.3.3 线束的薄壁化

薄壁化是线束轻量化的主要方向之一。之前由于汽车主线束不得不面对恶劣的环境,限制了小于 0.35mm² 的线束在汽车主线束上的应用。德尔福开发出的极细线束(0.13mm² 的 PVC 薄壁化线束)可有效地实现轻量化,与传统的 0.35mm² 的线束相比,最多可减轻 66% 的重量。

目前,电线绝缘层主要为 PVC、XLPE 材质,内部含有卤素等有害物质,近年来研发出来的新型无卤素 PPE 绝缘层,其成分安全、环保,又有特殊的阻燃性能。由PVC 更改为 PPE 材料,同样规格的电线其绝缘层只有普通绝缘层的一半,直径减小了 27%,面积减少了 47%。

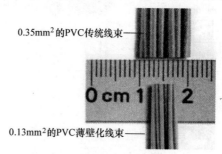

图 4-17 传统线束和薄壁化线束

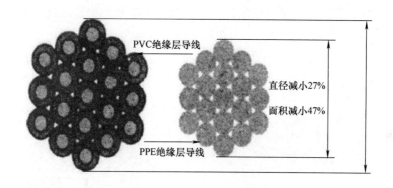

图 4-18 PVC 和 PPE 绝缘层表皮电线比较

4.3.4 橡胶制品的小型化

在满足性能要求的前提下,橡胶制品的小型化可实现轻量化。

橡胶制品的小型化,其关键就是达到之前制品同等的性能。除了密封性、减振性和介质保存性等橡胶原有的功能不能缺少外,车辆所要求的可靠性和使用寿命也需要兼顾。在很多情况下,不仅需要进行橡胶材料部分的研发,还需要进行制品设计方面的技术开发。

另外,如果通过计算机辅助工程或其他分析手段,优化产品的性能,减少不必要的性能盈余,这种含有更高技术含量的制品小型化是橡胶制品技术追求的目标。

橡胶制品的小型化往往和橡胶材料的技术发展分不开。如燃油橡胶管路,为确保足够的强度、低的燃油渗透性等,往往需要较厚的壁厚。而多层尼龙燃油管,尼龙提供了高的强度,EVOH 提供了低的燃油渗透性,从而燃油管路的内外径能大幅降低。

表4-22　尼龙软油管和橡胶燃油管尺寸比较

零件	橡胶管	尼龙管
结构		
外径/mm	15	8
内胶/mm	8	6
壁厚/mm	3.5	1

4.3.5　拓扑优化

拓扑优化是一种根据给定的负载情况、约束条件和性能指标，在给定的区域内对材料分布进行优化的数学方法，是结构优化的一种。

拓扑优化是计算机辅助工程（Computer Aided Engineering，CAE）分析的一种重要分析手段，其在现代化设计中的作用越来越大。以往拓扑优化还主要集中在金属、塑料等较大的零件上，并未关注橡胶这类相对较小的零件上。近几年，随着CAE技术的发展和汽车技术的逐渐深入，拓扑优化也逐渐应用到橡胶零件上，特别是橡胶悬置、轮胎、衬套等关键橡胶件。

随着CAE的人工智能化、精确化的发展，拓扑优化将是未来轻量化最关键的技术之一。拓扑优化可以在确保结构具有足够强度的前提下使产品重量更轻。

郭长城在《某商用车橡胶缓冲块优化设计》一文通过对橡胶缓冲块的拓扑优化（图4-19），不但改进了设计，延长了橡胶缓冲块的使用寿命，同时还实现了轻量化，减重约8%。

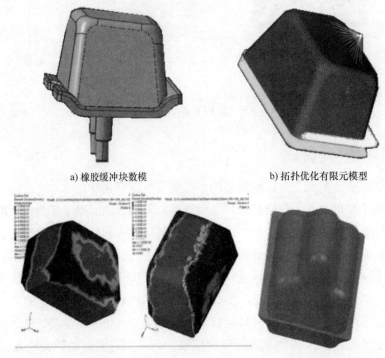

a) 橡胶缓冲块数模　　　　b) 拓扑优化有限元模型

c) 拓扑优化结果　　　　d) 拓扑优化后模型

图4-19　缓冲块拓扑优化

韩家山在《拓扑优化在桥梁支座轻量化设计中的应用》一文通过对橡胶支座的拓扑优化，实现减重约21%。

黄友剑在《网格设计及拓扑优化技术在橡胶制品研制中的应用》一文以一款典型的橡胶件结构的刚度设计及形状优化为例，较为详细地探讨了压缩剪切型橡胶结构的网格布局及网格设计特性，以及基于在满足材料强度足够的情况下，如何确保产品重量最小化的拓扑优化技术。最终通过对V形橡胶弹簧进行拓扑优化（图4-20），在满足设计和加工要求的前提下，优化后的结构最大应力只增加了6%，但体积减小38%左右。

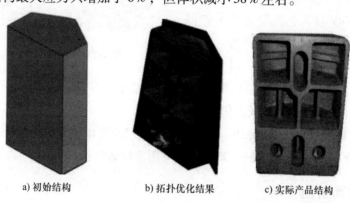

a) 初始结构　　　b) 拓扑优化结果　　　c) 实际产品结构

图4-20　V形橡胶弹簧优化结果

4.4　轻量化相关的工艺

工艺是实现轻量化的关键技术，产品性能的提升自始至终都离不开新材料的研发，如何把这些新材料应用到产品中，这就需要通过一定的工艺来实现。

国内的工艺设备制造技术相对落后，一些新的工艺设备基本都是由国外垄断。工艺技术的创新、工艺设备制造技术的提升是目前国内急需解决的难题。

下面介绍4种与橡胶轻量化相关的工艺。

4.4.1　发泡工艺

发泡工艺是与轻量化最直接相关的工艺。目前，橡胶的发泡技术比较成熟，如EPDM海绵胶已普遍应用在车窗密封条、空调/空滤等密封条等；发泡PUR已经成熟应用在悬架缓冲块、座椅垫块等零件上。

TPE的发泡是最近几年最重要的轻量化工艺之一，这主要得益于TPE的快速发展，其中以TPV为主。

EPDM由于具有优良的发泡性能，确定了它在天候密封条中的绝对地位。TPV发泡虽然不能在天候密封条中取代EPDM，但是在密实胶上，TPV发泡能进一步实现轻量化、减少材料用量进而降低成本。

TPV的发泡方法有两种方法：掺入化学发泡剂以在挤出的同时实现发泡的化学发泡法和

注入氟利昂等使之发泡的物理发泡法。化学发泡法发泡密度不够高，且使用氟利昂会污染环境，因此近年来利用 TPV 不需硫化的特点开发了水发泡技术。

水发泡产品具有良好的表面粗糙度、低吸水性，而且可以在轻、软以及压力变形之间取得极佳的效果，可进行无折痕设计。

有一种发泡 TPV 技术，其发泡 TPV 产品具有良好的力学性能、优异的耐热性、耐化学介质性能、耐候性和耐老化性，且可减重

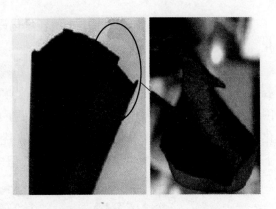

图 4-21 TPV 的微发泡密封条

10%~40% 左右。该 TPV 发泡产品可用于高铁减振垫板，并成功中标"一带一路"中亚、欧亚和泛亚等国外部分高铁路段减振垫板制造工程。

目前，TPV 主要是在静态密封件、表皮、防尘罩以及要求不高的缓冲件上替代 EPDM 材料，如果发泡 TPV 能够提升其性能，其轻量化应用领域必将扩大。

4.4.2 可变截面挤出技术

在密封条制造过程中，挤出时应用可变口型技术，即利用计算机控制挤出口型的变化，根据需要在转角部位和连接车体或夹持部位，使截面发生"渐变"或"突变"。可变截面密封条有以下优点：①消除不同钣金边缘包覆问题；②提高生产效率，减少高耗费时的生产环节（冲压、后加热、上支撑管、贴泡绵胶等）；③转角处性能稳定，可变关门力；④可实现间隙变化的密封；⑤密封条能更好地与主体匹配、密封，使外观更完美。

虽然可变截面挤出技术主要目的不是轻量化，但是该技术可以根据海绵泡管位置、壁厚、大小的变化，一次挤出在长度方向上截面可变的型条，使密封条截面最优化，减少不必要的"赘肉"，从而实现密封条的减肥，达到轻量化效果。

4.4.3 TPE 密封条共挤等技术

密封条是 TPE 材料成熟应用的重要汽车零件之一，目前，车窗密封条主要采用的是 TPV（TPV 是 TPE 中的一种）。TPV 良好的共挤性能和粘合性能，是其大量应用的关键。

TPV 和 PP 的共挤能实现密封条软硬的结合，达到装配和使用要求，并且可以替代骨架钢带的复合加工方法。

TPV 涂层共挤能实现表面更低的摩擦系数、更好的耐久性能，从而替代植绒喷涂。

4.4.4 TPE 与其他材料的复合技术

TPE 由于具有极好的环保性能、触感和轻量化性能等大量应用在汽车内外饰零件上，这就往往需要 TPE 和其他材料复合在一起。另外，由于 TPE 材料价格相对较贵，对某些零件并不能完全使用 TPE 材料，只能部分替代，这也需要 TPE 材料和其他材料进行复合。

将TPE与其他基材复合，也称TPE包胶粘合、包覆成型、重叠注塑、二次注塑等，不仅可以使制品表面充满柔感，还可以增加产品功能性与附加值，如减噪、减振、防水、防撞、防滑、舒适感等。如变速杆手柄球头、前风窗玻璃下装饰板、加油口盒等，都是TPE和其他材料的复合，其加工技术如下。

（1）多层无粘复合加工技术　多层无粘复合加工，由于省去了黏接剂，实现了清洁、节能复合。TPE膜具有优异防泼水功能、超强韧性，不含有害气体及重金属，不滋生细菌，可营造健康绿色环境，适宜做环保背胶面料。TPE膜具有超强的剥离强度。长期以来，车内软装饰件为软质PVC，由于环保、轻量化等原因，近几年大量被TPE替代。以可热黏接的普通软质塑料材为基体与TPE薄膜实现无黏接剂的复合，降低成本，装饰件达到绿色化的性价比。复合汽车脚垫表层为TPE，采用高温复合，不用胶水黏接，避免胶水中的甲醛对人体的伤害，真正做到了绿色环保，改善车内空气的质量。

（2）复合型背部注塑加工技术　实现汽车零件的干漆膜化，杜绝汽车零件由于涂装而产生的有害物质的排放。注塑机移模位置控制精度的提高、机械手的应用使背部注塑技术得以实现及推广应用。背部注塑把TPE薄膜热压成型为零件的形状，放到注塑模具里，当模具合紧后，在它的背面注入熔融的物料，使两者结合为一体，特别适合于保险杠面板那样较复杂的零件。注塑成型的制品不需要涂装，符合汽车免喷涂化的发展。免喷涂不仅可以大幅降低成本，而且可以减少喷漆所造成的环境污染。

参 考 文 献

[1] 李军，路洪洲，易红亮，等. 乘用车轻量化及微合金化钢板的应用 [M]. 北京：北京理工大学出版社，2015.
[2] 蒋修治. 汽车用橡胶制品的轻量化 [J]. 世界橡胶工业，2007，34（5）：27-32.
[3] 朱熠，滕腾. 热塑性弹性体在汽车行业的应用进展 [J]. 汽车工艺与材料，2014（12）：39-45.
[4] 那洪东. 橡胶与热塑性弹性体复合的汽车门窗密封条 [J]. 世界橡胶工业，2007，34（1）：17-22.
[5] 马良清，陈志宏. 国内外子午线轮胎的轻量化分析 [J]. 轮胎工业，2004（24）：581-582.
[6] 李白. 线束系统的轻量化发展趋势——德尔福新型电线技术在汽车线束中的应用 [J]. 汽车与配件，2012（14）：42-43.
[7] 刘英莉，张旭，程斌. 汽车线束轻量化的发展趋势研究 [J]. 汽车实用技术，2016（1）：1-3.
[8] 郭长城，马骁姣. 某商用车橡胶缓冲块优化设计 [J]. 机械工程师，2014（12）：194-196.
[9] 韩家山，曹翁恺，顾海龙，等. 拓扑优化在桥梁支座轻量化设计中的应用 [J]. 铁道建筑，2018（3）：35-38.
[10] 陈丁桂. EPDM/PP动态硫化热塑性弹性体及其在轿车密封条中的应用研究 [D]. 福州：福建师范大学，2009.
[11] 郝文龙. 高铁减震垫板用微发泡热塑性弹性体及其制备方法：CN102464831A [P]. 2012-05-23.
[12] 孟德贺. 微发泡TPE助"一带一路"高铁减震 [N]. 中国化工报，2015-7-20（22）.

附录 Appendix
主要专业术语中英文及简写对照表

类别	中文名称	英文名称	英文缩写
传统橡胶	天然橡胶	Nature Rubber	NR
	丁苯橡胶	Styrene Butadiene Rubber	SBR
	丁苯橡胶（乳聚丁苯橡胶）	—	ESBR
	丁苯橡胶（溶聚丁苯橡胶）	—	SSBR
	顺丁橡胶	Butadiene Rubber	BR
	异戊橡胶	Isoprene Rubber	IR
	丁基橡胶	Isobutylene Isoprene Rubber	IIR
	丁基橡胶（溴化丁基橡胶）	—	BIIR
	丁基橡胶(氯化丁基橡胶)	—	CIIR
	丁腈橡胶	Nitrile Butadiene Rubber	NBR
	氢化丁腈橡胶	Hydrogenated Nitrile Butadiene Rubber	HNBR
	氯丁橡胶	Chloroprene Rubber	CR
	乙丙橡胶	Ethylene Propylene Rubber	EPR
	二元乙丙橡胶	Ethylene Propylene Copolymer	EPM
	三元乙丙橡胶	Ethylene Propylene Diene Monomer	EPDM
	氟橡胶	Fluorocarbon Rubber	FKM
	氯化聚乙烯橡胶	Chlorinated Polyethylene Rubber	CM
	氯磺化聚乙烯橡胶	Chlorinated Polyethylene Rubber	CSM
	丙烯酸酯橡胶	Polyacrylate Rubber	ACM
	乙烯丙烯酸酯橡胶	Acrylic Ester/Ethylene Copolymer Rubber	AEM
	硅橡胶	Silicone Rubber	Q
	乙烯甲基硅橡胶	—	VMQ
	甲基硅橡胶	—	MQ
	氟硅橡胶	—	FVMQ
	含甲基、乙烯基和苯基取代基的硅橡胶	—	PVMQ
	聚氨酯弹性体	Polyurethane Rubber	PUR
	聚氨酯橡胶（聚酯型聚氨酯橡胶）	Polyurethane - Ester Type Rubber	AU
	聚氨酯橡胶（聚醚型聚氨酯橡胶）	Polyurethane - Ether Type Rubber	EU
	氯醚橡胶（聚氯甲基环氧乙烷）	Epichlorohydrin Homopolymer Rubber	CO
	氯醚橡胶（环氧乙烷和氯甲基环氧乙烷的共聚物）	Epichlorohydrin/Ethylene Oxide (Oxirane) Copolymer Rubber	ECO
	环氧氯丙烷–环氧乙烷–烯丙基缩水甘油醚的三元共聚物	—	GECO

主要专业术语中英文及简写对照表

(续)

类别	中文名称	英文名称	英文缩写
热塑性弹性体	热塑性弹性体	Thermoplastic Elastomer	TPE
	聚烯烃类热塑性弹性体	Olefinic Thermoplastic Elastomer	TPO
	苯乙烯类热塑性弹性体	Styrenic Thermoplastic Elastomer	TPS
	苯乙烯-丁二烯-苯乙烯嵌段共聚物	Block Copolymer of Styrene and Butadiene	TPS-SBS
	苯乙烯-乙烯-丁烯-苯乙烯嵌段共聚物	Polystyrene-Poly(Ethylene-Butylene)-Polystyrene	TPS-SEBS
	氢化苯乙烯异戊二烯共聚物	Polystyrene-Poly(Ethylene-Propylene)-Polystyrene	TPS-SEPS
	苯乙烯-异戊二烯-苯乙烯嵌段共聚物	Block Copolymer of Styrene and Isoprene	TPS-SIS
	动态硫化热塑性弹性体	Thermoplastic Vulcanizate Elastomer	TPV
	聚氨酯类热塑性弹性体	Urethane Thermoplastic Elastomer	TPU
	聚酯类热塑性弹性体	Copolyester Thermoplastic Elastomer	TPC
	聚酰胺热塑性弹性体	Polyamide Thermoplastic Elastomer	TPA
塑料	聚氯乙烯	Polyvinyl Chloride	PVC
	聚丙烯	Polyethylene	PP
	聚乙烯	Polyethylene	PE
	交联聚乙烯	Cross-Linked Polyethylene	XLPE
	高密度聚乙烯	High Density Polyethylene	HDPE
	低密度聚乙烯	Low Density Polyethylene	LDPE
	聚甲醛	Polyformaldyhde	POM
	丙烯腈-丁二烯-苯乙烯塑料	AcrylonitrileButadieneStyrene Plastic	ABS
	聚碳酸酯	Polycarbonate	PC
	尼龙	Polyamide	PA
	尼龙6	—	PA6
	尼龙66	—	PA66
	尼龙11	—	PA11
	尼龙12	—	PA12
	尼龙612	—	PA612
	尼龙1010	—	PA1010
	聚苯醚	Polyphenylene Ether	PPE
	聚邻苯二甲酰胺	Polyphthal Amide	PPA
	聚苯硫醚	Polyphenylene Sulfide	PPS
	聚四氟乙烯	Poly Tetra Fluoroethylene	PTFE
	乙烯-四氟乙烯共聚物	Ethylene-Tetrafluoroethylene Plastic	ETFE
	聚偏氟乙烯	Polyvinylidene Fluoride	PVDF
	四氟乙烯,六氟丙烯和偏二氟乙烯的聚合物	—	THV
	聚对苯二甲酸类	Polyethylene Terephthalate	PET
化工原料-改性料	乙烯-醋酸乙烯共聚物	Ethylene-Vinyl Acetate Copolymer	EVA
	聚乙烯醇	Polyvinyl Alcohol	PVA
	乙烯-乙烯醇共聚物	Ethylene Vinyl Alcohol Copolymer	EVOH
	二苯基甲烷二异氰酸酯	Diphenyl-Methane-Diisocyanate	MDI
	1,5-萘二异氰酸酯	—	NDI
	液晶聚合物	Liquid Crystal Polymer	LCP

（续）

类别	中文名称	英文名称	英文缩写
复合材料	片状模塑料	Sheet Molding Compound	SMC
	玻纤毡增强热塑性材料	Glass Mat Reinforced Thermoplastic	GMT
	轻质热塑性复合材料	Light-Weight Reinforced Thermoplastic	LWRT
	碳纤维增强复合材料	Carbon Fiber Reinforced Polymer/Plastic	CFRP
标准法规	美国汽车安全技术法规	Federal Motor Vehicle Safety Standards	FMVSS
	美国机动车工程师学会	Society of Automotive Engineers	SAE
	国际标准化组织	International Organization for Standardization	ISO
其他	自动变速器油	Automatic Transmission Fluid	ATF
	易挥发的有机物质	Volatile Organic Compounds	VOC
	噪声、振动与声振粗糙度	Noise、Vibration and Harshness	NVH

注：PUR 包括聚氨酯橡胶，聚氨酯塑料等。